Christoph Hueck

Intuition - das Auge der Seele

Die Darstellung des intuitiven Erkennens
im schriftlichen Werk Rudolf Steiners

Intuition – das Auge der Seele

Die Darstellung des
intuitiven Erkennens
im schriftlichen Werk
Rudolf Steiners

Zusammengestellt
und kommentiert von
Christoph Hueck

AKANTHOS AKADEMIE EDITION

AKANTHOS AKADEMIE FÜR ANTHROPOSOPHISCHE
FORSCHUNG UND ENTWICKLUNG · STUTTGART

Der zitierte Wortlaut Rudolf Steiners folgt der im Rudolf Steiner Verlag erschienenen Gesamtausgabe (GA). Der Abdruck erfolgt mit freundlicher Genehmigung der Rudolf Steiner Nachlassverwaltung, Dornach/Schweiz.

Bibliographische Information der Deutschen Nationalbibliothek: Die Deutsche Nationalbibliothek verzeichnet diese Publikation in der Deutschen Nationalbibliographie; detaillierte bibliographische Daten sind im Internet über dnb.dnb.de abrufbar.

4. korrigierte Auflage 2019
Satz und Gestaltung: Akanthos Akademie e.V.
Zur Uhlandshöhe 10, D-70188 Stuttgart
www.akanthos-akademie.de
© 2016 Akanthos Akademie e.V., Stuttgart
Herstellung & Verlag: BoD - Books on Demand, Norderstedt
ISBN 9783741298264

INHALT

Vorwort 11
Einleitung 17

I. Das intuitiv erlebte Denken 22
Einleitungen zu Goethes naturwissenschaftlichen Schriften (1884-97) – die intuitive Erkenntnis des Organischen 23
Grundlinien einer Erkenntnistheorie der Goetheschen Weltanschauung (1886) – Intuition als wissenschaftliche Methode 36
Vier Aspekte des intuitiven Erkennens 45
Wahrheit und Wissenschaft (1892) – Intuition als Überwindung der Subjekt-Objekt-Spaltung 46
Die Philosophie der Freiheit (1894) – Intuition als erlebte Geisttätigkeit 54
Goethes Weltanschauung (1897) – die Wirksamkeit der Ideen in der Natur und das „Sehen mit Geistesaugen" 66

II. Die intuitive Geist-Erfahrung 77
Goethes geheime Offenbarung (1899/1900) – das erste Aufblitzen der Esoterik der Intuition 78
Die Mystik im Aufgange des neuzeitlichen Geisteslebens (1901) – die Erweckung des intuitiven Sinnes und die Wiedergeburt der Dinge in der Seele 82
Das Christentum als mystische Tatsache (1902) – der Weg zur Intuition (von der Einweihung) 101
Theosophie (1904) – Intuitionen als Wahrnehmungen des „höheren Sinns" und Offenbarungen geistig schaffender Urbilder 107

Exkurs zur meditativen Wahrnehmung geistiger
Wesen 121

Wie erlangt man Erkenntnisse der höheren Welten
(1904/05) — „das Ich aufschließen für die Welt" 123

Zur zentralen Stellung von *Theosophie* und *Wie erlangt
man Erkenntnisse...?* im Werk Rudolf Steiners 133

Die Stufen der höheren Erkenntnis (1905-08) — die
geisteswissenschaftliche Wesensintuition 140

Die Auffaltung des ursprünglichen Intuitionsbegriffs
in vier Stufen des Erkennens 150

Aufsätze (1904-08) — Intuition, Ich-Erkenntnis und
Wirklichkeit 157

Begriff, Erkenntnis und Stufen der „wahren
Wirklichkeit" 171

Moralische Intuition — Freiheit, Liebe, Individualität .. 181

III. Geistwesen, Leibeswesen, Willensübungen 189

Die Geheimwissenschaft im Umriss (1910) —
Selbsterkenntnis, Welterkenntnis und der Weg zur
Intuition 190

Intuition als irrtumsfreie Erkenntnis —
Wahrheitskriterien der Anthroposophie 212

Der Bologna-Vortrag (1911) — das Ich in den
Weltgesetzen, der Leib als Spiegelungsapparat 219

Exkurs: Ein vierstufiger, meditativer Weg zur
Intuition 229

Ein Weg zur Selbsterkenntnis des Menschen (1912) und
Die Schwelle der geistigen Welt (1913) — einige
Charakteristika der erlebten Intuition 236

Die Begegnung mit dem eigenen „Doppelgänger"
durch den „Hüter der Schwelle" 243

Die Rätsel der Philosophie (1914) – die Frage nach der Verwurzelung des Ich in der Wirklichkeit..........248

Vom Menschenrätsel (1916) – Produktivität im Denken, Empfänglichkeit im Willen..........256

Von Seelenrätseln (1917) – der Zusammenhang von Intuition, Wille, Schlaf und Stoffwechsel..........263

Bewusstsein, Handeln, Erleben – Exkurs über die menschliche Gestalt..........268

Aufsätze (1916-1918) – Intuition, Wille und vergeistigte Liebefähigkeit..........273

Kosmologie, Religion und Philosophie (1922) – Intuitionsübungen für den Willen..........281

Anthroposophische Leitsätze (1924) – das „Michael-Christus-Erlebnis" und die „Bildnatur" des Menschen..........283

Grundlegendes zur Erweiterung der Heilkunst (1925) – die Erkenntnis der menschlichen Wesensglieder durch Imagination, Inspiration und Intuition..........290

IV. Zusammenfassung und Ausblick..........297

Anhang – „Ich bin" als Meditationsinhalt..........304
Literatur..........307

*Von der Tatsache,
dass die Ideen des Menschen
nicht nur ‚denkend' bleiben,
sondern im Denken ‚sehend' werden,
hängt unermesslich viel ab.*
(Rudolf Steiner)

Vorwort

In diesem Buch wird der Begriff der *Intuition*, wie ihn der Begründer der Anthroposophie, Rudolf Steiner (1861-1925), entwickelte, dargestellt. Es geht um eine Methode höherer, geistiger Erkenntnis. Denn in der Anthroposophie bedeutet Intuition nicht eine spontan auftretende Idee, eine gefühlte Ahnung, Eingebung oder Ähnliches, sondern eine geistige Einsicht „voll der lichtesten Klarheit und der unbezweifelbarsten Sicherheit"[1]. Man verbindet sich so intensiv und bewusst mit einem Inhalt, dass die Kluft zwischen dem Erkennenden und dem Erkannten vorübergehend verschwindet: „Ein Geisteswesen durch Intuition erkennen, heißt völlig eins mit ihm geworden sein, sich mit seinem Innern vereinigt haben."[2] Durch ihre Tiefe ist die Intuition der mittelalterlichen *unio mystica* vergleichbar, in der eine mystische Vereinigung der eigenen Seele mit dem Göttlichen erlebt wurde; durch ihre vollkommene Transparenz aber auch der exakten mathematischen Erkenntnis. Der Begriff der Intuition ist zentral für die Anthroposophie. Durch ihn wird klar, was Rudolf Steiner mit Geist und mit der wissenschaftlichen Erforschung des Geistigen meinte. In diesem Sinne soll die vorliegende Arbeit ein Beitrag zum Verständnis der Anthroposophie als einer *Geisteswissenschaft* sein.

Das gedruckte Werk Rudolf Steiners umfasst 45 Bände mit Schriften, Aufsätzen und Briefen sowie knapp 310

---

[1] *Die Stufen der höheren Erkenntnis*. GA 12. Dornach 1979, S. 67. (Sofern nicht anders vermerkt, stammen alle angegebenen Titel von Rudolf Steiner. GA bezeichnet die Nummer in der Gesamtausgabe.)
[2] *Die Geheimwissenschaft im Umriss*. GA 13. Dornach 1989, S. 357.

Bände mit über 6.000 mitstenographierten Vorträgen. Während Steiner die Anthroposophie in seinen Schriften systematisch entwickelte, ging er in seinen Vorträgen auf die Fragen und Bedürfnisse der Zuhörer ein. So findet man im Vortragswerk einzelne Themen verstreut zu verschiedenen Zeiten behandelt. Wir beschränken uns hier auf die Darstellung des intuitiven Erkennens in den Schriften Steiners. Die Berücksichtigung der Vorträge hätte diese Monographie wegen des sich daraus ergebenden schieren Umfangs verunmöglicht. Sie kann an anderer Stelle und in anderer Form geleistet werden.

Aus dem schriftlichen Werk wurden alle Stellen, die direkt oder indirekt mit dem Thema Intuition zusammenhängen, so gut wie möglich zusammengetragen, die meisten von ihnen werden hier auch zitiert. Die Reihenfolge der Darstellung entspricht in etwa der Reihenfolge des Erscheinens der Schriften. Die Zitate werden vor allem dadurch kommentiert, dass immer wieder auf die Zusammenhänge zwischen den verschiedenen Darstellungen hingewiesen wird. Wir lassen uns weitmöglichst auf Inhalt und Diktion ein in der Überzeugung, dass wir es bei Rudolf Steiners Texten nicht mit einer veralteten, sondern einer hochaktuellen Angelegenheit zu tun haben. Diese Form der Aufarbeitung, obwohl mühsamer zu lesen als eine abstrahierende Zusammenschau, wurde gewählt, um es dem Leser zu ermöglichen, die Entfaltung des Intuitionsbegriffs in Steiners Werk mitzuvollziehen und so nicht nur zu einem inhaltlichen Verständnis, sondern auch zu einem Erleben, zur Intuition der Intuition kommen zu können.

In seinem philosophischen Frühwerk (Schriften, die zwischen 1884 und 1900 erschienen) setzte Steiner die Intuition mit der *anschauenden Urteilskraft* Goethes und in gewissem Sinne auch mit der *intellektuellen Anschauung* des deutschen Idealismus gleich. In seinen geisteswissenschaftlichen Schriften (von 1901 bis 1925) bezeichnete er mit Intuition die höchste von drei Stufen der Geisterkenntnis. (Die beiden anderen Stufen, die Inspiration und die Imagination, können in der hier vorliegenden Arbeit nur am Rande behandelt werden.³) Wie der Intuitionsbegriff des Frühwerks mit der Intuition als höchster Form anthroposophischer Geisterkenntnis zusammenhängt, wird hier ausführlich entwickelt. Aus dem Begriff des intuitiven Erkennens werden dann auch die meditativen Übungen verständlich, die Steiner zum Erlangen intuitiver Erkenntnisse angab und die hier ebenfalls besprochen werden.

Der Begriff der Intuition hat eine lange philosophiegeschichtliche und mystische Tradition. Es kann hier nicht die Aufgabe sein, diese nachzuzeichnen; eine bloße Skizze wäre zu grob, eine ausführliche Darstellung würde den Rahmen der vorliegenden Arbeit sprengen. Für eine gute Übersicht sei auf eine Darstellung von Nel Noddings und Paul Shore verwiesen.⁴

Heute wird unter Intuition meist eine spontane Einsicht verstanden (und gesucht), als „kreativer Einfall", „innere Stimme", „treffendes Gefühl" oder gar als „Bauchentscheidung". Mit Intuition im steinerschen Sinne hat das nichts zu tun. Dennoch kann man wohl sagen, dass die Praxis des intuitiven Denkens, wie es in der Anthroposophie verstanden und geübt wird, auch zu einer erhöhten „Intuitionsfähigkeit" im herkömmlichen Sinne führen kann. Denn Denken und Erkennen können nur in wacher Präsenz und innerer Aktivität, also in *schöpferischer*

---

³ Wer sich über diese drei Stufen einen ersten und zugleich sehr klaren Überblick verschaffen möchte, sei auf Rudolf Steiners kleine Schrift *Die Stufen der höheren Erkenntnis* (GA 12) verwiesen. Man findet dort auf wenigen Seiten die „Erkenntnislehre der Anthroposophie" in ihren Grundzügen erläutert.
⁴ Nel Noddings, Paul J. Shore: *Awakening the inner eye. Intuition in education.* Troy, N.Y. 1998.

Geistesgegenwart intuitiv erlebt werden. Das Üben dieses konzentriert-tätigen und zugleich offen-anschauenden Denkens bildet gleichsam ein inneres Organ, das auch das bewusste Erfassen spontaner „Intuitionen" fördern kann. Von den anthroposophischen Autoren, die sich intensiv mit dem Intuitionsbegriff Steiners auseinandergesetzt haben, seien insbesondere Herbert Witzenmann und Renatus Ziegler genannt. Witzenmann[5] arbeitete die Grundzüge des Intuitionsbegriffs in Bezug auf die philosophischen Schriften Steiners präzise heraus und stellte insbesondere die Doppelheit von geistiger Produktivität und selbstbestimmter Inhaltlichkeit als ‚rückbestimmte Bestimmung' des Denkens dar. Ziegler[6] entwickelte den Intuitionsbegriff aus Steiners *Philosophie der Freiheit* systematisch in großer Klarheit und schlug eine Brücke von der intuitiven Selbsterkenntnis bis zum Verständnis von Reinkarnation und Karma. Auch Dietrich Rapp[7] hat die Doppelnatur des geistigen Erkennens deutlich herausgearbeitet. Zur *Philosophie der Freiheit* existiert darüber hinaus eine Fülle von Untersuchungen, die hier nicht alle genannt werden können.[8] Für einen Ausblick auf den Zusammenhang mit der pädagogischen

---

[5] Herbert Witzenmann: *Intuition und Beobachtung.* Bd. 1: *Das Erfassen des Geistes im Erleben des Denkens.* Stuttgart 1977.

[6] Renatus Ziegler: *Intuition und Ich-Erfahrung. Erkenntnis und Freiheit zwischen Gegenwart und Ewigkeit.* Stuttgart 2006.

[7] Dietrich Rapp: *Tatort Erkenntnisgrenze. Die Kritik Rudolf Steiners an Immanuel Kant.* Heidelberg 2013.

[8] Für eine aktuelle Übersicht vgl. das Literaturverzeichnis in Christian Clement (Hrsg.): *Rudolf Steiner Schriften - kritische Ausgabe.* Bd. II: *Wahrheit und Wissenschaft, Die Philosophie der Freiheit.* Stuttgart 2016. Es sei erwähnt, dass Rudolf Steiners Philosophie seit einigen Jahren auch von der Fachphilosophie bearbeitet wird (Hartmut Traub: *Philosophie und Anthroposophie. Die philosophische Weltanschauung Rudolf Steiners. Grundlegung und Kritik.* Stuttgart 2011).

Intuition sei auf einen von Jost Schieren herausgegebenen Band verwiesen.⁹ Edward de Boer hat eine überschaubare und gut abgerundete Sammlung von Zitaten Steiners zur Intuition herausgegeben, die einen ausgezeichneten ersten Überblick über das Thema vermittelt.¹⁰ Das Studium von Rudolf Steiners Darstellungen erfordert ein hohes Maß an geistiger Eigenaktivität, denn „der Doktor" – wie er liebevoll von seinen Schülern genannt wurde – definierte nicht, sondern umschrieb, auf Wesentliches eher hindeutend als es festlegend. Wie Steiner die sinnlichen Wahrnehmungen als unfertig ansah ohne die zu ihnen gehörigen Begriffe und die Welt als unfertig ohne den Menschen, so kann man auch seine Bücher durchaus als unfertig ohne die eigenschöpferische Verständnistätigkeit des Lesers betrachten. Ergebnisse anthroposophischen Studiums sind daher (insbesondere, wenn sie bis zum Bereich innerer Erfahrung vorstoßen) in besonderem Maße durch die persönlichen Schwerpunktsetzungen, Einsichten und Hintergründe des Interpreten gefärbt. Das kann nicht anders sein, denn Anthroposophie ist keine tote Lehrbuchwissenschaft, sondern lebendige Geistbegegnung und -anschauung, die sich immer neu und individuell durch den Menschengeist ereignet. Es kommt daher vor, dass gerade anthroposophische Freunde ganz anderer Auffassung über bestimmte Darstellungen Rudolf Steiners sind als man selbst. Das macht aber die Sache und den anderen Menschen besonders interessant. Dennoch handelt es sich bei der Anthroposophie um eine Geistes*wissenschaft*; gewissenhafter Umgang mit ihr wird also vorausgesetzt. Gerade in seinen schriftlichen Darstellungen wählte

---

[9] Jost Schieren (Hrsg.): *Rationalität und Intuition in philosophischer und pädagogischer Perspektive*. Frankfurt a.M. 2008.
[10] Edward de Boer (Hrsg.) *Rudolf Steiner: Intuition, Brennpunkt des Denkens*. Basel 2014.

Rudolf Steiner jedes Wort mit Bedacht – und so sollten sie auch gelesen werden: mit Bedacht.

* * *

Die Gesichtspunkte für das Verständnis und die Zusammenschau des hier Dargestellten wurden durch den fruchtbaren Austausch mit vielen Persönlichkeiten bereichert und vertieft, von denen insbesondere meine Kolleginnen und Kollegen von der *Akanthos-Akademie* in Stuttgart: Corinna Gleide, Martina Maria Sam, Andreas Neider, Dorian Schmidt, Lorenzo Ravagli und Valentin Wember, sowie Anna-Katharina Dehmelt vom *Institut für anthroposophische Meditation* und auch Dirk Kruse, Hans-Christian Zehnter und Bernhard Schmalenbach genannt und für ihre freundschaftliche Unterstützung bedankt seien. Außerdem danke ich Shozan Shimoda für anregende Diskussionen zum Thema.

Einleitung

Wer Anthroposophie studiert, muss sich nach und nach ein Repertoire neuer Begriffe erarbeiten. Niemand hat es in der Schule gelernt, was „Ätherleib", „Saturnzustand" oder „Elementarwesen" bedeuten. Auch viele alte Begriffe müssen erweitert, vertieft und umgeschmolzen werden. Und insbesondere macht es die Beschäftigung mit der Anthroposophie erforderlich, die Art und Weise, *wie* man denkt, allmählich zu verwandeln. Je länger man sich mit dieser von Rudolf Steiner inaugurierten und in schier unüberschaubaren Weiten und Tiefen entfalteten Wissenschaft des Geistes beschäftigt, umso mehr stößt man an die Grenzen des gewöhnlichen Denkens. Denn dieses richtet sich auf etwas anderes: Die Gedanken werden als Bezeichnungen für eine Wirklichkeit verwendet, die außerhalb von ihnen gesucht wird. Der (gewöhnliche) Gedanke des Elefanten ist ein Platzhalter für einen wirklichen Elefanten, der nicht gedacht, sondern nur wahrgenommen werden kann. In der Anthroposophie soll aber Wirklichkeit *im* Denken gefunden werden. Anthroposophische Gedanken, Begriffe und Ideen sollen nicht auf etwas anderes bezogen, sondern von innen her *erlebt* und erlebend „angeschaut" werden. Rudolf Steiner wies seine Leser und Zuhörer immer wieder und wieder auf das Erleben des Denkens hin. Denn, so fasste er einmal zusammen, „in den erlebten Ideen ist die Geistwelt gegeben"[11].

---

[11] *Mein Lebensgang.* GA 28. Dornach 1982, S. 435. Unter „Idee" muss man sich bei Steiner allerdings nicht nur einen abstrakten Gedankeninhalt vorstellen, sondern die ganze Summe dessen, was im Verständnis einer Sache mitschwingt: die logische Gesetzmäßigkeit, das gefühlsmäßige Erleben von Stimmigkeit und Bedeutung sowie dynamisch-willenshafte Anteile.

Die Aneignung neuer Begriffe und die Veränderung der Wirklichkeitserfahrung im Denken können sich nur langsam und allmählich vollziehen, hängt doch das gewöhnliche Bewusstsein an nichts so sehr wie an sich selbst. Es möchte gleichsam instinktiv in der gegenständlichen Wirklichkeit verharren, denn sie ist es, an der es sich erhellt und erhält. Das gewöhnliche Denken nimmt daher auch die anthroposophischen Begriffe zunächst wie Bezeichnungen für etwas anderes, „geistig" Wirkliches, das Rudolf Steiner (nach seiner Selbstaussage) wahrnehmen konnte, man selbst aber (noch) nicht. Zu dieser oft gemachten Voraussetzung schrieb Steiner: „Man stellt sich den Eintritt in die geistige Welt viel zu ähnlich einem sinnenfälligen Erlebnis vor, und so findet man, dass, was man beim Lesen von dieser Welt erlebt, viel zu gedankenmäßig ist." Doch stehe man „in dem *wahren* gedankenmäßigen Aufnehmen ... in dieser Welt schon drinnen" und habe sich „nur noch klar darüber zu werden, dass man schon unvermerkt erlebt hat, was man vermeinte, bloß als Gedankenmitteilung erhalten zu haben."[12] Der Mensch *sei* schon hellsichtig, zumindest im „wahren" Denken – nur merke er es zunächst nicht.

Um den Blick auf das Wesentliche freizuhalten, charakterisierte Rudolf Steiner seine Begriffe, anstatt sie zu definieren. „Wir charakterisieren, wenn wir die Dinge unter möglichst viele Gesichtspunkte stellen", sagte er einmal. „Dann sind diese Beziehungen so vielgliedrig, dass nicht eine Definition herauskommt, sondern eine Charakteristik."[13] Beim Studium der Anthroposophie ist man daher mit unterschiedlichsten Perspektiven auf bestimmte geistige Sachverhalte und mit entsprechenden Begriffsmetamorphosen konfrontiert, was die gedank-

---

[12] GA 13, S. 49.
[13] Vortrag vom 30.8.1919 in: *Allgemeine Menschenkunde als Grundlage der Pädagogik*. GA 293. Dornach 1992, S. 140.

liche Erschließung nicht gerade erleichtert. Andererseits eröffnet die systematische Erarbeitung anthroposophischer Begriffe ganz neue Einsichten und Forschungsfelder. Gerade im Mitvollzug ihrer Metamorphosen erweitern sich diese Begriffe von Bezeichnungen zu Blickweisen, von Anschauungsformen zu Erlebnissen. Wie *Goethe* durch immer neue Beobachtung des Pflanzenwachstums oder durch Reihenbildung innerhalb seiner mineralischen Sammlungen zu Begriffen kam, von denen er das Erlebnis hatte, sie „wie mit Augen zu sehen", so ist die systematische Sammlung der Äußerungen Rudolf Steiners zu einem bestimmten Thema einer goetheschen Reihenbildung vergleichbar, durch die schließlich das *Wesen* der Sache in der eigenen Anschauung geistig aufleuchten kann.

Im Folgenden werden Rudolf Steiners schriftliche Darstellungen zur Intuition erläuternd und vergleichend zusammengestellt. Der Gang führt von den Ausführungen zu Goethes Naturwissenschaft über die philosophischen zu den geisteswissenschaftlichen und esoterischen Schriften, von der Erkenntnis des Lebendigen, des Denkens und des Ich zur Erkenntnis geistiger Wesen und schließlich zu Übungsanleitungen zur Erlangung intuitiven Erkennens.

Im Nachvollzug dieses Weges zeigt sich, dass sich der Begriff der Intuition bei Rudolf Steiner organisch, wie nach einer inneren Gesetzmäßigkeit entfaltet. Im ersten Keim, den *Einleitungen zu Goethes naturwissenschaftlichen Schriften* (1884), ist, so wird im Rückblick deutlich, die spätere Gestalt bereits potentiell enthalten, während in jeder weiteren Entwicklungsstufe die früheren Stadien integriert, sozusagen verinnerlicht weiterleben. So finden wir schon in den philosophischen Schriften vier Aspekte des intuitiven Erkennens, die sich später in die vier Stufen des Erkennens, die gegenständliche und die drei höheren der Imagination, Inspiration und Intuition auseinanderlegen. Von Stufe zu Stufe wird der Blick auf das Thema klarer und inhaltsvoller, der Blick zurück inniger, das Gesamtbild reicher. Die Wesensintuition, wie Steiner sie 1910 in *Die Geheimwissenschaft im Umriss* beschrieb, ist verständlicher, wenn man sich auch mit der Begriffsintuition aus *Die Philosophie der Freiheit* beschäftigt hat, und umgekehrt erhält die Begriffsintuition von der *Geheimwissenschaft* aus eine neue, vertiefende Beleuchtung. Vollzieht man die Entfaltung des Intuitionsbegriffs nach, so kann man dieses lebendige Ineinanderweben des Vergangenen und Zukünftigen, die aus einem gemeinsamen Zentrum entspringen und das Wesen der intuitiven Erkenntnis immer mehr zur Erscheinung bringen, erlebend nachvollziehen. Man schaut das Wesen der Intuition „wie mit Augen", und man erkennt, dass es dasselbe Licht ist, dass von Anfang an bis in die letzten Zeilen Rudolf Steiners leuchtet.

Eine solche Herangehensweise kann, vertieft betrachtet, als ‚esoterisch' bezeichnet werden. Das bedeutet nichts Nebulöses, sondern ist im goetheschen Sinne des *offenbaren Geheimnisses* zu verstehen. Steiner schrieb:

„Wahrheiten, die einem ganzen Systeme von Ansichten angehören, können zumeist nur im Zusammenhange richtig verstanden und gewürdigt werden. Man nennt dann ihren tieferen Sinn, den sie für sich alleinstehend nicht haben können, den esoterischen. Der letztere wird nur dem geläufig sein, der den ganzen entsprechenden Kreis von Anschauungen kennt, dem das Einzelne angehört. Wahrheiten, die für sich, außer allem Zusammenhange sogleich verständlich sind, heißen exoterische. Die oberflächliche Art, die esoterische Wahrheiten aus dem Zusammenhange reißt und gleich exoterischen behandelt, kann zu den verhängnisvollsten Irrtümern führen."[14]

---

[14] Rudolf Steiner (Hrsg.): *J. W. Goethe: Naturwissenschaftliche Schriften*. Band 4/I: *Materialien zur Geschichte der Farbenlehre*. Dornach 1982, Fußnote S. 127.

Und Goethe selbst bemerkte einmal: „Den Zusammenhang müssen Sie selbst entdecken. Wer es nicht findet, dem hilft es auch nichts, wenn man es ihm sagt."[15] Alle Formulierungen in diesem Buch sind so zu lesen, dass Rudolf Steiners Auffassung referiert wird, auch, wenn dies der Lesbarkeit halber meist nicht explizit ausgesprochen ist. Inwiefern Steiners Sicht faktisch zutreffend ist, kann nur im Urteil des Lesers entschieden werden.

---

[15] Wolfgang Herwig (Hrsg.): *Goethes Gespräche* (Biedermannsche Ausgabe). München 1987, Bd. 5, S. 84.

I. Das intuitiv erlebte Denken

Im ersten Teil unserer Untersuchung zeichnen wir die Entwicklung des Intuitionsbegriffs in Rudolf Steiners frühen Schriften nach und beschäftigen uns dabei zunächst mit Fragen zur Erkenntnis des Organischen. Wie erfasst man die Lebenskraft, die in Organismen gestaltend wirksam ist (Kapitel über die Einleitungen und Grundlinien*)? Wir setzen uns mit der Intuition als wissenschaftlicher Erkenntnismethode auseinander. Im Kapitel über* Wahrheit und Wissenschaft *beschäftigen wir uns u.a. mit der Grundstruktur des Erkenntnisvorgangs, in demjenigen über die* Philosophie der Freiheit *mit der Intuition als geistigem Wahrnehmungsorgan. Das Kapitel über* Goethes Weltanschauung *schließt diesen ersten Teil ab und behandelt die Konsequenzen des intuitiven Erkennens für eine lebendige und geistgemäße Naturanschauung. Rudolf Steiner ging also zunächst von erkenntnistheoretischen Fragestellungen aus, doch waren sie für ihn keine bloß philosophischen Probleme, denn auch vom philosophischen Denken sagte er:*

„Wer von der Kälte der Ideenwelt spricht, der kann Ideen nur denken, nicht erleben. Wer das wahrhafte Leben in der Ideenwelt lebt, der fühlt in sich das Wesen der Welt in einer Wärme wirken, die mit nichts zu vergleichen ist. Er fühlt das Feuer des Weltgeheimnisses in sich auflodern."[16, 17]

---

[16] *Goethes Weltanschauung.* GA 6. Dornach 1990, S. 77.

[17] Zitierweise: Bei der ersten Erwähnung wird der Band der Gesamtausgabe (GA) vollständig mit Titel, Nummer in der GA, Ort und Erscheinungsjahr zitiert. Für alle weiteren Zitate desselben Bandes im Text wird nur die Nummer der GA angegeben und nach einem \ die Seitenzahl in der schon erwähnten Ausgabe. Bei Zitaten, die mehrere Seiten überspannen, wird nur die Seite angegeben, auf welcher das Zitat beginnt. Im Anhang findet man alle verwendete Literatur aufgelistet.

EINLEITUNGEN ZU GOETHES NATURWISSENSCHAFTLICHEN SCHRIFTEN (1884-97) – DIE INTUITIVE ERKENNTNIS DES ORGANISCHEN

In diesem Kapitel erarbeiten wir uns den Begriff des intuitiven Erkennens anhand des Unterschieds in der Erkenntnis der belebten und der unbelebten Natur. Wir bestimmen vier grundlegende Aspekte des intuitiven Erkennens und verweisen auf den Zusammenhang mit der scientia intuitiva *des Spinoza, der wie Rudolf Steiner die Intuition als ein unmittelbares Einswerden mit dem göttlichen Grund des Seins angesehen hatte.*

Schon in seiner ersten Schrift[18] sprach Rudolf Steiner vom intuitiven Erkennen, und zwar im Zusammenhang mit Goethes Anschauungen der organischen Natur. Wir müssen uns daher gleich zu Beginn unserer Untersuchung auf einige schwierige erkenntnistheoretische Überlegungen einlassen, wodurch wir uns aber eine gute Grundlage für die späteren Darstellungen verschaffen werden. Es wird sich nämlich zeigen, dass Rudolf Steiner die wichtigsten Aspekte seines Intuitionsbegriffs schon in den *Einleitungen* entwickelte.

Wie kann man Lebendiges verstehen? Die materialistische Biologie behauptet, man könne Organismen aus ihren physikalischen und chemischen Bestandteilen erklären. Die lebendige Ganzheit wird dabei stillschweigend vorausgesetzt. Ohne sie wären aber die Gene etc. überhaupt nicht vorhanden. Deshalb erklären nicht die Gene

---

[18] *Einleitungen zu Goethes naturwissenschaftlichen Schriften.* GA 1. Dornach 1987. (Die *Einleitungen* bestehen aus vier Teilen, die 1884, 1887, 1890 und 1897 erschienen.)

den Organismus, sondern der Organismus die Gene. Immer wieder sprechen Biologen daher auch von der organischen Ganzheit, von dem sich aus sich selbst heraus entwickelnden und gestaltenden Leben. Schon *Aristoteles* bezeichnete die unsichtbare Lebenskraft, die aus einem Samen die ganze Pflanze heraustreibt, als *Entelechie*, das Sein-Ziel-in-sich-Tragende, und *Francisco Varela* (um nur noch einen weiteren von vielen anderen Biologen zu nennen) prägte den Begriff der *Autopoiesis*, der Selbsterschaffung des Organischen. Doch lässt sich die „Lebenskraft" nicht dingfest machen. Man kann sie nicht wie andere Stoffe im Organismus finden. Was liegt hier also zu Grunde? Wie kann man das *Leben* als solches erkennen?[19]

Um Lebendiges zu verstehen, ist nach Rudolf Steiner eine ganz andere Denkweise notwendig als diejenige der anorganischen Wissenschaften. Ein Kausaldenken reicht nicht aus. In der toten Natur verursachen sich die Vorgänge auf äußerliche Weise, eine Erscheinung bewirkt die andere: Eine Billardkugel stößt die zweite, Wärme dehnt einen Stein aus, die Erde zieht ihn an, etc. Sowohl die Ursachen als auch ihre Wirkungen sind sinnlich wahrnehmbar und wirken in wahrnehmbarer Weise aufeinander. Der Mensch ist bloß der Zuschauer dieses Geschehens. In der *organischen* Natur könne aber, so Steiner, von einer solchen äußerlichen Verursachung nicht gesprochen werden:

„Alle sinnlichen Qualitäten erscheinen hier ... als Folge eines solchen, *welches nicht mehr sinnlich wahrnehmbar ist.* Sie erscheinen als Folge einer über den sinnlichen Vorgängen schwebenden höheren Einheit. Nicht die Gestalt der Wurzel bedingt jene des

---

[19] Für eine ausführliche Diskussion siehe Christoph Hueck: *Evolution im Doppelstrom der Zeit. Die Erweiterung der naturwissenschaftlichen Entwicklungslehre durch die Selbstanschauung des Erkennens.* Dornach 2012.

Stammes und wiederum die Gestalt von diesem jene des Blattes usw., sondern alle diese Formen sind bedingt durch ein über ihnen Stehendes, welches selbst nicht wieder sinnlich-anschaulicher Form ist. ... Es genügt *die* [sinnliche, Anm. CH] *Anschauung* nicht mehr, wir müssen *die Einheit* begrifflich erfassen, wenn wir die Erscheinungen erklären wollen." (1\73)

In den Organismen scheinen darüber hinaus die Gesetze der anorganischen Natur durchbrochen zu sein. Während z.b. bei einem Kristall die gestaltbildenden Kräfte aus den Eigenschaften der Stoffe erklärbar sind, gilt das nicht für die organischen Gestalten.

„Weil das Objekt nicht von Gesetzen der Sinnenwelt beherrscht erscheint, doch aber für die Sinne da ist, ihnen erscheint, so ist es, als wenn man hier vor einem unlösbaren Widerspruche in der Natur stünde, als wenn eine Kluft bestünde zwischen anorganischen Erscheinungen, welche aus sich selbst zu begreifen sind, und organischen Wesen, bei denen ein Eingriff in die Gesetze der Natur geschieht, *bei denen allgemeingültige Gesetze auf einmal durchbrochen würden.* Diese Kluft nahm man in der Tat *bis auf Goethe* allgemein in der Wissenschaft an; erst ihm gelang es, das lösende Wort des Rätsels zu sprechen. Erklärbar aus sich selbst sollte, so dachte man vor ihm, nur die unorganische Natur sein; bei der organischen höre das menschliche Erkenntnisvermögen auf." (1\74)

Immanuel Kant habe sogar versucht,

„eine wissenschaftliche Begründung *dafür* zu finden, dass es dem menschlichen Geiste nie gelingen werde, die organischen Bildungen zu erklären. Wohl sah er die Möglichkeit eines Verstandes ein - eines intellectus archetypus, eines intuitiven Verstandes -, dem es gegeben wäre, den Zusammenhang von Begriff und Wirklichkeit bei den organischen Wesen ... zu durchschauen; allein dem Menschen selbst sprach er die Möglichkeit eines solchen Verstandes ab. Der menschliche Verstand soll nämlich nach Kant die Eigenschaft haben, dass er sich die Einheit, den Begriff einer Sache nur als hervorgehend aus dem Zusammenwirken der Teile ... denken kann, nicht aber so, dass jeder einzelne Teil als der Ausfluss einer bestimmten konkreten ... Einheit, eines Begriffes in intuitiver Form erschiene." (1\75)

Indirekt, in Anlehnung an Kant, verwendet Steiner hier also zum ersten Mal den Begriff der Intuition, aber eben auch in Abgrenzung zu Kant.

„Auf der Möglichkeit, die Außenwelt durch die Sinne aufzufassen und ihre Wechselwirkung durch Begriffe auszudrücken, beruht die Erkenntnis der anorganischen Natur. Die Möglichkeit, auf *diese* Art Dinge zu erkennen, sah Kant für die einzige dem Menschen zukommende an. Dieses Denken nannte er diskursives; *was* wir erkennen wollen, ist äußere Anschauung; der Begriff, die zusammenfassende Einheit, bloßes Mittel. Wollten wir aber die organische Natur erkennen, so müssten wir das ideelle Moment, das Begriffliche nicht als ein solches fassen, das ein anderes ausdrückt, bedeutet, von diesem sich seinen Inhalt borgt, sondern wir müssten das *Ideelle als solches* erkennen; es müsste einen eigenen aus sich selbst, nicht aus der räumlich-zeitlichen Sinnenwelt stammenden Inhalt haben. Jene Einheit, welche dort unser Geist bloß abstrahiert, müsste sich auf sich selbst bauen, sie müsste sich *aus sich heraus* gestalten, sie müsste ihrem eigenen Wesen gemäß, nicht nach den Einflüssen anderer Objekte gebildet sein. Die Erfassung einer solchen aus sich selbst sich gestaltenden, sich aus eigener Kraft offenbarenden Entität sollte dem Menschen versagt sein." (1\82)

Damit ist bereits Wichtiges über das intuitive Erkennen gesagt. Ein intuitiver Begriff hat einen eigenen, rein ideellen und aus sich selbst, nicht aus der Sinnenwelt stammenden Inhalt. Er gestaltet sich aus sich selbst und drückt die Einheit, das Ganze einer Sache so aus, dass ihre einzelnen Teile als ein „Ausfluss" dieser Einheit erscheinen (dass also der Zusammenhang der Teile mit dem Ganzen durch den intuitiven Begriff eingesehen werden kann).

Was ist nun zum Erfassen einer solchen, rein ideellen, sich aus sich selbst gestaltenden Entität nötig?

„Eine Urteilskraft, welche einem Gedanken auch einen anderen als bloß einen durch die äußeren Sinne aufgenommenen Stoff verleihen kann, eine solche, welche nicht bloß Sinnenfälliges erfassen kann, sondern auch rein Ideelles für sich, abgesondert von der sinnlichen Welt. *Man kann nun einen Begriff, der nicht durch Abstraktion aus der Sinnenwelt genommen ist, sondern der einen aus ihm und nur aus ihm fließenden Gehalt hat, einen intuitiven Begriff und die Erkenntnis desselben eine intuitive nennen.*" [kursiv CH] (1\82)

Das intuitive Denken gibt sich seine Inhalte selbst. Für das intuitive Denken kann auch Nicht-Sinnliches, „rein Ideelles" so wirklich (so *stofflich*) sein wie Sinnliches für das gewöhnliche Denken. Steiner weist auf eine schöpferische Tätigkeit („Urteilskraft"), durch die sich das intuitive Denken seinen ideellen „Stoff" oder „Gehalt" selbst verleiht.

Intuitiv ist demnach eine Erkenntnis, insofern sie einen rein geistigen (ideellen) Inhalt produktiv hervorbringt, wobei sich der Inhalt selbst gestaltet und bestimmt. Wir haben damit bereits zwei wichtige Aspekte der Intuition genannt, die uns im Weiteren immer wieder begegnen werden. 1.) Intuition, in Steiners Sinn verstanden, *beruht auf geistiger Produktivität*: Ich schaue geistig etwas an, das ich innerlich selbst hervorbringe. 2.) *Was* aber durch solche Urteilskraft hervorgebracht wird, ist nicht willkürlich und subjektiv, sondern *bestimmt sich inhaltlich selbst*.

Steiner entwickelt diese Idee anhand von Goethes Lehre von der Metamorphose der Pflanze. Goethe hatte die Entwicklung vom keimenden Samen über die beblätterte, blühende und fruchttragende Pflanze als Wechselspiel einer dreimaligen *Ausdehnung und Zusammenziehung* beschrieben: Vom Samen zum Stängel und den Blättern die erste Ausdehnung, dann eine erste Zusammenziehung in den kleiner werdenden Hoch- und oft winzigen Kelchblättern. Von der Knospe zu den entfalteten Blütenblättern eine zweite Ausdehnung, die zweite Zusammenziehung in den Staubgefäßen und dem Stempel der Blüte. Die dritte Ausdehnung vom Fruchtknoten zur voll ausgewachsenen Frucht, die dritte Zusammenziehung zum in der Frucht verborgenen Samen. Wie die erste

Ausdehnung und Zusammenziehung nacheinander geschieht, so die zweite nebeneinander und die dritte ineinander; danach beginnt ein neuer Kreislauf. Ein gesetzmäßiger, in sich geschlossener, logisch durchschaubarer raum-zeitlicher Zusammenhang. Dazu Rudolf Steiner:

„Man hat sich nun ganz besonders gegen den Begriff abwechselnder Ausdehnung und Zusammenziehung bei Goethe gewendet. Alle Angriffe darauf aber gehen von einem Missverständnisse aus. Man glaubt, dass diese Begriffe nur dann Gültigkeit haben könnten, wenn sich eine physikalische Ursache für sie finden ließe... Dies zeigt nur, dass man die Sache auf die Spitze statt auf die Basis stellt. Es ist nichts vorauszusetzen, was die Ausdehnung oder Zusammenziehung bewirkt; im Gegenteile: alles andere ist Folge der ersteren, sie bewirken eine fortschreitende Metamorphose von Stufe zu Stufe. Man kann sich eben den Begriff nicht in seiner selbsteigenen, in seiner intuitiven Form vorstellen; man verlangt, dass er das Resultat eines äußeren Vorganges darstellen soll." (1\94)

Zum besseren Verständnis ist hier ein kleines Experiment hilfreich. Man kann sich das Wachstum einer Pflanze in ihrer dreimaligen Ausdehnung und Zusammenziehung bildhaft vorstellen. Man vollzieht dabei, indem man sich von einer Entwicklungsstufe zur nächsten fortbewegt, innerlich dasselbe, was auch die Pflanze macht. (Man achte bei dieser kleinen Übung darauf, wie man ebenso wie die Pflanze immer aus dem Ganzen heraus tätig ist.)

„Die Größe dieses Gedankens [der goetheschen Pflanzenmetamorphose] ... geht einem nur dann auf, wenn man versucht, sich denselben im Geiste lebendig zu machen, wenn man es unternimmt ihn nachzudenken. Man wird dann gewahr, dass er die in die Idee übersetzte Natur der Pflanze selbst ist, die in unserem Geiste ebenso lebt wie im Objekte." (1\12)

Ahmt man die Wachstums- und Entwicklungsbewegungen einer Pflanze innerlich nach, so kann man *erleben*, wie sie sich entfaltet. Man erfährt die Wachstumskräfte durch die eigene, innerer Tätigkeit und die Gestaltung der Teile nach den Gesetzen des Ganzen. Man verharrt nicht in einem distanzierten Zuschauerbewusstsein, sondern vollzieht eine *aktive phänomenologische Partizipation*. Man bringt nichts Fremdes zu den äußerlich beobachtbaren Tatsachen hinzu, sondern ahmt eben diese selbst nach, und im phänomenologischen Nachvollzug erlebt man die Entwicklungskräfte und -gesetze des Ganzen unmittelbar. Was in dieser Art erfasst wird, wirkt als *Entelechie* real im Organismus: Das intuitiv Erlebte ist eine *Wirk*-lichkeit im eigentlichen Sinne des Wortes. Die in dieser Art lebendig erfasste Idee ist daher

„nicht ein bloßer *Verstandesbegriff*, sie ist dasjenige, was in jedem Organismus das wahrhaft Organische ist, ohne welches derselbe nicht Organismus wäre. ... Die Idee des Organismus ist als Entelechie im Organismus tätig, wirksam; sie ist in der von unserer Vernunft erfassten Form nur die Wesenheit der Entelechie selbst. Sie fasst die Erfahrung nicht zusammen; sie *bewirkt* das zu Erfahrende." (1\84)[20]

---

[20] In diesem Sinne fügt Steiner noch einen erhellenden Vergleich zwischen *Mechanismus* und *Organismus* an:
„Dies ist eben der Gegensatz des Organismus zur Maschine. Bei der letzteren ist alles Wechselwirkung der Teile. Es existiert nichts Wirkliches in der Maschine selbst außer dieser Wechselwirkung. Das einheitliche Prinzip, welches das Zusammenwirken jener Teile beherrscht, fehlt im Objekte selbst und liegt außerhalb desselben in dem Kopfe des Konstrukteurs als Plan. Nur die äußerste Kurzsichtigkeit kann leugnen, dass gerade darinnen die Differenz zwischen Organismus und Mechanismus besteht, dass dasjenige Prinzip, welches das Wechselverhältnis der Teile bewirkt, beim letzteren nur außerhalb (abstrakt) vorhanden ist, während es bei ersterem in dem Dinge selbst wirkliches Dasein gewinnt. So erscheinen dann auch die sinnlich wahrnehmbaren Verhältnisse des Organismus nicht als bloße Folge aus-einander, sondern als beherrscht von jenem inneren Prinzipe, als Folge eines solchen, das nicht mehr sinnlich wahrnehmbar ist. In dieser Hinsicht ist es ebensowenig sinnlich wahrnehmbar, wie jener Plan im Kopfe des Konstrukteurs, der ja auch nur für den Geist da ist; ja es ist im wesentlichen jener Plan, nur dass er jetzt eingezogen ist in das Innere des Wesens und nicht mehr durch Vermittlung eines Dritten - jenes Konstrukteurs - seine Wirkungen vollzieht, sondern *dieses direkt selbst tut*." [kursiv CH] (1\73)

Damit ist ein dritter Aspekt des Intuitiven genannt: Das intuitiv Erfasste ist real in der Welt wirkende Wesenheit. Goethe nannte die im Lebendigen wirkende Idee den „Urorganismus" oder „Typus".

Rudolf Steiner deutet hier zum ersten Mal einen zentralen Gesichtspunkt der Anthroposophie an: *Die Erscheinungen der Sinneswelt (hier: die Organismen) werden durch ein in ihnen wirkendes Geistiges bewirkt und gestaltet, und dieses Geistige kommt im erkennenden Bewusstsein des Menschen in seiner ihm ureigenen Art und Wesenheit zur Erscheinung.*

Das intuitive Denken erfasst also in einer schöpferisch-produktiven Weise Ideen, die nicht bloß aus der Sinneserfahrung abstrahiert sind, sondern sich vielmehr als nichtsinnliche Wesenheiten inhaltlich selbst bestimmen, ihre Teile vom Ganzen aus erklärlich machen, und die darüber hinaus als in der sinnlichen Erfahrungswelt wirksam erscheinen.

* * *

Mit wenigen Strichen skizziert Steiner dann eine philosophische Einordnung der Intuition. Er bezieht sich auf die *scientia intuitiva* des *Spinoza* und weist in diesem Zusammenhang auch auf den maßgeblichen Einfluss hin, den dieser Philosoph auf Goethes Denken über das Lebendige hatte.

„Spinoza unterscheidet drei Arten von Erkenntnis. Die erste Art ist jene, bei der wir uns bei gewissen gehörten oder gelesenen Worten der Dinge erinnern und uns von diesen Dingen gewisse Vorstellungen bilden, ähnlich denen, durch welche wir die Dinge bildlich vorstellen. Die zweite Art der Erkenntnis ist jene, bei welcher wir uns aus zureichenden Vorstellungen von den Eigenschaften der Dinge Gemeinbegriffe bilden. Die dritte Art der Erkenntnis ist nun aber diejenige, bei welcher wir von der zureichenden Vorstellung des wirklichen Wesens einiger Attribute Gottes zur zureichenden Erkenntnis des Wesens der Dinge fortschreiten. Diese Art der Erkenntnis nennt nun Spinoza scientia intuitiva, das *anschauende* Wissen. Diese letztere, die höchste Art der Erkenntnis, war es nun, die Goethe anstrebte." (1\78)

Die Gleichsetzung der *scientia intuitiva* (des intuitiven Wissens) mit geistiger Anschauung wird uns im Weiteren immer wieder begegnen. In seinen Aufsätzen *Die Stufen der höheren Erkenntnis* (1905-1908)[21] beschrieb Rudolf Steiner ebenfalls drei Stufen des geistigen Erkennens (Imagination, Inspiration und Intuition), die verwandt zu denen des Spinoza sind. Wir kommen später darauf zurück.

* * *

In der Einleitung zum 2. Band von Goethes naturwissenschaftlichen Schriften (1887) finden wir eine weitere Vertiefung des Ideenverständnisses. Rudolf Steiner liefert nun eine Skizze von *Goethes Erkenntnistheorie*, eine allgemeine Bestimmung des Verhältnisses von Erfahrung und Denken, von äußerer Erscheinung und innerem, ideellen Wesen. Die Intuition wird zwar nicht explizit erwähnt, aber mit charakteristischen Formulierungen umschrieben, und wir kommen durch die folgenden Gedankengänge zu einem tieferen Verständnis des intuitiven Erkennens, ja der Grundlagen der Anthroposophie. Warum, so fragt Steiner, sind wir von der im Denken erkannten Wirklichkeit befriedigt, von der äußeren dagegen nicht?

„Die anschauliche Wirklichkeit tritt uns als Fertiges gegenüber. Es ist eben da; wir haben nichts dazu beigetragen, dass es so ist. Wir fühlen uns daher einem fremden Wesen gegenüber, das wir nicht produziert haben, ja bei dessen Produktion wir nicht einmal gegenwärtig waren. Wir stehen vor einem Gewordenen. Erfassen aber können wir nur das, von dem wir wissen, ... wie es zustande gekommen ist ... Bei unserem Denken ist das anders. Ein Gedankengebilde tritt mir nicht gegenüber, ohne dass ich selbst an seinem Zustandekommen mitwirke; es kommt nur so in das Feld meines Wahrnehmens,

---

[21] *Die Stufen der höheren Erkenntnis*. GA 12. Dornach 1979.

dass ich es selbst aus dem dunklen Abgrund der Wahrnehmungslosigkeit herauf hebe. Der Gedanke tritt in mir nicht als fertiges Gebilde auf, wie die Sinneswahrnehmung, sondern ich bin mir bewusst, dass, wenn ich ihn in einer abgeschlossenen Form festhalte, ich ihn selbst auf diese Form gebracht habe. Was mir vorliegt erscheint mir nicht als *erstes,* sondern als *letztes,* als der Abschluss eines Prozesses, der mit mir so verwachsen ist, dass ich immer innerhalb seiner gestanden habe. Das aber ist es, was ich bei einem Dinge, das in den Horizont meines Wahrnehmens tritt, verlangen muss, um es zu begreifen. Es darf mir nichts dunkel bleiben; es darf nichts als Abgeschlossenes erscheinen; ich muss es selbst verfolgen bis zu jener Stufe, wo es ein Fertiges geworden ist. Deshalb drängt uns die unmittelbare Form der Wirklichkeit, die wir gewöhnlich *Erfahrung* nennen, zu einer wissenschaftlichen Bearbeitung. Wenn wir unser Denken in Fluss bringen, dann gehen wir auf die uns zuerst verborgen gebliebenen Bedingungen des Gegebenen zurück; wir arbeiten uns vom Produkt zur Produktion empor, wir gelangen dazu, dass uns die Sinneswahrnehmung auf dieselbe Weise durchsichtig wird wie der Gedanke. Unser Erkenntnisbedürfnis wird so befriedigt." (1\160)

Beim Denken steht man innerhalb des Entstehungsprozesses. Allerdings bleibt dieses *Stehen im Entstehen* des Denkens gewöhnlich unbemerkt, denn da achtet man auf das Denk*ergebnis*. (In der *Philosophie der Freiheit* wird Steiner später in prägnanter Formulierung schreiben: „Das ist die eigentümliche Natur des Denkens, dass der Denkende das Denken vergisst, während er es ausübt." [4\42]. Insofern ist das Bemerken dieses Verhältnisses, das man zum Denken hat, schon ein erster Schritt auf dem Weg zu der geistigen „Erweckung", die Steiner in seinen Schriften nach der Jahrhundertwende darstellte, und die wir im zweiten und dritten Teil besprechen werden.[22])

---

[22] Tatsächlich ist es so, dass das bewusste *Stehen im Entstehen* des Denkens der übersinnlichen Erkenntnisstufe der Imagination zugrunde liegt.

Der zweite wesentliche Aspekt ist der Hinweis, dass auch die Tatsachen der Sinneswelt „auf dieselbe Weise durchsichtig" werden können wie der Gedanke. Dazu müsse man sein „Denken in Fluss bringen" und sich „vom Produkt zur Produktion" emporarbeiten, man müsse auf die „verborgen gebliebenen Bedingungen des Gegebenen" zurückgehen. Goethe, der das Werden der Pflanzen aktiv nachvollzog, hatte geschrieben, „dass wir uns durch das Anschauen einer immer schaffenden Natur zur geistigen Teilnahme an ihren Produktionen würdig machten" (1\81).

„Anschauen" bedeutet hier also nicht die Betrachtung eines fertig Gegebenen, sondern das Leben in und Erleben einer die Natur nachahmenden Tätigkeit. Man lässt die Pflanze innerlich noch einmal zu dem werden, was sie äußerlich geworden ist. Man vollzieht mit ihr dasselbe, was man auch mit einem Gedanken tun kann, nur, dass man mit dem Werden des Gedankens von Anfang an verbunden ist, die Pflanze einem aber zunächst fremd von außen entgegentrat.

Indem man die äußere Welt in der eigenen Tätigkeit neu erstehen lässt, wird die Kluft zwischen Denken und Erfahrung überwunden. Das Denken produziert dann nicht mehr einen Inhalt, der mit der Natur nichts zu tun hat, sondern nimmt die Welterscheinungen als seinen Inhalt auf; die Natur erscheint nicht mehr dunkel und fremd, sondern wird vertraut und durchsichtig, indem man ihre Werdekräfte mit eigener Aktivität durchdringt.

Indem man bewusst im Entstehungsprozess des Denkens stehen kann, erweckt man sich geistig selbst; indem man zu den verborgenen Ursprüngen und Bedingungen der Welterscheinungen zurückgeht, erkennt man die Welt als aus dem Geist geworden. Denselben Geist, der in einem lebt, findet man auch in der Welt. Schon hier ist die Anthroposophie *in nuce* zu erkennen.

„Ein Prozess der Welt erscheint nur dann als von uns ganz durchdrungen, wenn er unsere eigene Tätigkeit [geworden] ist. ... Das Denken ist aber der einzige Prozess, bei dem wir uns ganz innerhalb stellen können, in dem wir aufgehen können. Daher muss der wissenschaftlichen Betrachtung die erfahrene Wirklichkeit auf dieselbe Weise als aus der Gedankenentwicklung hervorgehend erscheinen, wie ein reiner Gedanke selbst. ... Wenn wir von dem Wesen eines Dinges oder der Welt überhaupt sprechen, so können wir also gar nichts anderes meinen, als das Begreifen der Wirklichkeit als *Gedanke*, als *Idee*. In der *Idee* erkennen wir dasjenige, woraus wir alles andere herleiten müssen: das Prinzip der Dinge. Was die Philosophen das Absolute, das ewige Sein, den Weltengrund, was die Religionen Gott nennen, das nennen wir, auf Grund unserer erkenntnistheoretischen Erörterungen: die *Idee*." (1\162)

Der Unterschied der „Idee" von dem „absoluten Weltengrund" oder „Gott" liegt darin, dass der Mensch mit ihr im Erkennen eins ist, weil sie seine eigene Tätigkeit ist. Doch obwohl er sie erzeugt, gibt sie sich ihren Inhalt selbst; aber gerade weil er sie erzeugt, offenbart sie sich ihm vollständig. Man ist, so Steiner, in einem Zentrum, das sich wie die Sonne aus sich selbst erhellt.

„Sie fordert kein Hinausgehen über sich selbst. Sie ist die auf sich gebaute, in sich selbst festbegründete Wesenheit. Das liegt nicht etwa darinnen, dass wir sie in unserem Bewusstsein unmittelbar gegenwärtig haben. Das liegt an ihr selbst. Wenn sie ihr Wesen nicht selbst aussprache, dann würde sie uns eben auch so erscheinen wie die übrige Wirklichkeit: aufklärungsbedürftig. Das scheint denn doch dem zu widersprechen, was wir oben sagten: die Idee erschiene deshalb in einer uns befriedigenden Form, weil wir bei ihrem Zustandekommen tätig mitwirken. Das rührt aber nicht von der Organisation unseres Bewusstseins her. Wäre die Idee nicht eine auf sich selbst gebaute Wesenheit, so könnten wir ein solches Bewusstsein gar nicht haben. Wenn etwas das Zentrum, aus dem es entspringt, nicht *in* sich, sondern *außer* sich hat, so kann ich, wenn es mir gegenübertritt, mich mit ihm nicht befriedigt erklären, ich muss über dasselbe hinausgehen, eben zu jenem Zentrum. Nur wenn ich auf etwas stoße, das nicht über sich hinausweist, dann erlange ich das Bewusstsein: jetzt stehst du innerhalb des

Zentrums; hier kannst du stehen bleiben. *Mein Bewusstsein, dass ich innerhalb eines Dinges stehe, ist nur die Folge von der objektiven Beschaffenheit dieses Dinges, dass es sein Prinzip mit sich bringe.*"(1\163)

„… hier kannst du stehen bleiben" – man kann sich an die Verklärung Christi auf dem Berg Tabor erinnert fühlen, als Petrus sprach: *Hier ist es gut.*

Das Zitat zeigt auch wieder die oben genannten Aspekte der Intuition: Sie wird von uns hervorgebracht; sie bestimmt ihren Inhalt selbst; sie ist das Prinzip, das in der Welt wirkt („aus dem alles hervorgeht"). Und – das ist ein vierter Aspekt, auf den wir weiter unten noch genauer eingehen werden – sie vereinigt uns in unserem tiefsten Inneren mit dem weltschöpferischen Prinzip:

„Wir gelangen, indem wir uns der Idee bemächtigen, in den Kern der Welt. Was wir hier erfassen, ist dasjenige, aus dem alles hervorgeht. Wir werden mit diesem Prinzipe eine Einheit; deshalb erscheint uns die Idee, die das Objektivste ist, zugleich als das Subjektivste." (1\163)

„Indem sich das Denken der Idee bemächtigt, verschmilzt es mit dem Urgrunde des Weltendaseins; das, was außen wirkt, tritt in den Geist des Menschen ein: er wird mit der objektiven Wirklichkeit auf ihrer höchsten Potenz eins. Das Gewahrwerden der Idee in der Wirklichkeit ist die wahre Kommunion des Menschen. Das Denken hat den Ideen gegenüber dieselbe Bedeutung wie das Auge dem Lichte, das Ohr dem Ton gegenüber. Es ist Organ der Auffassung." (1\125)

Steiner spricht hier schon keimhaft „im Gewande des Idealismus"[23] aus, was er nach der Jahrhundertwende auf mystische, dann christliche, dann theosophische und schließlich auf anthroposophische Weise darstellte.

---

[23] „Ich verfasste innerhalb dieses Sammelwerkes Einführungen in Goethes Botanik, Zoologie, Geologie und Farbenlehre. Wer diese Einführungen liest, wird darin schon die theosophischen Ideen in dem Gewande eines philosophischen Idealismus finden können."
Dokument von Barr. In: *Briefwechsel und Dokumente.* GA 262. Dornach 1967, S. 9.

GRUNDLINIEN EINER ERKENNTNISTHEORIE DER GOETHESCHEN WELTANSCHAUUNG (1886) – INTUITION ALS WISSENSCHAFTLICHE METHODE

In diesem Kapitel blicken wir noch einmal auf die intuitive Erkenntnis des organischen Typus und beschreiben den Zusammenhang zwischen Intuition und anschauender Urteilskraft, bei der Form und Inhalt des Erkannten zusammenfallen. Wir beschäftigen uns mit der Intuition als einer wissenschaftlichen Methode, die unmittelbar in die Wahrheit einer Sache einzudringen vermag und bestimmen den Menschen als den Träger des intuitiv zu erkennenden Weltinhaltes.

Vor der Herausgabe des 2. und 3. Bandes der *Einleitungen* erschienen 1886 die *Grundlinien einer Erkenntnistheorie der Goetheschen Weltanschauung*[24], in denen Rudolf Steiner das Verhältnis von Denken und Erfahrung systematisch ausarbeitete. Gegen Ende des Buches finden sich Ausführungen über Goethes Erkenntnis des Lebendigen sowie eine Besprechung der Intuition als wissenschaftliche Methode.

Zur Erkenntnis des Organischen heißt es wie schon in den *Einleitungen*, dass das Erfassen des Typus „eine intensivere Tätigkeit unseres Geistes" voraussetze, als das Nachdenken über anorganische Phänomene:

„Bei dem Nachdenken über die Dinge der unorganischen Natur gibt uns die Wahrnehmung der Sinne den Inhalt an die Hand. Es ist unsere sinnliche Organisation, die uns hier schon das liefert, was wir im Organischen nur durch den Geist empfangen. ... Wir haben da *im Denken* zu dem Stoffe nur die

---

[24] *Grundlinien einer Erkenntnistheorie der Goetheschen Weltanschauung.* GA 2. Dornach 1979.

Form zu finden. Im Typus aber sind Inhalt und Form enge aneinander gebunden. Deshalb bestimmt der Typus ja nicht rein formell wie das Gesetz den Inhalt, sondern er durchdringt ihn lebendig, von innen heraus, als seinen eigenen. An unseren Geist tritt die Aufgabe heran, zugleich mit dem Formellen produktiv an der Erzeugung des Inhaltlichen teilzunehmen." (2\109)

Eine merkwürdig aristotelische Formulierung (vgl. Aristoteles' Unterscheidung von Materie und Form, S. 157 ff.). In der anorganischen Natur wirkt das Gesetz rein formell, die Wahrnehmung kommt von außen, der Begriff von innen, beide stehen sich getrennt gegenüber. Beim Organischen muss aber auch der Inhalt „durch den Geist empfangen" werden. Was man von Lebewesen durch die Sinne wahrnehmen kann, ist eben gar nicht das eigentlich Organische! Es ist nur die gegenwärtige, geronnene Gestalt, ein Ausschnitt aus einem fortwährend lebendigen Entwicklungs- und Verwandlungsgeschehen. Die Entwicklung eines Organismus, den lebendigen Zusammenhang seiner Organe kann man nicht sehen, sondern nur denken und im aktiven Denken anschauend erleben. Indem man ihn nach den Gesetzmäßigkeiten des Typus denkt, durchdringt der Typus die – geistige – Anschauung (den geistigen Inhalt) „lebendig, von innen heraus, als seinen eigenen".[25]

Auch hier benennt Rudolf Steiner die entsprechende Fähigkeit nach dem philosophischen Sprachgebrauch: „Man hat von jeher eine Denkungsart, welcher der Inhalt mit dem Formellen in unmittelbarem Zusammenhange erscheint, eine *intuitive* genannt." (2\109)

Was im Erkennen des Anorganischen die Sinne liefern, muss beim Organischen der Geist produzieren:

---

[25] Man kann hier schon die erkenntnistheoretische Beschreibung dessen erkennen, was Steiner später auf anthroposophische Weise als *Ätherleib* bezeichnen wird.

„Unser Geist muss ... in dem Erfassen des Typus viel intensiver wirken als beim Erfassen eines Naturgesetzes. Er muss mit der Form den Inhalt erzeugen. Auf dieser höheren Stufe muss also der Geist selbst anschauend sein. Unsere Urteilskraft muss *denkend anschauen* und *anschauend denken.* Wir haben es hier, wie Goethe zum erstenmal auseinandergesetzt, mit einer anschauenden Urteilskraft zu tun." (2\110)

Steiner wird später auf diesen Aspekt der geisteswissenschaftlichen Erkenntnismethodik immer wieder zurückkommen, dass nämlich die geistige Anschauung auf Produktivität beruht, ja Produktivität ist, ein aktives Erzeugen oder besser: Hervorbringen von Inhalten, die nur innerhalb der schöpferischen Geistestätigkeit des Menschen erscheinen, und die doch inhaltlich durch sich selbst bestimmt sind. Steiner lässt keinen Zweifel, dass er mit der anschauenden Urteilskraft die Intuition meint:

„Vertritt der Typus in der organischen Natur das Naturgesetz (Urphänomen) der unorganischen, so vertritt die Intuition (anschauende Urteilskraft) die beweisende (reflektierende) Urteilskraft." (2\110)[26]

Die reflektierende Urteilskraft denkt *über* etwas nach, man bleibt Zuschauer, das Bewusstsein von der Sache getrennt. Die anschauende Urteilskraft bringt ihre Erkenntnisse aktiv hervor; von Anfang an ist sie deshalb mit dem durch sie erkannten Wesen eins.

* * *

---

[26] In seinem Buch *Vom Menschenrätsel* (GA 20. Dornach 1984) wird Steiner die *anschauende Urteilskraft* mit dem *erweckten* geistigen Bewusstsein gleichsetzen. Dort heißt es:
„*Goethe* spricht in seiner Art von dem Erwachen aus dem gewöhnlichen Bewusstsein und nennt die Seelenfähigkeit, die dadurch erlangt wird, ,*anschauende* Urteilskraft'. Diese anschauende Urteilskraft verleiht der Seele, nach Goethes Ansicht, die Fähigkeit, das zu *schauen*, was sich als die höhere Wirklichkeit der Dinge dem Erkennen des gewöhnlichen Bewusstseins verbirgt." (20\159)

Im Folgenden rechtfertigt Rudolf Steiner dann die Intuition als wissenschaftliche Methode. Die Darstellung ist ebenso grundlegend für das Verständnis der Anthroposophie wie die Einsicht in den Produktivitätscharakter der geistigen Anschauung. Steiner geht dabei zunächst von Wissen und Glauben aus:

„Was auf intuitivem Wege erreicht wird, halten viele zwar für sehr wichtig, wenn es sich um eine wissenschaftliche *Entdeckung* handelt. Da, sagt man, führt ein *Einfall* oft weiter als methodisch geschultes Denken. Denn man nennt es ja häufig Intuition, wenn jemand durch Zufall ein Richtiges getroffen, von dessen Wahrheit sich der Forscher erst auf Umwegen überzeugt. Stets wird aber geleugnet, dass die Intuition selbst ein Prinzip der Wissenschaft sein könne. Was der Intuition beigefallen, müsse nachträglich erst erwiesen werden - so denkt man - wenn es wissenschaftlichen Wert haben soll. ... Zu der geringschätzenden Art, mit der man die Intuition behandelt, trägt nicht wenig bei, dass man ihren Errungenschaften nicht jenen Grad von Glaubwürdigkeit beilegen zu können meint wie den der beweisenden Wissenschaften. Man nennt oft allein, was man bewiesen hat, *Wissen,* alles übrige *Glaube.*" (2\111)

Dann erweitert er diese Polarität um die Intuition als ihrer Steigerung oder Synthese:

„Wer in der uns vorliegenden Welt ... nichts weiter sieht als einen Abglanz, ein Bild von einem Jenseitigen, einem Unbekannten, Wirkenden, das hinter dieser Hülle nicht nur für den *ersten Blick,* sondern aller wissenschaftlichen Forschung zum Trotz verborgen bleibt, der kann allerdings nur in der beweisenden Methode einen Ersatz für die mangelnde Einsicht in das *Wesen* der Dinge erblicken. Da er nicht bis zu der Ansicht durchdringt, dass eine Gedankenverbindung unmittelbar durch den im Gedanken gegebenen *wesenhaften* Inhalt, also durch die Sache selbst zustande kommt, so glaubt er sie nur dadurch stützen zu können, dass sie mit einigen Grundüberzeugungen (Axiomen) im Einklange steht, die so einfach sind, dass sie eines Beweises weder fähig sind, noch eines solchen bedürfen. Unsere Weltansicht ... hat uns zu der Ansicht geführt, dass der Kern der Welt in unser Denken einfließt, dass wir nicht nur *über* das Wesen der Welt denken, sondern dass das Denken ein Zusammengehen mit dem Wesen der Wirklichkeit ist. Uns wird mit der Intuition nicht eine Wahrheit von außen aufgedrängt, weil es für unseren Standpunkt ein Außen und Innen in jener Weise, wie es die von uns eben gekennzeichnete, der unserigen entgegengesetzte wissenschaftliche Richtung annimmt, *nicht* gibt. Für uns ist die Intuition ein unmittelbares Innesein, ein Eindringen in die Wahrheit, die uns alles gibt, was überhaupt in Ansehung ihrer in Betracht kommt. Sie geht ganz in dem auf, was uns in unserem intuitiven Urteile gegeben ist. Das Charakteristische, auf das es beim *Glauben* ankommt, dass uns nur die fertige Wahrheit gegeben ist und nicht die Gründe, und dass uns der durchdringende Einblick in die in Betracht kommende Sache abgeht, fehlt hier gänzlich. Die auf dem Wege der Intuition gewonnene Einsicht ist gerade so *wissenschaftlich* wie die bewiesene." (2\112)

Als Beispiel blicken wir noch einmal auf die Idee des dreimaligen Wechsels von Ausdehnung und Zusammenziehung im Wachstum der (einjährigen Blüten-)Pflanze: zuerst nach-, dann neben- und dann ineinander (s.o.). Diese Idee beschreibt nichts anderes, als was sinnlich an der Pflanze zu beobachten ist, und doch beschreibt sie es so, dass der Vorgang der Metamorphose in seiner Gesetzmäßigkeit innerlich *einsichtig* wird. Man braucht keine weitere Begründung, weil die wirkliche Anschauung der Pflanze ihre Idee selbst begründet.[27]

---

[27] Es ist nicht leicht, sich einen Begriff von der intuitiven Einsicht in Naturzusammenhänge zu bilden, wenn man solche Einsicht nicht selbst erlebt hat. Man sieht dabei mehr, als die physischen Augen sehen, und doch sieht man nur, was auch wirklich ist. Man „sieht" eben die *gesetzmäßigen Zusammenhänge* der Einzelheiten, wodurch letztere verständlich werden. Eine solche Naturanschauung wurde in der goetheanistischen Biologie ausgearbeitet. Um nur zwei von vielen möglichen Beispielen zu nennen: Andreas Suchantke: *Metamorphose, Kunstgriff der Evolution*. Stuttgart 2002; Wolfgang Schad (Hrsg.): *Goetheanistische Naturwissenschaft*. Bd. II: *Botanik*. Stuttgart 1982.

Für eine Auffassung, für die das Wesen der Wirklichkeit verborgen ist, kann sich das Erkennen nur auf die beweisende Methode stützen. Das wird von der Naturwissenschaft vertreten, die in ihren Gedanken über die Natur nur Modelle der eigentlichen, hinter den Erscheinungen verborgen geglaubten Wirklichkeit sieht. Das Subjekt fühlt sich von der Welt getrennt und kann daher nie sicher sein, dass seine Erkenntnisse etwas mit der wahren Wirklichkeit zu tun haben. Sicherheit kann nur ein Beweis liefern, durch den die Kraft der Überzeugung aus dem äußerlich Angeschauten fließen muss.[28] Ganz anders verhält es sich, wenn man „zu der Ansicht durchdringt, dass eine Gedankenverbindung unmittelbar durch

---

[28] Auch der Glaube an die Sicherheit eines bestätigenden Beweises ist inzwischen unterminiert. Nach *Karl Popper* kann eine wissenschaftliche Aussage nur so lange als wahr angesehen werden, als nicht ihr Gegenteil gezeigt wurde. Popper erhob die *Falsifizierbarkeit* zum Kriterium der Wissenschaftlichkeit. In diesem Zusammenhang wäre es interessant, einmal das Wahrheitskriterium des *statistischen Unterschieds* zu untersuchen. Das Ich, das seine Überzeugungen auf Statistik stützt, scheint noch weiter vom Glauben an eine sich selbst tragende Evidenz abgerückt, sich noch weiter vom Erleben der Wirklichkeit entfernt zu haben. Man könnte unter dem Gesichtspunkt des Vertrauensverlusts in die Wahrheitskraft des Denkens eine ganze Kulturkritik der Neuzeit schreiben. In ihren Grundzügen würde sie zeigen, wie das moderne Ich, dass sich nicht mehr auf die *innerlich erlebte* Wahrheit stützten kann, zunächst wissenschaftsgläubig wird; dann aber, mit dem allmählichen Vertrauensverlust in die Wissenschaft, die die eigentlichen Lebensprobleme nicht lösen kann, sich immer mehr selbst verliert. Die innere Daseinsleere wird zunächst übertüncht, das Ich zerfasert aber weiter. Damit einher geht eine zunehmende körperliche Erschöpfung, ist doch die Wahrheitskraft des Denkens eng mit der Lebenskraft des Organismus verbunden. Gesundung der Lebenskräfte kann nur aus einem innerlich aktiv ergriffenen Denken kommen, das Wahrheit und Daseinssicherheit aus sich selbst gewinnt.

den im Gedanken gegebenen wesenhaften Inhalt, also durch die Sache selbst zustande kommt". Wenn ich beispielsweise die Gedanken „Ausdehnung" und „Zusammenziehung" denke, so sagen sie mir durch ihren Inhalt, dass es sich um räumlich polare Bewegungen handelt, die nicht am selben Ort gleichzeitig, wohl aber nacheinander auftreten können. Die Gedanken*inhalte* sind überhaupt nicht subjektiv. Das Subjekt wählt nur die Inhalte seines Denkens aus. Auch die Gedanken*verbindungen* sind nicht subjektiv. Sie können wohl logisch falsch oder unvollständig sein, doch das liegt nicht an ihnen selbst, sondern an einer Unklarheit des denkenden Ich, das sich, aus welchen Gründen auch immer, nicht restlos auf die selbstbestimmten Gedankeninhalte einzulassen vermag. (Insofern ist die Erziehung zum logischen Denken auch ein erster Schritt einer Erziehung zur Selbstlosigkeit.) Je sicherer man sich also im reinen, sich inhaltlich selbst bestimmenden Denken zu bewegen vermag, desto unabhängiger wird man von dem Verlangen, für Übersinnliches äußere Beweise haben zu wollen.

In seinen erkenntniswissenschaftlichen Schriften legte Rudolf Steiner die Grundlage dafür, dass Übersinnliches nicht nur geglaubt, sondern wissend erfasst werden kann, nämlich in der produktiven geistigen Anschauung, im unmittelbaren Gewahren und Innesein der Intuition.[29]

* * *

---

[29] Bereits in seinem allerersten, zu Lebzeiten unveröffentlichten Aufsatz *Einzig mögliche Kritik der atomistischen Begriffe* (1882, in: *Beiträge zur Rudolf Steiner Gesamtausgabe.* Nr. 63. Dornach 1978) den Steiner mit 21 Jahren verfasste, hatte er geschrieben: „Man muss dem Begriffe seine Ursprünglichkeit, seine eigene auf sich selbst gebaute Daseinsform lassen und ihn in dem sinnenfälligen Gegenstande nur in anderer Form wiedererkennen."
Es ist deutlich, dass auch damit schon die intuitive Erkenntnisart gemeint war.

Am Ende der *Grundlinien* kommt Rudolf Steiner auf die menschliche Persönlichkeit zu sprechen. Hier lässt er Gesichtspunkte anklingen, die den oben genannten vierten Aspekt der Intuition betreffen: Intuition ist nicht nur die geistige Anschauung eines Weltinhaltes im produktiven Denken, sondern auch und zugleich Selbstanschauung des individuellen, erkennenden und handelnden „Ich". Denn wie für die Intuition gilt auch für den Menschen: Was er ist, muss er *„durch sich selbst sein"* (2\116). „Was sonst Intuition ist, wird hier eben Selbstbetrachtung" (2\121).

„Das, was der Geist aus den Erscheinungen herauslesen kann, ist die höchste Form des Inhaltes, den er überhaupt gewinnen kann. Reflektiert er dann auf sich selbst, so muss er sich als die unmittelbare Manifestation dieser höchsten Form, als den Träger derselben selbst erkennen. Was der Geist als Einheit in der vielgestaltigen Wirklichkeit findet, das muss er in seiner Einzelheit als unmittelbares Dasein finden. Was er der Besonderheit als Allgemeines gegenüberstellt, das muss er seinem Individuum als dessen Wesen selbst zuerkennen." (2\121)

In den *Einleitungen* hieß es, dass in der Intuition der objektive „Kern der Welt" im „Subjektivsten" des Menschen zur Erscheinung kommt. Hier bestimmt Steiner nun, dass es das Wesen des Menschen ist, „Manifestation" und „Träger" der geistigen Einheit, des Kerns der Welt zu sein. Das *Wesen des Menschen* ist identisch mit der Einheit des Weltganzen – ein zentraler Topos der Anthroposophie. Entscheidend ist dabei wiederum, dass Steiner auf die menschliche Tätigkeit blickt, deren Beobachtungen und Bestimmungen sich ergeben, indem der Geist aktiv wird:

„Man ersieht aus alledem, dass man eine wahrhafte Psychologie nur gewinnen kann, wenn man auf die Beschaffenheit des Geistes als eines Tätigen eingeht." (2\121)

In seiner Tätigkeit, wenn sie Selbstanschauung wird, findet sich der Mensch selbst. Und „in" sich findet er die

„Idee", den Kern der Welt, „dasjenige, aus dem alles hervorgeht" (1\163). Steiner stellt damit den Menschen in den Mittelpunkt der Welt:

„Der Mensch hat sich uns als der Mittelpunkt der Weltordnung erwiesen. Er erreicht als Geist die höchste Form des Daseins und vollbringt im Denken den vollkommensten Weltprozess. Nur wie er die Sachen beleuchtet, so sind sie wirklich. Das ist eine Ansicht, der zufolge der Mensch die Stütze, das Ziel und den Kern seines Daseins in sich selbst hat." (2\129)[30]

Diese Auffassung des Menschen in seinem Verhältnis zur Welt wird Steiner später *Anthroposophie* nennen. Es ist eine Weisheit, die durch bewusste menschliche Tätigkeit gewonnen wird.

---

[30] Als Bild für diesen Zusammenhang zwischen „Ich" und Weltganzem kann ein Punkt mit einem Umkreis dienen, wobei, wie Rudolf Steiner einmal als Anregung zur Meditation gab, der Punkt der Kreis und der Kreis der Punkt sei, „eines und dasselbe. ... Sie müssen verstehen, dass ein Kreis ein Punkt, ein Punkt ein Kreis ist, und müssen das ganz innerlich verstehen." (*Heilpädagogischer Kurs*. GA 317. Dornach 1995, S. 154).

VIER ASPEKTE DES INTUITIVEN ERKENNENS

Wie in den *Einleitungen* und den *Grundlinien* dargestellt, ist die Intuition eine unmittelbare geistige Anschauung, die zugleich eine bewusste geistige Einheit zwischen Ich und Weltinhalt bedeutet. Es finden sich dazu vier Aspekte.

1. Am Beispiel von Goethes Idee des Typus zeigt Steiner, dass das, was in der Intuition erfasst wird, nicht nur eine Idee im Kopf des Menschen ist, sondern gesetzmäßig als reale Kraft in den Welterscheinungen wirkt (1\84). Die Welt ist aus Ideen hervorgegangen und im menschlichen Erkennen erscheint ihr ideelles, weltgestaltendes Wesen in unmittelbarer Form (1\163).
2. Der Mensch ist aber nur dadurch in der Lage, die Ideen als etwas Wirkliches zu erleben, dass er ihnen durch seine ideelle Tätigkeit Wirklichkeit verleiht. Die Intuition wird produktiv im Erkennen hervorgebracht (1\82).
3. Dennoch ist die Intuition nicht subjektiv-willkürlich, weil sie nicht vom Menschen, sondern durch sich selbst, also durch ihren Inhalt bestimmt ist (1\82; 1\163).
4. Im Ich kommt der geistige Wesensgehalt der Welt unmittelbar zur Erscheinung (1\163). Der Mensch ist „Träger" und „Manifestation" des intuitiv zu erfassenden Weltinhalts (2\121).

Wir werden im Folgenden sehen, wie Rudolf Steiner diese vier Aspekte des Intuitionsbegriffs immer weiter entfaltet und vertieft.

WAHRHEIT UND WISSENSCHAFT (1892) – INTUITION ALS ÜBERWINDUNG DER SUBJEKT-OBJEKT-SPALTUNG

In diesem Kapitel beschäftigen wir uns mit dem „unmittelbar Gegebenen", das vor allem Erkennen auf dem Schauplatz des Bewusstseins auftritt und kontrastieren es mit der denkenden Tätigkeit, die ihre Inhalte erkennt, indem sie sie selbst erzeugt. Erkennen erfordert deshalb, dass die unmittelbar gegebene Welt in die produktive Tätigkeit des Denkens eingeht, was in der Form von Begriffen und Ideen möglich ist. Außerdem betrachten wir den viergliedrigen Vorgang, durch den die Erkenntnis eines Weltzusammenhangs zustande kommt.

In Rudolf Steiners Dissertation, zunächst als *Prolegomena zu einer Verständigung des philosophierenden Bewusstseins mit sich selbst* verfasst und 1892 unter dem Titel *Wahrheit und Wissenschaft*[31] veröffentlicht, taucht der Ausdruck „Intuition" wörtlich nicht auf. Dennoch steht das intuitive Denken und Erkennen auch hier im Mittelpunkt der Auseinandersetzung. Das Erkennen ist eine Tätigkeit, die es dem Ich ermöglicht, der Welt nicht nur passiv und abbildend gegenüber zu stehen, sondern sich aktiv in sie hineinzuversetzen. Dazu lenkt Steiner den Blick zunächst auf das „unmittelbar Gegebene", das noch nicht von Gedanken durchdrungen ist und vor aller Erkenntnis auf dem Horizont des Bewusstseins auftaucht. Im gewöhnlichen Bewusstsein findet man es allerdings nicht in reiner Form, denn jeder Blick in die Welt ist schon von Gedanken durchsetzt.

---

[31] *Wahrheit und Wissenschaft. Vorspiel einer ‚Philosophie der Freiheit'.* GA 3. Dornach 1980.

„Dem Menschen liegt [das bloß passiv Gegebene] ... in keinem Augenblicke seines Lebens in dieser Gestalt wirklich vor; es ist in seiner Entwicklung nirgends eine Grenze zwischen reinem, passiven Hinauswenden zum unmittelbar Gegebenen und dem denkenden Erkennen desselben vorhanden. (3\51) ... Die Grenze zwischen Gegebenem und Erkanntem wird überhaupt mit keinem Augenblicke der menschlichen Entwicklung zusammenfallen, sondern sie muss *künstlich* gezogen werden." (3\52)[32]

Dennoch lässt sich gedanklich umreißen, was das „unmittelbar Gegebene" ist:

„Wenn ein Wesen mit vollentwickelter, menschlicher Intelligenz plötzlich aus dem Nichts geschaffen würde und der Welt gegenüberträte, so wäre der *erste* Eindruck, den letztere auf seine Sinne und sein Denken machte, etwa das, was wir mit dem unmittelbar gegebenen Weltbilde bezeichnen. (3\51) ... In diesem unmittelbar gegebenen Weltinhalt ist nun alles eingeschlossen, was überhaupt innerhalb des Horizontes unserer Erlebnisse im weitesten Sinne auftauchen kann: Empfindungen, Wahrnehmungen, Anschauungen, Gefühle, Willensakte, Traum- und Phantasiegebilde, Vorstellungen, Begriffe und Ideen." (3\55)

Wie ist es nun innerhalb dieser Welt des Gegebenen möglich, „mit dem Erkennen irgendwo anzufangen"?

„Solange wir das Gegebene bloß passiv anstarren, können wir nirgends einen Ansatzpunkt finden, an den wir anknüpfen könnten, um von da aus das Erkennen weiterzuspinnen. ... Wäre alles wirklich *nur* gegeben, dann müsste es beim bloßen Hinausstarren in die Außenwelt und einem völlig gleichwertigen Hineinstarren in die Welt unserer Individualität sein Bewenden haben. Wir könnten dann die Dinge höchstens als

---

[32] Auch in den *Einleitungen* hatte Rudolf Steiner schon geschrieben:
„Der vollständig von allem Gedankeninhalt entblößten Sinnenwelt stehen wir wohl niemals gegenüber. Höchstens im ersten Kindesalter, wo vom Denken noch keine Spur da ist, kommen wir der reinen Sinnesauffassung nahe. Im gewöhnlichen Leben haben wir es mit einer Erfahrung zu tun, die halb und halb von dem Denken durchtränkt ist." (1\165)

Außenstehende *beschreiben*, aber niemals sie *begreifen*. Unsere Begriffe hätten nur einen rein äußerlichen Bezug zu dem, worauf sie sich beziehen, keinen innerlichen. Es hängt für das wahrhafte Erkennen alles davon ab, dass wir irgendwo im Gegebenen ein Gebiet finden, wo unsere erkennende Tätigkeit sich nicht bloß ein Gegebenes *voraussetzt*, sondern in dem Gegebenen tätig mitten darinnen steht." (3\56)

Diese Bedingung kennen wir schon aus den *Einleitungen*:

„Ein Prozess der Welt erscheint nur dann als von uns ganz durchdrungen, wenn er unsere eigene Tätigkeit ist" (1\162).

Durch tätiges Hervorbringen ist der Inhalt unmittelbar durchsichtig, denn „was ich hervorbringe, dem *erteile* ich seine Bestimmungen; ich brauche also nach ihrer Berechtigung nicht erst zu fragen" (3\57).

Was man hervorbringt, das kennt man sozusagen von Anfang an. Wird das Hervorgebrachte aber aus dem Nichts geschaffen? Ist es willkürlich und subjektiv? Dann könnte man nicht von Erkennen und schon gar nicht von Wahrheit reden. So ergibt sich aus der ersten eine zweite Bedingung für die Möglichkeit des Erkennens: Wenn das „wahrhafte Erkennen" voraussetzt, dass ich den erkannten Inhalt tätig hervorbringen muss, weil ich ihn nur auf diese Weise wirklich durchschauen kann, so kann Erkennen nur dann nicht subjektiv und willkürlich sein, wenn das Hervorgebrachte ein objektiver, sich aus sich selbst bestimmender Weltinhalt ist:

„Dies ist der zweite Punkt unserer Erkenntnistheorie. Er besteht in dem Postulat: es muss im Gebiete des Gegebenen etwas liegen, wo unsere Tätigkeit nicht im Leeren schwebt, wo der Inhalt der Welt selbst in diese Tätigkeit eingeht." (3\57)

Erkenntnissicherheit ist demnach zu erreichen durch a) schöpferisches Hervorbringen eines b) vollständig durch sich selbst bestimmten Weltinhaltes. In den *Grundlinien* hatte Rudolf Steiner dazu geschrieben:

„Wir produzieren einen Gedankeninhalt durchaus nicht so, dass wir in dieser Produktion bestimmten, welche Verbindungen unsere Gedanken einzugehen haben. Wir geben nur die

Gelegenheitsursache her, dass sich der Gedankeninhalt seiner eigenen Natur gemäß entfalten kann. ... Unser Geist vollzieht die Zusammensetzung der Gedankenmassen nur nach Maßgabe ihres Inhaltes. (2\49) ... Wir müssen uns zweierlei vorstellen: einmal, dass wir die ideelle Welt *tätig* zur Erscheinung bringen, und zugleich, dass das, was wir tätig ins Dasein rufen, *auf seinen eigenen Gesetzen beruht*." (2\52)

Nun findet Steiner diese Forderung beim Denken von Begriffen und Ideen verwirklicht:

„Alles andere in unserem Weltbilde trägt eben einen solchen Charakter, dass es *gegeben* werden muss, wenn wir es erleben wollen, nur bei Begriffen und Ideen tritt noch das Umgekehrte ein: *wir müssen sie hervorbringen, wenn wir sie erleben wollen*." (3\59)

Im produktiven menschlichen Zentrum, dem „Ich", wird ein Inhalt geschaffen, der sich inhaltlich selbst ausspricht. „In dem Denken halten wir das Weltgeschehen an einem Zipfel, wo wir dabei sein müssen, wenn etwas zustandekommen soll", wird Steiner in der *Philosophie der Freiheit* schreiben. Dieser Gedanke, so sagte er später, sei der „Grundnerv" seines erkenntniswissenschaftlichen Anliegens.[33]

---

[33] Im Vortrag vom 23.11.1923 (*Mysteriengestaltungen*. GA 232. Dornach 1958) heißt es, in der *Philosophie der Freiheit* sei „das Denken so erlebt, dass innerhalb des Denk-Erlebnisses man dazu kommt, gar nicht anders vorstellen zu können, als: Wenn du im Denken richtig drinnen lebst, lebst du, wenn auch zunächst auf eine unbestimmte Weise, im Weltenall. Dieses Verbundensein im innersten Denk-Erlebnis mit den Weltgeheimnissen, das ist ja der Grundnerv der *Philosophie der Freiheit*. Und deshalb steht in dieser *Philosophie der Freiheit* der Satz: In dem Denken ergreift man das Weltgeheimnis an einem Zipfel. Es ist vielleicht einfach ausgedrückt, aber es ist so gemeint, dass man gar nicht anders kann, wenn man das Denken wirklich erlebt, dass man sich fühlt nicht mehr außer dem Weltgeheimnis, sondern im Weltgeheimnis drinnen, dass man sich fühlt nicht mehr außerhalb des Göttlichen, sondern im Göttlichen. Erfasst man das Denken in sich, so erfasst man das Göttliche in sich. ... Hat man sich Mühe gegeben, das Denk-Erlebnis zu haben, dann steht man eben nicht mehr in der Welt drinnen, in der man vorher drinnen gestanden hat, sondern man steht in der

Wie in den *Grundlinien* als „anschauende Urteilskraft", so bringt Steiner die hervorbringend-empfangende Weise, in der Begriffe und Ideen in das Bewusstsein eintreten, in *Wahrheit und Wissenschaft* mit der „intellektuellen Anschauung" in Verbindung und identifiziert sie als zentralen Baustein allen Erkennens.

„Nur die Begriffe und Ideen sind uns in der Form gegeben, die man die *intellektuelle Anschauung* genannt hat. Kant und die neueren an ihn anknüpfenden Philosophen sprechen dieses Vermögen dem Menschen vollständig ab, weil alles Denken sich nur auf Gegenstände beziehe und aus sich selbst absolut nichts hervorbringe. In der intellektuellen Anschauung muss mit der Denkform zugleich der Inhalt mitgegeben sein. Ist dies aber nicht bei den reinen Begriffen und Ideen wirklich der Fall? Man muss sie nur in der Form betrachten, in der sie von allem empirischen Inhalt noch ganz frei sind.[34] Wenn man z.B. den reinen Begriff der Kausalität erfassen will, darf man sich nicht an irgendeine bestimmte Kausalität oder an die Summe aller Kausalitäten halten, sondern an den bloßen Begriff derselben. Ursachen und Wirkungen müssen wir in der Welt aufsuchen, *Ursächlichkeit* als Gedankenform müssen wir selbst hervorbringen, ehe wir die ersteren in der Welt finden können." (3\60)[35]

ätherischen Welt drinnen. ... Man kann nicht mehr zweifeln an der Gesetzmäßigkeit der Weltenäthersphäre, wenn man das Denken so erfasst hat, wie es in der *Philosophie der Freiheit* erfasst ist. So dass da erreicht ist dasjenige, was man ätherisches Erleben nennen kann." (232\10)

[34] Damit beschrieb Steiner schon in *Wahrheit und Wissenschaft*, was er später als Voraussetzung für geistiges Erkennen formulierte, dass nämlich der sinnliche Inhalt aus den Begriffen und Ideen zu tilgen sei.

[35] Von *Johann Gottlieb Fichte* stammt die schöne Formulierung, die *intellektuelle Anschauung* sei

„das unmittelbare Bewusstsein, dass ich handle, und was ich handle: sie ist das, wodurch ich etwas weiß, weil ich es tue. Dass es ein solches Vermögen der intellektuellen Anschauung gebe, lässt sich nicht durch Begriffe demonstrieren, noch, was es sei, aus Begriffen entwickeln. Jeder muss es selbst unmittelbar in sich finden, oder er

Im Folgenden gibt Steiner eine Beschreibung des Denkens, die seinen intuitiven Charakter hervorhebt:
„Das Denken selbst ist ein Tun, das einen eigenen Inhalt im Momente des Erkennens hervorbringt. Soweit also der erkannte Inhalt aus dem Denken allein fließt, bietet er für das Erkennen keine Schwierigkeit. Hier brauchen wir bloß zu beobachten; und wir haben das Wesen unmittelbar gegeben. Die *Beschreibung* des Denkens ist zugleich die Wissenschaft des Denkens. In der Tat war auch die Logik nie etwas anderes als eine Beschreibung der Denkformen, nie eine beweisende Wissenschaft. ... Beim Denken hört alles Beweisen auf. Denn der Beweis setzt bereits das Denken voraus. Man kann wohl ein einzelnes Faktum, nicht aber das Beweisen selbst beweisen. Wir können nur beschreiben, was ein Beweis ist. In der Logik ist alle Theorie nur Empirie; in dieser Wissenschaft gibt es nur Beobachtung." (3\63)[36]

* * *

Schließlich beschreibt Rudolf Steiner in *Wahrheit und Wissenschaft* den Vorgang des Erkennens als Ganzen. In dieser wichtigen Darstellung werden vier Schritte genannt, auf die wir später noch zurückkommen werden.

---

wird es nie kennen lernen. ... In ihr [der intellektuellen Anschauung] ist die Quelle des Lebens, ohne sie ist der Tod."
Johann Gottlieb Fichte: *Zweite Einleitung in die Wissenschaftslehre.* In: *J. G. Fichte: Fichtes Werke.* Hrsg. I. H. Fichte. Band 1. Berlin 1973, S. 463.

[36] In der 1910 erschienenen *Geheimwissenschaft im Umriss* schrieb Steiner über das Beweisen:
„Im geisteswissenschaftlichen Denken liegt die Betätigung, welche die Seele beim naturwissenschaftlichen Denken auf den Beweis wendet, schon in dem Suchen nach den Tatsachen. Man kann diese nicht finden, wenn nicht der Weg zu ihnen schon ein beweisender ist. Wer diesen Weg wirklich durchschreitet, hat auch schon das Beweisende erlebt; es kann nichts durch einen von außen hinzugefügten Beweis geleistet werden. Dass man dieses im Charakter der Geheimwissenschaft verkennt, ruft viele Missverständnisse hervor." (13\40)

„Wenn wir außer unserem Denken etwas erkennen wollen, so können wir das nur mit Hilfe des Denkens, d.h. das Denken muss an ein Gegebenes herantreten und es aus der chaotischen Verbindung in eine systematische mit dem Weltbilde bringen. Das Denken tritt also als formendes Prinzip an den gegebenen Weltinhalt heran. Der Vorgang dabei ist folgender: Es werden zunächst gedanklich gewisse Einzelheiten aus der Gesamtheit des Weltganzen herausgehoben. Denn im Gegebenen ist eigentlich kein Einzelnes, sondern alles in kontinuierlicher Verbindung. (Das Absondern individueller Einzelheiten aus dem ganz unterschiedslosen gegebenen Weltbild ist schon ein Akt gedanklicher Tätigkeit.) Diese gesonderten Einzelheiten bezieht nun das Denken nach Maßgabe der von ihm produzierten Formen aufeinander und bestimmt zuletzt, was sich aus dieser Beziehung ergibt. Dadurch, dass das Denken einen Bezug zwischen zwei abgesonderten Partien des Weltinhaltes herstellt, hat es gar nichts von sich aus über dieselben bestimmt. Es wartet ja ab, was sich infolge der Herstellung des Bezuges von selbst ergibt. Dieses Ergebnis erst ist eine Erkenntnis über die betreffenden Teile des Weltinhaltes. Läge es in der Natur des letzteren, durch jenen Bezug überhaupt nichts über sich zu äußern: nun, dann müsste eben der Denkversuch misslingen und ein neuer an seine Stelle treten. Alle Erkenntnisse beruhen darauf, dass der Mensch zwei oder mehrere Elemente der Wirklichkeit in die richtige Verbindung bringt und das sich hieraus Ergebende erfasst." (3\64)

Die vier Aspekte des Erkennens sind also: 1.) das gegebene Weltbild; 2.) die denkende Tätigkeit, durch die Einzelheiten herausgesondert und dann aufeinander bezogen werden; 3.) die vom Denken produzierten „Formen" (das sind Begriffe und Ideen), die die inhaltliche Orientierung geben; und 4.) das Ergebnis des In-Beziehung-Setzens, demgegenüber sich das Ich passiv verhält („wartet ab, was sich ergibt"), das also die aufeinander bezogenen Tatsachen selbst aussprechen. Das Ich stülpt der Welt nicht etwas Willkürliches über. Vielmehr wirken Begriff und Ideen als Blicklenker, die die Zusammenhänge der wahrgenommenen Einzelheiten sichtbar machen können.

„Der eigentliche Inhalt eines Naturgesetzes resultiert also aus dem Gegebenen, und dem Denken kommt es bloß zu, die Gelegenheit herbeizuführen, durch die die Teile des Weltbildes in solche Verhältnisse gebracht werden, dass ihre Gesetzmäßigkeit ersichtlich wird." (3\65)

Die Philosophie der Freiheit (1894) –
Intuition als erlebte Geisttätigkeit

In diesem Abschnitt betrachten wir noch einmal genauer, welche Bedeutung das aktive Denken im intuitiven Erfassen von Begriffen und Ideen hat. Wir beschäftigen uns mit einer Fehlinterpretation von Rudolf Steiners Auffassung der Intuition durch Max Dessoir und mit dem intuitiv erlebten Denken als einem produktiven geistigen Wahrnehmungsvermögen. Welche Rolle die Intuition im Erkennen der wahren Wirklichkeit spielt, soll – obwohl Thema der Philosophie der Freiheit *– erst im Kapitel* Begriff, Erkenntnis und Stufen der wahren Wirklichkeit *besprochen werden. Auch auf die* moralische Intuition *gehen wir erst in einem späteren Kapitel ein.*

In seinem philosophischen Hauptwerk[37] gab Rudolf Steiner der Intuition eine herausragende Stellung. Zum Verständnis ist es hilfreich, die Entwicklung des Intuitionsbegriffs in den vorangegangenen Schriften zu berücksichtigen. Denn Steiners Denken hat in *Die Philosophie der Freiheit* eine solche Verdichtung und Dynamik angenommen, dass er in vielen Fällen eher Ein- und Ausblicke als diskursive Herleitungen liefert und daher von seinen Lesern intensive geistige Mitarbeit verlangt. Man muss diese Gedanken selbst erzeugen und begründen, wenn sie einem verständlich und bedeutsam werden sollen – ein bewusst angestrebtes Verfahren, das ganz im Einklang mit dem bisher über das intuitive Erkennen Gesagte steht. In den *Grundlinien* hatte es ja geheißen:

---

[37] *Die Philosophie der Freiheit. Grundzüge einer modernen Weltanschauung. Seelische Beobachtungsresultate nach naturwissenschaftlicher Methode.* GA 4. Dornach 1978.

„Ich muss den Gedanken durcharbeiten, muss seinen Inhalt nachschaffen, muss ihn innerlich durchleben bis in seine kleinsten Teile, wenn er überhaupt irgendwelche Bedeutung für mich haben soll." (2\47)

Im 3. Kapitel der *Philosophie der Freiheit* entwickelt Steiner eine ausführliche Charakteristik des Denkens als einer dem Ich völlig durchsichtigen geistigen Tätigkeit, die in der Idee vom „Denken als Zipfel des Weltgeschehens" kulminiert:

„Es ist also zweifellos: in dem Denken halten wir das Weltgeschehen an einem Zipfel, wo wir dabei sein müssen, wenn etwas zustandekommen soll. Und das ist doch gerade das, worauf es ankommt. Das ist gerade der Grund, warum mir die Dinge so rätselhaft gegenüberstehen: dass ich an ihrem Zustandekommen so unbeteiligt bin. Ich finde sie einfach vor; beim Denken weiß ich, wie es gemacht wird. Daher gibt es keinen ursprünglicheren Ausgangspunkt für das Betrachten alles Weltgeschehens als das Denken." (4\50)

Zu dem oben bereits über die Intuition Dargestellten kommen in der *Philosophie der Freiheit* wichtige Beobachtungen hinzu. In den *Einleitungen* hatte Steiner die Intuition anhand einer Charakteristik von Goethes Denken *beschrieben*, in den *Grundlinien* hatte er sie argumentativ an Goethe *entwickelt*, und in *Wahrheit und Wissenschaft* logisch aus den Notwendigkeiten des reinen Denkens *begründet*. In der *Philosophie der Freiheit* geht es nun tatsächlich um die eigene innere, geistige Aktivität und was man an und in ihr beobachten kann. Nicht bloß mitgeteilt werden die Beobachtungen; der Leser wird vielmehr überall dazu aufgefordert und geführt, sie *selbst zu vollziehen*. Das Buch ist ein Gespräch des Autors mit dem Leser, in einem gewissen Sinne sogar des Lesers mit sich selbst.

Zunächst führt Steiner den Leser zum Blick auf das alltägliche Denken und charakterisiert es als „das unbeobachtete Element unseres gewöhnlichen Geisteslebens". Üblicherweise richte es sich auf seine Inhalte und nicht auf sich selbst als hervorbringende Tätigkeit.

„Während das Beobachten der Gegenstände und Vorgänge und das Denken darüber ganz alltägliche, mein fortlaufendes Leben ausfüllende Zustände sind, ist die Beobachtung des Denkens eine Art Ausnahmezustand. (4\40) ... Die erste Beobachtung, die wir über das Denken machen, ist also die, dass es das unbeobachtete Element unseres gewöhnlichen Geisteslebens ist. ... Der Grund, warum wir das Denken im alltäglichen Geistesleben nicht beobachten, ist kein anderer als der, dass es auf unserer eigenen Tätigkeit beruht." (4\42)

Schon diese Beobachtung kann nun den Leser über das gewöhnliche Bewusstsein hinausführen und in ihm den „Ausnahmezustand" erwecken. Versucht man nämlich, diese Aussage nicht nur aus logischen Gründen zu bejahen, sondern in der eigenen Erfahrung tatsächlich zu prüfen (ob man also das Denken in seinem gegenwärtigen Vollzug nicht doch beobachten könne), so kommt man eben dadurch in die Anfänge der intellektuellen Anschauung hinein. Die Aussage, dass das gegenwärtige Denken nicht zu beobachten sei, wird zu einer geistigen Leiter, auf der man sie übersteigen kann. Zu Beginn des 9. Kapitels spricht Steiner dann auch klar und deutlich von der Beobachtung des Denkens in seinem *gegenwärtigen* Verlauf (s.u.). In *Wahrheit und Wissenschaft* hatte er mit der intellektuellen Anschauung argumentiert, hier wird sie praktiziert.

Wie schon in den vorausgegangenen Schriften beschreibt Rudolf Steiner die Doppelnatur von aktiver Produktion und inhaltlicher Selbstbestimmung des Denkens: Eben *weil* wir es selbst hervorbringen, kennen wir es durch und durch – und nur deshalb können wir uns ganz nach seinen Inhalten richten. Im Denken sind das Subjektivste und das Objektivste eins.

„Der Grund, der es uns unmöglich macht, das Denken in seinem jeweilig gegenwärtigen Verlauf zu beobachten, ist der gleiche wie der, der es uns unmittelbarer und intimer erkennen lässt als jeden andern Prozess der Welt. Eben weil wir es selbst hervorbringen, kennen wir das Charakteristische seines

Verlaufs, die Art, wie sich das dabei in Betracht kommende Geschehen vollzieht. Was in den übrigen Beobachtungssphären nur auf mittelbare Weise gefunden werden kann: der sachlich-entsprechende Zusammenhang und das Verhältnis der einzelnen Gegenstände, das wissen wir beim Denken auf ganz unmittelbare Weise. ... Ich spreche hier von dem Denken, insoferne es sich aus der Beobachtung unserer geistigen Tätigkeit ergibt. ... Meine Beobachtung ergibt, dass mir für meine Gedankenverbindungen nichts vorliegt, nach dem ich mich richte, als der Inhalt meiner Gedanken." (4\44)

Für die Neuauflage 1918 betonte Steiner dann noch einmal die aktiv hervorbringende und gerade deshalb vollkommen durchsichtige Natur des Denkens:

„Man sollte nicht verwechseln: ‚Gedankenbilder haben' und Gedanken durch das Denken verarbeiten. Gedankenbilder können traumhaft, wie vage Eingebungen in der Seele auftreten. Ein *Denken* ist dieses nicht. ... Das wirkliche Denken muss immer gewollt sein. ... Es kommt darauf an, dass nichts gewollt wird, was, indem es sich vollzieht, vor dem ‚Ich' nicht restlos als seine eigene, von ihm überschaubare Tätigkeit erscheint. Man muss sogar sagen, wegen der hier geltend gemachten Wesenheit des Denkens erscheint dieses dem Beobachter als durch und durch *gewollt*." (4\55)

* * *

Der Begriff der Intuition wird explizit im 5. Kapitel *Das Erkennen der Welt* eingeführt. Zunächst zeigt Steiner, dass das „sinnenfällige" Weltbild ohne Begriffe, als

„ein bloßes Nebeneinander im Raum und Nacheinander in der Zeit, ein Aggregat zusammenhangloser Einzelheiten erscheint. Keines der Dinge, die da auftreten und abgehen auf der Wahrnehmungsbühne, hat mit dem andern unmittelbar etwas zu tun, was sich wahrnehmen lässt. Die Welt ist da eine Mannigfaltigkeit von gleichwertigen Gegenständen. Keiner spielt eine größere Rolle als der andere im Getriebe der Welt." (4\94)

Zusammenhang, Sinn und Bedeutung können nur aus dem inhaltsvollen Denken stammen:

„Soll uns klar werden, dass diese oder jene Tatsache größere Bedeutung hat als die andere, so müssen wir unser Denken befragen. ... Die einzelnen Tatsachen treten in ihrer Bedeutung in sich und für die übrigen Teile der Welt erst hervor, wenn das Denken seine Fäden zieht von Wesen zu Wesen. Diese Tätigkeit des Denkens ist eine *inhaltvolle.*

Diesen Inhalt bringt das Denken der Wahrnehmung aus der Begriffs- und Ideenwelt des Menschen entgegen. Im Gegensatz zum Wahrnehmungsinhalte, der uns von außen gegeben ist, erscheint der Gedankeninhalt im Innern. Die Form, in der er zunächst auftritt, wollen wir als *Intuition* bezeichnen. Sie ist für das Denken, was die *Beobachtung* für die Wahrnehmung ist. Intuition und Beobachtung sind die Quellen unserer Erkenntnis. Wir stehen einem beobachteten Dinge der Welt so lange fremd gegenüber, so lange wir in unserem Innern nicht die entsprechende Intuition haben, die uns das in der Wahrnehmung fehlende Stück der Wirklichkeit ergänzt." (4\95)

Und wie schon in *Wahrheit und Wissenschaft* (vgl. S. 52 f.) ergänzt Steiner dann auch hier, dass das vollständige Erkennen eines Weltinhaltes darin bestehe, ihn bewusst in denjenigen Zusammenhang zurückzuversetzen, aus dem man ihn zuerst durch Vereinzelung herausgerissen habe.

„Ein Ding *erklären, verständlich machen* heißt nichts anderes, als es in den Zusammenhang hinein versetzen, aus dem es durch die oben geschilderte Einrichtung unserer Organisation [durch die Sinneswahrnehmung, Anm. CH] herausgerissen ist. Ein von dem Weltganzen abgetrenntes Ding gibt es nicht. Alle Sonderung hat bloß subjektive Geltung für unsere Organisation. ... Was uns in der Beobachtung an Einzelheiten gegenübertritt, das verbindet sich durch die zusammenhängende, einheitliche Welt unserer Intuitionen Glied für Glied; und wir fügen durch das Denken alles wieder in eins zusammen, was wir durch das Wahrnehmen getrennt haben." (4\95)

* * *

Man könnte Steiners Formulierung in der *Philosophie der Freiheit* so verstehen, dass er unter „Intuition" nun doch nur die „Form des Auftretens" von Gedankeninhalten

„im Innern" verstehen will. Das wäre gegenüber dem in den vorangehenden Schriften entwickelten Intuitionsbegriff (vgl. dessen vier Aspekte, S. 45) eine gravierende Einschränkung. Der Zusammenhang, in dem er den Begriff weiterhin verwendet, zeigt aber, dass das nicht der Fall ist. Dennoch sei hier eine Diskussion wiedergegeben, in der Steiner ausführlich auf eine entsprechend verkürzte Auffassung einging. Sie stammt aus dem Text *Max Dessoir über Anthroposophie* aus der Schrift *Von Seelenrätseln* (1917)[38].

„... Nachdem Max Dessoir in der angeführten Art über meinen ‚Erstling' gesprochen hat, fährt er über denselben fort: ‚Es wird dort gesagt, dass der Mensch etwas aus der Natur in sich herübergenommen hat und daher durch die Erkenntnis des eigenen Wesens das Rätsel der Natur lösen kann; dass im Denken eine Schaffenstätigkeit dem Erkennen vorangeht, während wir am Zustandekommen der Natur unbeteiligt und auf nachträgliches Erkennen angewiesen sind. Intuition gilt hier bloß als die Form, in der ein Gedankeninhalt zunächst hervortritt.' Man sehe nach, ob sich in meiner *Philosophie der Freiheit* etwas findet, das sich in diese ein Ungeheuerliches von Trivialität darstellenden Sätze zusammenfassen lässt. ... Es ist

---

[38] *Von Seelenrätseln*. GA 21. Dornach 1976. *Max Dessoir* (1867-1947), Philosoph, Mediziner, Psychologe und Kunsthistoriker. Dessoir hatte in seinem 1917 erschienenen Buch *Vom Jenseits der Seele - die Geheimwissenschaften in kritischer Betrachtung* eine ausführliche, aber stark verzerrende Kritik an Aspekten von Steiners Anthroposophie geliefert. Die Entgegnung Steiners in *Von Seelenrätseln* ist u.a. deshalb so lesenswert, weil daran klar wird, mit welcher Genauigkeit er seine Formulierungen verstanden wissen wollte:
„Der Inhalt der geistigen Beobachtung [kann] nur dann einigermaßen klargestellt werden, wenn man sich einer möglichst genauen Ausdrucksart befleißigt. Ich versuche daher stets, wenn ich solche Dinge darstelle, keinen Zeitaufwand zu scheuen, um der sprachlichen Ausdrucksform soviel als mir möglich ist, an Genauigkeit abzugewinnen. Wer nur ein wenig in den Geist der Anthroposophie eindringt, wird Verständnis für das haben, was ich eben gesagt habe." (21\46)

- im Sinne meiner Weltauffassung - im aktiven Denken ein Wirkliches (Geistiges) *unmittelbar gegenwärtig*, das im bloßen Beobachten noch nicht gegeben sein kann. Das ist gerade das Charakteristische dieser meiner erkenntnistheoretischen Grundlegung einer Geisteswissenschaft, dass ich *nicht* in der Intuition - insoferne diese im Denken zum Ausdruck kommt - ‚bloß die Form' sehe, ‚in der ein Gedankeninhalt zunächst hervortritt'. Max Dessoir beliebt also seinen Lesern *das Gegenteil* von dem vorzusetzen, was in meiner *Philosophie der Freiheit* wirklich dargestellt ist. - Man sehe, um das zu bemerken, nur auf die folgenden meiner Gedanken: ... ‚Im Gegensatz zum Wahrnehmungsinhalte, der uns von außen gegeben ist, erscheint der Gedankeninhalt im Innern. Die Form, in der er zunächst auftritt, wollen wir als *Intuition* bezeichnen. Sie ist für das Denken, was die *Beobachtung* für die Wahrnehmung ist. Intuition und Beobachtung sind die Quellen unserer Erkenntnis.' Ich sage also hier: Intuition wolle ich als *Ausdruck* für die Form gebrauchen, in der die im Gedankeninhalt verankerte geistige Wirklichkeit *zunächst* in der menschlichen Seele auftritt, bevor diese erkannt hat, dass in dieser gedanklichen Innenerfahrung die in der Wahrnehmung noch nicht gegebene Seite der Wirklichkeit enthalten ist. Deshalb sage ich: Intuition ist ‚für das Denken, was die *Beobachtung* für die Wahrnehmung ist'. Also selbst, wenn Max Dessoir *scheinbar* wörtlich eines Andern Gedanken anführt, ist er imstande, das was dieser Andere meint, in das Gegenteil zu verkehren. Dessoir lässt mich sagen: ‚Intuition gilt hier *bloß* als die Form, in der ein Gedankeninhalt zunächst hervortritt.' Den folgenden meiner Sätze, durch den dieses von ihm gebrauchte ‚bloß' zum Unsinn wird, lässt er weg. Mir gilt eben Intuition nicht ‚*bloß*' als die ‚Form, in der ein Gedankeninhalt zunächst hervortritt', sondern als die Offenbarung eines Geistig-Wirklichen, wie die Wahrnehmung als diejenige des Stofflich-Wirklichen. Wenn ich sage: die Uhr tritt zunächst als der Inhalt meiner Westentasche auf; sie ist für mich der Messer der Zeit; so darf nicht ein anderer behaupten, ich hätte gesagt: die Uhr ist ‚*bloß*' der Inhalt meiner Westentasche." (21\59)

Im intuitiven Denken ist „ein Wirkliches (Geistiges) *unmittelbar gegenwärtig.*" Man könnte sagen, im intuitiven Denken denkt das Wesen der Welt in mir. Intuition tritt zwar „zunächst" in der denkenden Tätigkeit der Seele auf, doch ihrem Wesen nach transzendiert sie ihre seelische Erscheinung. Man könnte Intuition mit dem Sehen vergleichen: Der durch das Auge vermittelte Seheindruck ist die „Form" des Auftretens der gesehenen Weltinhalte in der Seele. Wie im Sehen Auge, Sehen und Gesehenes im praktischen Vollzug nicht zu trennen sind, so auch in der Intuition.

* * *

In der *Philosophie der Freiheit* bringt Rudolf Steiner die Intuition mit dem „Begriff" zusammen, ja setzt Begriff und Intuition in gewissem Sinne sogar gleich:

„In dem Augenblicke, wo eine Wahrnehmung in meinem Beobachtungshorizonte auftaucht, betätigt sich durch mich auch das Denken. Ein Glied in meinem Gedankensysteme, eine bestimmte Intuition, ein Begriff verbindet sich mit der Wahrnehmung." (4\106)

Wobei es zu Beginn des 4. Kapitels heißt:

„Was ein Begriff ist, kann nicht mit Worten gesagt werden. Worte können nur den Menschen darauf aufmerksam machen, dass er Begriffe habe." (4\57)

Damit weist Steiner auf das intuitive Erleben des Begriffs hin. Man weiß ja deutlich, wie es ist, eine Sache zu verstehen, aber man kann diese Qualität des Verstehens mit Worten kaum be-, sondern höchsten umschreiben. Man ist mit vollem Bewusstsein *in* der Sache, sie in einem. Erlebtes Verständnis, durch das die Seele mit der Sache von innen her eins wird, mit ihr mitfühlt und mitwill, ereignet sich im „innersten Heiligtum", zu dem keine Wortdefinitionen Zugang haben.

Und so schreibt Steiner am Anfang des 9. Kapitels über das Begreifen des Denkens selbst, dass „das Denken als eine in sich beschlossene Wesenheit unmittelbar angeschaut werden kann" (4\145) – was nur im Sinne der oben besprochenen intellektuellen Anschauung gemeint sein kann.

„Wer das Denken beobachtet, lebt während der Beobachtung unmittelbar in einem geistigen, sich selbst tragenden Wesensweben darinnen. Ja, man kann sagen, wer die Wesenheit des Geistigen in der Gestalt, in der sie sich dem Menschen *zunächst* darbietet, erfassen will, kann dies in dem auf sich selbst beruhenden Denken." (4\145)[39]

Damit ist nichts anderes als die in den vorangegangenen Schriften bereits gut charakterisierte Intuition gemeint. Hier kann also zunächst studiert werden, was Rudolf Steiner unter der „Wesenheit des Geistigen" versteht. Im Geistigen, das heißt „im Betrachten des Denkens selbst fallen in eines zusammen, was sonst immer getrennt auftreten *muss:* Begriff und Wahrnehmung" (4\146), Form und Inhalt (bzw. „Stoff"). So hatten wir es oben (S. 36 f.) bereits für das lebendige Erfassen des organischen Typus in Goethes Naturanschauung beschrieben.

Das „Beobachten" und „Betrachten", von dem hier die Rede ist, kann daher auch nur ein intuitives sein. Ganz explizit heißt es dann:

„Wer durchschaut, was bezüglich des Denkens vorliegt, der wird ... in demjenigen, das als Denken im Bewusstsein auftritt, nicht ein schattenhaftes Nachbild einer Wirklichkeit sehen, sondern eine auf sich ruhende geistige Wesenhaftigkeit. Und von dieser kann er sagen, dass sie ihm durch *Intuition* im Bewusstsein gegenwärtig wird. *Intuition* ist das im rein Geistigen verlaufende bewusste Erleben eines rein geistigen Inhaltes. Nur durch eine Intuition kann die Wesenheit des Denkens erfasst werden." (4\146)

---

[39] Im 3. Kapitel hatte es noch geheißen, „dass man das Denken in seinem jeweilig gegenwärtigen Verlauf" nicht beobachten könne. Doch durchläuft die Denkbeobachtung innerhalb der fortschreitenden Gedankenentwicklung der *Philosophie der Freiheit* eine Entwicklung. Während man im 3. Kapitel noch gleichsam von außen an die Beobachtung des Denkens herangeführt wird, erschaut man es (spätestens) im 9. Kapitel von innen.

Mit gleichem Recht ließe sich sagen: Nur durch eine Intuition kann die Wesenheit der Intuition erfasst werden.

Die geistige Wesenheit des Denkens kann nicht bewiesen, sondern nur erlebt werden. Wer sie aber erlebt, der kann auch verstehen, dass Steiner das intuitive Denken in einem Zusatz zur *Philosophie der Freiheit* als Wahrnehmungsorgan für das Geistige charakterisiert:

„Wenn auch *einerseits* das intuitiv erlebte Denken ein im Menschengeiste sich vollziehender tätiger Vorgang ist, so ist es *andererseits* zugleich eine geistige, ohne sinnliches Organ erfasste Wahrnehmung. Es ist eine Wahrnehmung, in der der Wahrnehmende selbst tätig ist, und es ist eine Selbstbetätigung, die zugleich wahrgenommen wird. Im intuitiv erlebten Denken ist der Mensch in eine geistige Welt auch als Wahrnehmender versetzt. Was ihm innerhalb dieser Welt als Wahrnehmung so entgegentritt wie die geistige Welt seines eigenen Denkens, das erkennt der Mensch als geistige Wahrnehmungswelt. Zu dem Denken hätte *diese* Wahrnehmungswelt dasselbe Verhältnis wie nach der Sinnenseite hin die sinnliche Wahrnehmungswelt. Die geistige Wahrnehmungswelt kann dem Menschen, sobald er sie erlebt, nichts Fremdes sein, weil er im intuitiven Denken schon ein Erlebnis hat, das rein geistigen Charakter trägt. Von einer solchen geistigen Wahrnehmungswelt sprechen eine Anzahl der von mir nach diesem Buche veröffentlichten Schriften. Diese *Philosophie der Freiheit* ist die philosophische Grundlegung für diese späteren Schriften. Denn in diesem Buche wird versucht, zu zeigen, dass richtig verstandenes Denk-Erleben schon Geist-Erleben *ist*. Deshalb scheint es dem Verfasser, dass derjenige nicht vor dem Betreten der geistigen Wahrnehmungswelt haltmachen wird, der in vollem Ernste den Gesichtspunkt des Verfassers dieser *Philosophie der Freiheit* einnehmen kann." (4\256)

Hier stellt Steiner den inneren Zusammenhang zwischen seinen erkenntnistheoretischen Untersuchungen und seiner übersinnlichen Geistesforschung dar. Allerdings kann das leicht zu Missverständnissen führen. Es scheint, als würde er von einer geistigen Welt sprechen, der man wahrnehmend genauso *gegenüber* stehen könnte wie der physischen, und als ob man über geistige Wahrnehmungen ebenso nachdächte wie über sinnliche. Doch warnt Steiner in seiner *Theosophie*[40]:

„Man darf ... nicht erwarten, dass dasjenige, was man in den höheren Welten wahrnimmt, etwa nur eine nebelhaft verdünnte Stofflichkeit sei. Solange man so etwas *erwartet*, wird man zu keiner klaren Vorstellung von dem kommen können, was hier mit ‚höheren Welten' eigentlich gemeint ist." (9\94)

Und in der *Geheimwissenschaft* heißt es ähnlich:

„Man stellt sich den Eintritt in die geistige Welt viel zu ähnlich einem sinnenfälligen Erlebnis vor, und so findet man, dass, was man beim Lesen von dieser Welt erlebt, viel zu gedankenmäßig ist. Aber in dem *wahren* gedankenmäßigen Aufnehmen steht man in dieser Welt schon drinnen und habt sich nur noch klar darüber zu werden, dass man schon unvermerkt erlebt hat, was man vermeinte, bloß als Gedankenmitteilung erhalten zu haben." (13\49)

Es ist also entscheidend, die Gedanken nicht nur wie gewöhnlich zu denken, sondern sie, indem man sie denkt, zu erleben. Das „wahre gedankenmäßige Aufnehmen" ist ein aktives Durcharbeiten, ein innerliches Nachschaffen der Gedanken. In dieser Tätigkeit liegt ja unser erstes Kriterium der Intuition. Die „geistige Wahrnehmungswelt" kann immer nur durch Aktivität in das erkennende Bewusstsein eintreten, nie wie die Sinneswelt passiv angeschaut werden. Das zweite Kriterium des Intuitiven besagt, dass man innerhalb der schöpferischen Aktivität des Denkens mit einem sich selbst bestimmenden, geistigen Inhalt lebt. *Dieser* Inhalt gehört zur „geistigen Wahrnehmungswelt". „Zu dem Denken hätte *diese* Wahrnehmungswelt dasselbe Verhältnis wie nach der Sinnenseite hin die sinnliche Wahrnehmungswelt" bedeutet daher nicht, dass man *über* die geistigen Wahrnehmungen wie im gewöhnlichen Bewusstsein über die

---

[40] *Theosophie. Einführung in übersinnliche Welterkenntnis und Menschenbestimmung.* GA 9. Dornach 1978.

Sinneswelt nachdenkt (was im Nachhinein natürlich auch möglich ist), sondern dass man die geistigen Inhalte so in das produktive Denken aufnimmt, wie man es auch mit den Sinneswahrnehmungen *tun kann*. Ich kann einen geistigen (ideellen, begrifflichen) Inhalt so mit meiner Denktätigkeit durchdringen, ihn aktiv in mir hervorbringen und dadurch intuitiv von innen anschauen, wie ich es auch mit einem sinnlich wahrgenommenen Inhalt tun kann (als Beispiel hierfür hatten wir oben das innere Nachvollziehen der Entwicklung einer Pflanze beschrieben). „Was ihm innerhalb dieser Welt als Wahrnehmung so entgegentritt wie die geistige Welt seines eigenen Denkens, das erkennt der Mensch als geistige Wahrnehmungswelt" bedeutet also dasjenige, was im produktiven Hervorbringen als Inhalt „entgegentritt". Geistiges Wahrnehmen ist eine Tätigkeit, es ist „eine Selbstbetätigung, die zugleich wahrgenommen wird".

Damit hatte Rudolf Steiner seine erkenntniswissenschaftlichen Auseinandersetzungen bis zu dem Punkt geführt, an dem die übersinnliche, geistige Wahrnehmung nicht nur vor dem wissenschaftlichen Denken gerechtfertigt erschien, sondern auch eine Anleitung zu ihrer Praxis dargestellt war.

GOETHES WELTANSCHAUUNG (1897) – DIE WIRKSAMKEIT DER IDEEN IN DER NATUR UND DAS „SEHEN MIT GEISTESAUGEN"

In diesem Kapitel wird der Begriff der Intuition vom Erleben der Ideen auf das Erleben des Zusammenhangs der Ideen mit den Welterscheinungen erweitert. Wir besprechen, wie sich der Mensch in lebendiger Einheit mit der Natur empfindet, wenn er die Wirksamkeit der Ideen in der Natur fühlt und willenshaft miterlebt: Das Innere des Menschen ist das Innere der Natur.

In *Goethes Weltanschauung*[41] beschäftigt sich Rudolf Steiner noch einmal ausführlich und zusammenfassend mit dem Verhältnis von Idee und Erfahrung, von menschlichem Innenleben und äußerer Welt, Subjekt und Objekt, Geist und Natur. Einleitend skizziert er die historische Spaltung zwischen beiden Weltbereichen, die durch „eine einseitige Auffassung des Platonismus" (6\31), der „die Vorstellung des Weltganzen [in zwei Teile] auseinander[reißt]" (6\26), zustande gekommen sei.[42] Demgegenüber macht Steiner geltend, dass die

„Unterscheidung von Idee und Wahrnehmung nur eine Berechtigung [hat], wenn von der Art gesprochen wird, wie die menschliche Erkenntnis zustande kommt. Der Mensch muss die Dinge auf zweifache Art zu sich sprechen lassen. Einen Teil ihrer Wesenheit sagen sie ihm freiwillig. ... Dies ist der ideenfreie Teil der Wirklichkeit. Den andern aber muss er ihnen entlocken. Er muss sein Denken in Bewegung setzen, dann erfüllt sich sein Inneres mit den Ideen der Dinge. Im

---

[41] *Goethes Weltanschauung*. GA 6. Dornach 1990.
[42] Steiner meint hier nicht den Platonismus als solchen, der überall auf die Ideen zugehe, sondern nur eine *einseitige* Auffassung desselben (6\28).

Innern der Persönlichkeit ist der Schauplatz, auf dem auch die Dinge ihr ideelles Innere enthüllen. Da sprechen sie aus, was der äußeren Anschauung ewig verborgen bleibt. Das Wesen der Natur kommt hier zu Worte. Aber es liegt nur an der menschlichen Organisation, dass durch den Zusammenklang von zwei Tönen die Dinge erkannt werden müssen. In der Natur ist *ein* Erreger da, der beide Töne hervorbringt. Der unbefangene Mensch horcht auf den Zusammenklang. Er erkennt in der ideellen Sprache seines Innern die Aussagen, die ihm die Dinge zukommen lassen." (6\27)

Damit ist der Grundton des Buches angeschlagen, in dem Steiner überall auf den lebendigen Zusammenklang von Außen- und Innenwelt blickt.

Als Sinneswahrnehmungen zeigen die Dinge ihre Außenseite. In den Ideen, die durch Tätigkeit („sein Denken in Bewegung setzen") im Bewusstsein erscheinen, liegt ihr inneres Wesen. Wahrnehmungen und Ideen gehören in Wirklichkeit aber zusammen und sollen auch als zusammengehörig erkannt und erlebt werden.

„Erst wenn aus dem Seelenleben heraus die Ideenwelt aufleuchtet und im Anschauen der Welt der Mensch Idee und Sinnesbeobachtung als einheitliches Erkenntniserlebnis vor seinen Geist stellen kann, hat er wahre Wirklichkeit vor sich." (6\28)

In einer stark aristotelisch geprägten Note kommt es Steiner darauf an zu zeigen, dass die Ideenwelt nicht von der äußeren Erfahrungswirklichkeit abgetrennt sei. In interessanter Weiterentwicklung der früheren Bedeutung bezeichnet er hier nun das *Erleben der Zusammengehörigkeit von Idee und Erfahrung* als intuitiv.

„Ist aber die Ideenwelt mit der Erfahrungswirklichkeit untrennbar verbunden, sind beide nur als *ein* Ganzes vorhanden, so kann es nur eine intuitive Erkenntnis, die in der Erfahrung die Idee aufsucht und mit dem Individuellen zugleich die Gattung erfasst, geben." (6\58)

In diesem Sinne schreibt Steiner von Goethe als einem „intuitiven Geist":

„Der intuitive Geist hat es nicht bloß mit Individuen zu tun, er *sucht* nicht in dem Empirischen den Charakter der Notwendigkeit auf. Sondern wenn er sich der Natur zuwendet, vereinigen sich bei ihm Wahrnehmung und Idee unmittelbar zu einer Einheit. Beide werden ineinander geschaut und als Ganzheit empfunden." (6\60)

In dieser Ganzheit hat die Idee keine abstrakte, leblose Form, sondern ist immerwährende lebendige Erfahrung. Und so komme es darauf an, das lebendige Wirken der Idee zu fühlen:

„Solange der Mensch das Wirken und Schaffen der Idee nicht fühlt, bleibt sein Denken von der lebendigen Natur abgesondert. Er muss das Denken als eine bloß subjektive Tätigkeit ansehen, die ein abstraktes Bild von der Natur entwerfen kann. Sobald er aber fühlt, wie die Idee in seinem Innern lebt und tätig ist, betrachtet er sich und die Natur als *ein* Ganzes, und was als Subjektives in seinem Innern erscheint, das gilt ihm zugleich als objektiv; er weiß, dass er der Natur nicht mehr als Fremder gegenübersteht, sondern er fühlt sich verwachsen mit dem Ganzen derselben. Das Subjektive ist objektiv geworden; das Objektive von dem Geiste ganz durchdrungen" (6\55)

Das sind ähnliche Formulierungen, wie wir sie schon aus den *Einleitungen* kennen (1\163, s. S. 43), diesmal aber als lebendiger Erfahrungsinhalt charakterisiert. Nach Steiner ist Goethes Anschauungsweise gerade durch die Zusammenschau von Idee und Erfahrung charakterisiert. Goethe selbst hatte ja in dem berühmten Jenaer Gespräch mit Schiller über seine „Urpflanze" geäußert: „Das kann mir sehr lieb sein, wenn ich Ideen habe, ohne es zu wissen, und sie sogar mit Augen sehe" (6\22). Mit Blick auf die organische Entwicklung schrieb Goethe, „dass es ein Unterschied sei zwischen Sehen und Sehen, dass die Geistes-augen mit den Augen des Leibes in stetem lebendigen Bunde zu wirken haben, weil man sonst in Gefahr gerät zu sehen und doch vorbeizusehen." (6\151)

Es bedeutet eben etwas anderes, ob ich z.B. die verschiedenen Organe Blatt, Blüte, Frucht bloß neben- und nacheinander betrachte, oder ob ich sie als Ausdruck derselben Idee anschaue, denn dadurch verbinde ich sie miteinander. Ich nehme das grüne Laub- und Kelchblatt, das farbige Blütenblatt, das Staubgefäß und Fruchtblatt als getrennte und unterschiedliche Einzelheiten wahr, aber ich schaue in allen zugleich dasselbe einheitliche Prinzip oder „Urbild".[43] Ich bin im Anschauen selbst schöpferisch tätig, und doch liegt die Einheit, die ich zwischen den Einzelheiten herstelle, in der Sache selbst begründet. Indem ich die Organe unter dem Gesichtspunkt ihrer Identität ideell ineinander verwandele, erlebe ich einen Prozess, den auch die Pflanze vollzieht, und durch den ich mich in ihre Entwicklung einlebe.

„Könnte man nicht in zwei auseinander entwickelten Formen das gleiche ideelle Urbild erkennen, so könnte keine Beziehung zwischen ihnen angenommen werden. Erst durch die Vorstellung der ideellen Urform kann man mit der Behauptung, die organischen Formen entstehen durch Umbildung auseinander, einen wirklichen Sinn verbinden." (6\146)[44]

Damit wird auch noch besser verständlich, was oben schon zitiert wurde:

Der Mensch „muss sein Denken in Bewegung setzen, dann erfüllt sich sein Inneres mit den Ideen der Dinge. Im Innern der Persönlichkeit ist der Schauplatz, auf dem auch die Dinge ihr ideelles Innere enthüllen" (6\27).

---

[43] Steiner nennt dieses Urbild, das Goethe als *Blatt* ansprach, eine „sinnlich-übersinnliche Form" (6\145). Sie fluktuiert um die Grenze zwischen einem vorgestellten (wahrnehmungsähnlichen) *Bild* und der übersinnlichen Vorstellungs*kraft*, die dieses Bild erzeugt.

[44] In seinem Buch *Evolution im Doppelstrom der Zeit* hat der Autor gezeigt, dass auch die materialistische Evolutionslehre, für die die Höherentwicklung der Organismen lediglich als Zufall und durch äußerlich wirkende Zuchtwahl erklärt wird, auf einem *impliziten* Wissen um den gemeinsamen Typus der Organismen beruht.

Die Idee ist ebenso tätig, lebendig und wandelbar (und doch so dauernd) wie das tätige Ich selbst. Wenn der Mensch „fühlt, wie die Idee in seinem Innern lebt und tätig ist, betrachtet er sich und die Natur als *ein* Ganzes" (6\55). „In seinem Innern" bedeutet hier im Innern des Ich. Die Idee *lebt* im Ich. Wird das entdeckt, gefühlt, dann erlebt sich das Ich mit der Natur als ein Ganzes. In diesem Sinne sind Ideen keine abstrakten Formen, typologische Schemata, fixierte, „ewige" Begriffe (wie man aus einem falsch verstandenen Platonismus folgern könnte), sondern lebendig gestaltende Keimpunkte einer sich immerfort wandelnden Wirklichkeit.

In *Goethes Weltanschauung* erweitert Steiner den Begriff des Intuitiven auf die erlebte Zusammenschau von sinnlicher und ideeller Welt. Durch das Hineinlegen der geistig-ideellen Produktionen in das Sinnlich-Vereinzelte *schaut* man die Zusammenhänge der Wirklichkeit. Man wird vom Zuschauer des Weltgeschehens zu seinem mitgestaltenden Teilnehmer und erlebt sich in den Zusammenhängen der Welt darinnen.

Woher aber (außer durch ein „gesundes menschliches Empfinden" (6\29)) kann man wissen, dass die subjektiven Erkenntniserlebnisse des Menschen „das innere Wesen der Dinge" sind, dass sich „die volle Wirklichkeit" offenbart, wenn sich „die Sprache der Anschauung und des Denkens verbinden" (6\29)? Immerhin beruht ja die Philosophie *Immanuel Kants* auf der nicht unähnlichen Vorstellung, dass der Mensch seine ihm eingeborenen geistigen Kategorien in die äußere Welt hineinlegen müsse, um überhaupt Erfahrung zu ermöglichen, dass aber die wahre Wirklichkeit an sich unerkennbar sei.

Rudolf Steiners Antwort ist radikal, und man sieht an ihr das Feurige, das vollkommen in sich selbst Gegründete und Selbstverantwortete seiner Weltanschauung. Denn er sucht nirgends eine Stütze für die Wahrheit seiner

Anschauung außer im Selbst. In *Goethes Weltanschauung* ist diese Auffassung in komplizierten Sätzen formuliert; später wird Steiner sie einfacher ausdrücken (auch in der *Philosophie der Freiheit* und den anderen erkenntnistheoretischen Schriften ist sie schon enthalten). Trotz der abstrakt-philosophischen Form erkennen wir aber unschwer wiederum eine Beschreibung der Intuition:

„An dem Zustandekommen aller übrigen Anschauungen ist der Mensch unbeteiligt. In ihm leben die Ideen dieser Anschauungen auf. Diese Ideen würden aber nicht da sein, wenn in ihm nicht die produktive Kraft vorhanden wäre, sie zur Erscheinung zu bringen. Wenn auch die Ideen der Inhalt dessen sind, was in den Dingen *wirkt*; zum erscheinenden Dasein kommen sie durch die menschliche Tätigkeit. *Die eigene Natur der Ideenwelt kann also der Mensch nur erkennen, wenn er seine Tätigkeit anschaut* [kursiv CH]. Bei jeder anderen Anschauung durchdringt er nur die wirkende Idee; das Ding, in dem gewirkt wird, bleibt als Wahrnehmung außerhalb seines Geistes. In der Anschauung der Idee ist Wirkendes und Bewirktes ganz in seinem Innern enthalten. Er hat den ganzen Prozess restlos in seinem Innern gegenwärtig. Die Anschauung erscheint nicht mehr von der Idee hervorgebracht; denn die Anschauung ist jetzt selbst Idee. Diese Anschauung des sich selbst Hervorbringenden ist aber die Anschauung der Freiheit. Bei der Beobachtung des Denkens durchschaut der Mensch das Weltgeschehen. Er hat hier nicht nach einer Idee dieses Geschehens zu forschen, denn dieses Geschehen ist die Idee selbst. Die sonst erlebte Einheit von Anschauung und Idee ist hier Erleben der anschaulich gewordenen Geistigkeit der Ideenwelt. Der Mensch, der diese in sich selbst ruhende Tätigkeit anschaut, fühlt die Freiheit." (6\85)

Was sonst getrennt auftritt: der äußerlich wahrgenommene Gegenstand und seine im Innern erfasste Idee, das ist in der Selbstanschauung des sich selbst hervorbringenden Denkens eine Einheit. In der *Philosophie der Freiheit* hatte es entsprechend geheißen:

„Im Betrachten des Denkens selbst fallen in eines zusammen, was sonst immer getrennt auftreten *muss*: Begriff und Wahrnehmung. ... [Wer dies durchschaut] wird in demjenigen, das als Denken im Bewusstsein auftritt, nicht ein schattenhaftes Nachbild einer Wirklichkeit sehen, sondern eine auf sich selbst ruhende geistige Wesenhaftigkeit. Und von dieser kann er sagen, dass sie ihm durch *Intuition* im Bewusstsein gegenwärtig wird." (4\146)

In der Intuition fallen Erfahrung und Idee, Angeschautes und Hervorgebrachtes, Erscheinung und Wesen zusammen. Damit gewinnt man einen sicheren Ausgangspunkt für alle weitere Erkenntnis. Aller Relativismus der Weltanschauungen, alle Unsicherheit des Erkennens, aller Zweifel kann von hier aus überwunden werden.[45]

„Sobald der Mensch zur Anschauung dieser Metamorphose [des Erkennens] gelangt, *bewegt er sich sicher im Reich der Dinge* [kursiv CH]. Er hat in dem Mittelpunkte seiner Persönlichkeit den wahren Ausgangspunkt für alle Weltbetrachtung gewonnen. Er wird nicht mehr nach unbekannten Gründen, nach außer ihm liegenden Ursachen der Dinge forschen; er weiß, dass das höchste Erlebnis, dessen er fähig ist, in der Selbstbetrachtung der eigenen Wesenheit besteht. Wer ganz durchdrungen ist von den Gefühlen, die dieses Erlebnis hervorruft, der wird die wahrsten Verhältnisse zu den Dingen gewinnen. Bei wem das nicht der Fall ist, der wird die höchste Form des Daseins anderswo suchen, und, da er sie in der Erfahrung nicht finden kann, in einem unbekannten Gebiet der Wirklichkeit vermuten. Seine Betrachtung der Dinge wird etwas Unsicheres bekommen; er wird sich bei der Beantwortung der Fragen, die ihm die Natur stellt, fortwährend auf ein Unerforschliches berufen." (6\86)

Ein solches „Unerforschliches" wäre ein jenseitiger Gott ebenso wie ein Ding an sich oder eine letztlich unerkenn-

---

[45] Natürlich wird eine solche Aussage heutzutage ausgesprochen anmaßend, ja für manchen geradezu gefährlich klingen. Nach den mörderischen Absolutismen des 20. Jahrhunderts ist der weltanschauliche Relativismus eine hohe – aber oft auch eine zur Bequemlichkeit verleitende – Errungenschaft der Moderne. Steiners Position ist jedoch keinesfalls eine *dogmatische*, wie aus dem ganzen Zusammenhang des hier Dargestellten klar hervorgeht.

bare Materie. Immer, wenn ich irgendeine Erscheinung der Welt einem solchen „Unerforschlichen" zuschreiben müsste, bliebe Unsicherheit über dessen Wesen, Zustandekommen und Wirksamkeit. (Solche Unsicherheit könnte ein tiefliegender, unbewusster Grund für viele psychische, soziale, ökologische u.a. Zersetzungserscheinungen der Gegenwart sein.) Wie anders kann ich mich aber zur Natur stellen, wenn ich weiß, dass die Ideen, durch die sie mir begreiflich wird, tatsächlich ihr inneres Wesen sind, welches ich durch mich sprechen lasse! Selbstverständlich kann diese Sprache eine mehr oder weniger vollkommene und umfassende sein, aber es ist doch die Sprache der Natur. Und so findet man ein neues Verhältnis zur Natur, wenn man sich – seines eigenen Geistes bewusst geworden – in die Naturkräfte und -gesetze einlebt.

„Erst wenn der Mensch gewahr wird, dass die Naturkräfte nichts anderes sind als Formen desselben Geistes, der auch in ihm selbst wirkt, geht ihm die Einsicht auf, dass er der Freiheit teilhaftig ist. Die Naturgesetzlichkeit wird nur so lange als Zwang empfunden, so lange man sie als fremde Gewalt ansieht. Lebt man sich in ihre Wesenheit ein, so empfindet man sie als Kraft, die man auch selbst in seinem Innern betätigt; man empfindet sich als produktiv mitwirkendes Element beim Werden und Wesen der Dinge. Man ist Du und Du mit aller Werdekraft. Man hat in sein eigenes Tun das aufgenommen, was man sonst nur als äußeren Antrieb empfindet. Dies ist der Befreiungs-Prozess, den im Sinne der Goetheschen Weltanschauung der Erkenntnisakt bewirkt." (6\84)

Das ist Naturerkenntnis im Sinne Goethes: sich in die Gesetze der Natur so einzuleben, dass man sie als Kräfte empfinden lernt, die man selbst in sich betätigt. Man erfasst sie durch das Denken, beschäftigt sich wieder und wieder mit ihnen, „lebt" sich „in sie ein". Dann lernt man, sie im eigenen Willen als Kräfte zu empfinden (zu fühlen). Dadurch, dass das Erkennen nicht nur das

Denken, sondern auch das Fühlen und Wollen mit umfasst, wird die Trennung zwischen Mensch und Welt überwunden. In diesem Sinne charakterisiert Rudolf Steiner auch das „Sehen mit Geistesaugen", um das es in *Goethes Weltanschauung* geht:

„Das Sehen mit den Augen des Leibes vermittelt die Erkenntnis des Sinnlichen und Materiellen; das Sehen mit Geistesaugen *führt zur Anschauung der Vorgänge im menschlichen Bewusstsein, zur Beobachtung der Gedanken-, Gefühls- und Willenswelt* [kursiv CH]; der lebendige Bund zwischen geistigem und leiblichem Auge befähigt zur Erkenntnis des Organischen, das als sinnlich-übersinnliches Element zwischen dem rein Sinnlichen und rein Geistigen in der Mitte liegt." (6\155)

* * *

Bisher bezogen sich Steiners Darstellungen der Intuition auf das Denken und die vom Denken erfassten Ideen. In *Goethes Weltanschauung* werden explizit auch das Gefühls- und Willenselement zum geistigen Schauen gerechnet. Mit einer „Anschauung" derselben kann allerdings nicht eine gegenständliche, verobjektivierende Betrachtung, sondern nur das innere Miterleben gemeint sein. Das wird auch aus folgendem Beispiel deutlich:

„In dem einfachsten Urteile über ein Ding oder Ereignis ... können ein menschliches Seelenerlebnis und eine äußere Anschauung im innigen Bunde miteinander gefunden werden. Wenn ich sage: ein Körper stößt den andern, so habe ich bereits ein inneres Erlebnis auf die Außenwelt übertragen. Ich sehe einen Körper in Bewegung; er trifft auf einen andern; dieser kommt infolgedessen auch in Bewegung. Mit diesen Worten ist der Inhalt der Wahrnehmung erschöpft. Ich bin aber dabei nicht beruhigt. Denn ich fühle: es ist in der ganzen Erscheinung noch mehr vorhanden, als was die bloße Wahrnehmung liefert. Ich greife nach einem inneren Erlebnis, das mich über die Wahrnehmung aufklärt. Ich weiß, dass ich selbst durch Anwendung von Kraft, durch Stoßen, einen Körper in Bewegung versetzen kann. Dieses Erlebnis übertrage ich auf die Erscheinung und sage: der eine Körper stößt den andern.

‚Der Mensch begreift niemals, wie anthropomorphisch er ist'. (Goethe)." (6\63)

Man weiß aus der eigenen, willentlichen Leibeserfahrung, was „Stoßen" bedeutet. Aus der innerlich erlebten Willensbetätigung ergibt sich ein Begriff des äußerlichen Vorgangs! Diese Aussage ist zentral für das Verständnis goetheanistischen und auch anthroposophischen Erkennens. (Sie beschreibt auch die Art und Weise, wie sich kleine Kinder Begriffe durch Willenstätigkeit aneignen.) Wir hatten ja schon solche Formulierungen gelesen wie:

„Wenn wir unser Denken in Fluss bringen, dann gehen wir auf die uns zuerst verborgen gebliebenen Bedingungen des Gegebenen zurück; wir arbeiten uns vom Produkt zur Produktion empor, wir gelangen dazu, dass uns die Sinneswahrnehmung auf dieselbe Weise durchsichtig wird wie der Gedanke." (1\160)

Oder: „Er muss sein Denken in Bewegung setzen, dann erfüllt sich sein Inneres mit den Ideen der Dinge" (6\27). Wir stoßen also immer wieder auf willenshafte Aktivität, mal im aktiven Denken, mal im Nachvollzug der Wachstumsbewegung einer Pflanze oder auch einer physikalischen Wechselwirkung. Auch in dem letzten Teil der *Einleitungen* (der wie *Goethes Weltanschauung* ebenfalls 1897 erschien) schreibt Steiner:

„Der Mensch muss die Dinge aus seinem Geiste sprechen lassen, wenn er ihr Wesen erkennen will. Alles, was er über dieses Wesen zu sagen hat, ist den geistigen Erlebnissen seines Innern entlehnt. Nur von sich aus kann der Mensch die Welt beurteilen. Er muss anthropomorphisch denken. In die einfachste Erscheinung, z.B. in den Stoß zweier Körper bringt man einen Anthropomorphismus hinein, wenn man sich darüber ausspricht. ... Denn man muss, wenn man über die bloße Beobachtung des Vorganges hinauskommen will, das Erlebnis auf ihn übertragen, das unser eigener Körper hat, wenn er einen Körper der Außenwelt in Bewegung versetzt. Alle physikalischen Erklärungen sind versteckte Anthropomorphismen. Man vermenschlicht die Natur, wenn man sie erklärt, man legt die inneren Erlebnisse des Menschen in sie hinein. Aber diese subjektiven Erlebnisse sind das innere Wesen der Dinge." (1\335)

Die eigenen willenshaften Innenerlebnisse sind gleichsam der Resonanzraum, in dem ein inneres Verstehen der äußeren Beobachtungen möglich ist. Denn den Stoß zweier Körper schaut man bloß wie ein bewegtes Bild an, und als solches kann es nicht das Erlebnis und das Begreifen einer Realität vermitteln; es bleibt irreal im Vorstellungsraum schweben, eben bloß Bild. Aber in dem inneren Körpererlebnis des Stoßens hat man eine echte *Wirk*-lichkeit, *weil man es nicht von außen anschaut, sondern innerlich erlebt.*

Wir können das hier beschriebene Prinzip allgemeiner fassen: Die *physikalische* Natur wird durch innere, willenshafte Körpererlebnisse begriffen. Die lebendige, *organische* Natur erfasst man, indem man die äußerlich beobachteten Lebensbewegungen mit dem inneren Erleben der eigenen Lebendigkeit, z.B. dem Erleben zeitlicher Verwandlungsbewegungen, in Resonanz bringt. Für ein Erfassen der *seelischen* Welt anderer Wesen dient das innere Erleben des eigenen Seelischen als Resonanzraum, und die *geistige* Welt der wirkenden Ideen wird durch das Erlebnis der Selbstanschauung des eigenen Denkens erfasst. Gleiches wird durch Gleiches erkannt. In diesem Sinne ist der ganze Mensch (ein intuitives) Resonanz- und Wahrnehmungsorgan für die Welt in ihrer Vielschichtigkeit. So schreibt Steiner über Goethe:

„Die Wahrheit *erkennen* heißt ihm *in der Wahrheit leben*. Und in der Wahrheit leben ist nichts anderes, als bei der Betrachtung jedes einzelnen Dinges hinzusehen, welches innere Erlebnis sich einstellt, wenn man diesem Dinge gegenübersteht." (6\67)

II. Die intuitive Geist-Erfahrung

Nachdem wir im ersten Teil gezeigt haben, wie Rudolf Steiner den Begriff der Intuition aus erkenntnistheoretischen Fragestellungen entwickelte, wenden wir uns nun der geisteswissenschaftlichen Seite zu. In einem Aufsatz über Goethes geheime Offenbarung *erscheint zum ersten Mal das mystische Motiv des „Stirb-und-werde". In der Schrift über* Die Mystik im Aufgange des neuzeitlichen Geisteslebens *wird die Intuition als mystisches Erkennen eines inneren, höheren Sinns beschrieben. In* Das Christentum als mystische Tatsache *charakterisiert Rudolf Steiner alte Einweihungswege, die zur Erweckung dieses höheren Sinnes führten. In der* Theosophie *liegt der Schwerpunkt auf dem, was durch den intuitiven Sinn wahrgenommen wird: die geistigen Urbilder der Welterscheinungen. Wie man sich schulen kann, um mit dem intuitiven Sinn zu wirklichkeitsgemäßen Erkenntnissen zu kommen, wird in* Wie erlangt man Erkenntnisse der höheren Welten? *beschrieben. In* Die Stufen der höheren Erkenntnis *findet sich eine Schilderung der „Erkenntnislehre der Geheimwissenschaft", in der Steiner die drei höheren Erkenntnisstufen Imagination, Inspiration und Intuition einführt und erläutert. Schließlich besprechen wir einige Aufsätze, die u.a. den Zusammenhang des intuitiven Erkennens mit Aristoteles und Johann Gottlieb Fichte aufzeigen. Weiterhin zeigen wir die Auffaltung des Intuitionsbegriffs in die vier Stufen des Erkennens, stellen Rudolf Steiners Konzept der Erkenntnis der ‚wahren Wirklichkeit' dar und besprechen schließlich die moralische Intuition als Grundlage freien Handelns.*

GOETHES GEHEIME OFFENBARUNG (1899/1900) – DAS ERSTE AUFBLITZEN DER ESOTERIK DER INTUITION

In diesem Kapitel beschreiben wir die Voraussetzung, um vom gewöhnlichen Denken zum vollbewussten Erleben des Intuitiven zu gelangen: Die Überwindung der Alltagspersönlichkeit durch ein „Stirb-und-werde".

Was Rudolf Steiner in Anlehnung an Goethe und den deutschen Idealismus ausgearbeitet hatte, das wurde nach der Jahrhundertwende zur Beschreibung realer, mystischer Geisterfahrung. Ein erstes öffentliches Aufleuchten spiritueller Erfahrungen und Erkenntnisse, wie sie von da an die gesamte weitere Lehrtätigkeit Steiners charakterisiert, finden wir in dem 1899 zu Goethes Geburtstag im *Magazin für Literatur* veröffentlichten Aufsatz *Goethes geheime Offenbarung* über Goethes Märchen von der grünen Schlange und der schönen Lilie.[46] Von diesem Aufsatz schrieb Steiner in seiner Autobiographie:

„Der Wille, das Esoterische, das in mir lebte, zur öffentlichen Darstellung zu bringen, drängte mich dazu, zum 28. August 1899, als zu Goethes hundertfünfzigstem Geburtstag, im ‚Magazin' einen Aufsatz über Goethes Märchen von der ‚grünen Schlange und der schönen Lilie' unter dem Titel ‚Goethes geheime Offenbarung' zu schreiben. - Dieser Aufsatz ist ja allerdings noch wenig esoterisch. Aber mehr, als ich gab, konnte ich meinem Publikum nicht zumuten. - In meiner Seele lebte der Inhalt des Märchens als ein durchaus esoterischer. Und aus einer esoterischen Stimmung sind die Ausführungen geschrieben." (28\391)

---

[46] In: *Methodische Grundlagen der Anthroposophie 1884-1901; gesammelte Aufsätze zur Philosophie, Naturwissenschaft, Ästhetik und Seelenkunde.* GA 30. Dornach 1989, S. 86-99.

Wahrscheinlich am Michaelstag, dem 29. September 1900, hielt Steiner dann in der Berliner Theosophischen Bibliothek einen Vortrag[47] zu demselben Thema, von dem er schrieb:

„In *diesem* Vortrag wurde ich in Anknüpfung an das Märchen ganz esoterisch. Es war ein wichtiges Erlebnis für mich, in Worten, die aus der Geistwelt heraus geprägt waren, sprechen zu können, nachdem ich bisher in meiner Berliner Zeit durch die Verhältnisse gezwungen war, das Geistige nur durch meine Darstellungen durchleuchten zu lassen." (28\392)

Unsere bisherigen Ausführungen haben gezeigt, dass auch schon in den philosophischen Auseinandersetzungen von einem geistigen Erleben die Rede ist, welches weit über den Erfahrungsraum des gegenständlichen und abstrakt denkenden Bewusstseins hinausreicht.[48] Mit seinem Aufsatz über Goethes Märchen betritt Rudolf Steiner nun erstmals das Feld öffentlicher Darstellung dieses esoterischen Raumes und des Weges, auf dem man in ihn gelangen kann. Der alles entscheidende Punkt ist dabei von Anfang an deutlich genannt[49]:

---

[47] Verzeichnet in: Hans Schmidt: *Das Vortragswerk Rudolf Steiners*. Dornach 1978, S. 12.

[48] Ich bin der Ansicht, dass Rudolf Steiner seine philosophischen Auseinandersetzungen über die Intuition nicht hätte schreiben können, wenn er das intuitive Erleben des Geistigen nicht bereits vor der Jahrhundertwende gehabt hätte. So wird erst der eigentümliche, nicht-diskursive Duktus dieser Schriften verständlich, der es für etliche Denker so schwer macht, sich auf Steiner einzulassen. Es ist etwas anderes, ob man neue Einsichten aus dem Denken herleitet, oder ob man sie zuerst *erlebt* und dann erst mit Begriffen zu beschreiben sucht. Auch der apodiktische Stil Steiners wird so verständlich. Wer einen Elefanten gesehen hat, der sagt: Der Elefant *ist*. Wer ihn nur erdacht hätte, der muss und darf weiter an ihm zweifeln.

[49] Wie es Christian Morgenstern formuliert hatte: „Ad Steiner. Gleich in medias res." Christian Morgenstern: *Werke und Briefe. Stuttgarter Ausgabe*. Stuttgart 1987. Bd. V, S. 59.

„Aber nur die selbstlose Erkenntnis, die in den Dingen ganz aufgeht und die in der Schlange verbildlicht wird, kann zu der Einsicht kommen, dass das Höchste nur durch die selbstlose Hingabe erreicht werden kann. Der Mensch, der seine Alltagspersönlichkeit absterben lässt, um den idealischen Menschen in sich zu erwecken, erreicht dieses Höchste. Was ein Mystiker wie Jakob Böhme mit den Worten ausgesprochen hat: der Tod ist die Wurzel alles Lebens, das hat Goethe mit der sich opfernden Schlange zum Ausdruck gebracht. Wer nicht loskommen kann von seinem kleinen Ich, wer nicht imstande ist, das höhere Ich in sich auszubilden, der kann nach Goethes Ansicht nicht zur Vollkommenheit gelangen. Der Mensch muss als einzelner absterben, um als höhere Persönlichkeit wieder aufzuleben. Das neue Leben ist dann erst das menschenwürdigste, dasselbe, das, nach Schillers Weise zu sprechen, weder von der Vernunft noch von der Sinnlichkeit eine Nötigung empfindet. Im ‚Diwan' lesen wir Goethes schönes Wort: ‚Und so lang du das nicht hast, dieses: Stirb und werde! Bist du nur ein trüber Gast auf der dunklen Erde.' Und einer der ‚Sprüche in Prosa' heißt: ‚Man muss seine Existenz aufgeben, um zu existieren'. Die Schlange gibt ihre Existenz auf, um die Brücke zu bilden zur Verbindung der beiden Reiche, dem der Sinnlichkeit und dem der Geistigkeit. Der Tempel mit seinem bunten Gewimmel ist das höhere Leben der Schlange, das sie durch den Tod ihrer niederen Natur erkauft hat. Ihre Worte, sie wolle sich freiwillig aufopfern, um nicht aufgeopfert zu werden, sind nur ein anderer Ausdruck für Jakob Böhmes Satz: ‚Wer nicht stirbt, bevor er stirbt, der verdirbt, wenn er stirbt'; das heißt, wer dahinlebt, ohne die niedere Natur in sich abzutöten, der stirbt zuletzt, ohne eine Ahnung zu haben von dem idealischen Menschen in sich." (30\94)[50].

Stirb und werde, finde zur selbstlosen Erkenntnis – das ist die Voraussetzung, um vom diskursiven Denken zum Erleben der Intuition zu kommen. Selbstlos ist eine Erkenntnis, die vollständig in ihre Gegenstände untertauchen, mit ihnen eins werden kann. Dann wird nicht mehr

---

[50] Zitat aus dem o.g. Aufsatz vom 28.8.1899, siehe Fußnote 46, S. 78.

versucht, das Lebendige aus toten, physikalisch-chemischen Prozessen abzuleiten oder das Seelische aus Gehirnvorgängen, sondern Leben und Seele werden in ihrer phänomenalen Eigentümlich- und Eigenwirklichkeit je so genommen, wie sie sich der unbefangenen Beobachtung präsentieren, und zu diesen Erscheinungen werden die zu ihnen gehörenden, in ihnen wirksamen Intuitionen nach dem in den vorangehenden Kapiteln beschriebenen Erkenntnisverfahren hinzugefügt. Mit dem „Stirb und werde" wird Erkennen zu einer wirklichen und damit auch zu einer moralischen Angelegenheit.[51]

---

[51] In einem posthum veröffentlichten, undatierten Text Rudolf Steiners (*Credo, der Einzelne und das All*), der wahrscheinlich um 1886 entstand, heißt es entsprechend: „Lasse die Wahrheit zum Leben werden; verliere Dich selbst, um Dich im Weltgeiste wiederzufinden!" *Wahrspruchworte*. GA 40. Dornach 1998, S. 13 ff.

DIE MYSTIK IM AUFGANGE DES NEUZEITLICHEN GEISTESLEBENS (1901) – DIE ERWECKUNG DES INTUITIVEN SINNES UND DIE WIEDERGEBURT DER DINGE IN DER SEELE

In diesem Kapitel beschäftigen wir uns mit dem Zusammenhang der mystischen Selbsterkenntnis mit der Welterkenntnis als der „Ur-Tatsache" des Innenlebens und besprechen die mystischen Erkenntnisgrundlagen der Anthroposophie. Rudolf Steiner schildert hier das intuitive Erkennen als Erlebnis. Die Schrift nimmt daher eine Brückenstellung zwischen den erkenntnistheoretischen und den geisteswissenschaftlichen Schriften Steiners ein.

Im September 1901, sieben Jahre nach dem Erscheinen der *Philosophie der Freiheit*, veröffentlichte Rudolf Steiner sein erstes geisteswissenschaftliches Buch.[52] Im Vorwort betont er, dass die Schrift nicht auf einer Änderung seiner philosophischen Ideen, wohl aber auf einer besonderen Vertiefung derselben beruhe:

„Diese Ideenwelt ist schon ganz in meiner *Philosophie der Freiheit* enthalten. Um aber diese Ideenwelt so auszusprechen, wie ich es heute tue, und sie so zur Grundlage einer Betrachtung zu machen, wie es in dieser Schrift geschieht, dazu gehört noch etwas ganz anderes, als von ihrer gedanklichen Wahrheit felsenfest überzeugt sein. Dazu gehört ein intimer Umgang mit dieser Ideenwelt, wie ihn nur viele Jahre des Lebens bringen können. Erst jetzt, nachdem ich diesen Umgang genossen habe, wage ich, so zu sprechen, wie man es in dieser Schrift wahrnehmen wird." (7\11)

Rudolf Steiner ist mit dieser Ideenwelt „intim umgegangen" und hat sie im Umgang „genossen" – hier klingen

---

[52] *Die Mystik im Aufgange des neuzeitlichen Geisteslebens und ihr Verhältnis zur modernen Weltanschauung.* GA 7. Dornach 1960.

wieder die aktive und die empfangende Komponente des intuitiven Denkens an. Dabei versteht er unter „Mystik" nicht ein Eintauchen in ein „dunkles, gefühlsverwandtes Innenleben", sondern möchte „von dem mystischen Ausgangspunkte aus zur Geisterkenntnis" aufsteigen (7\9).

Das einführende Kapitel enthält eine Zusammenfassung über das intuitive Erkennen, die in einer ganz anderen Sprache verfasst ist als die philosophischen Schriften. Das Wort „Intuition" wird nicht verwendet, doch beschreibt Steiner sie als mystisches Erleben. Und diesmal geht er vom Quell aller höheren Erkenntnis aus, dem „Erkenne dich selbst":

„Es gibt Zauberformeln, die durch die Jahrhunderte der Geistesgeschichte hindurch in immer neuer Art wirken. In Griechenland sah man eine solche Formel als Wahrspruch Apollons an. Sie ist: ‚Erkenne dich selbst.' Solche Sätze scheinen ein unendliches Leben in sich zu bergen. ... In manchen Augenblicken unseres Sinnens und Denkens leuchten sie blitzartig auf, unser ganzes inneres Leben erhellend. In solchen Augenblicken lebt in uns etwas wie das Gefühl auf, dass wir den Herzschlag der Menschheitsentwicklung vernehmen." (7\15)

Das ist ganz aus dem inneren Erleben heraus geschrieben. Steiner hat in der *Mystik* das Erleben des Intuitiven zu einem intim fühlenden vertieft, dabei aber die Klarheit des Denkens voll aufrechterhalten. So drückt er sich jetzt nicht mehr bloß gedanklich, sondern in Bildern aus: Menschen mit solchen mystischen Erfahrungen hätten

„ein starkes Gefühl dafür, dass in der Selbsterkenntnis des Menschen eine Sonne aufgeht, die noch etwas ganz anderes beleuchtet als die zufällige Einzelpersönlichkeit des Betrachters. ... Ihnen war klar, dass die Selbsterkenntnis in ihrer wahren Gestalt den Menschen mit einem neuen Sinn bereichert, der ihm eine Welt erschließt, die sich zu dem, was ohne diesen Sinn erreichbar ist, verhält wie die Welt des körperlich Sehenden zu der des Blinden." (7\17)

„Sonne", „Sehen", „neuer Sinn": das sind bildhafte Metaphern für das intuitive Element. (Und wenn Rudolf Steiner von einem „starken Gefühl" spricht, dann darf man sich darunter ein wirklich starkes Gefühl vorstellen, das die Wirklichkeit des Erlebten verbürgt.)

„Dieser Sinn liefert ... Anschauungen, die für denjenigen nicht vorhanden sind, der in der Selbsterkenntnis nicht sieht, was sie von allen anderen Arten des Erkennens unterscheidet. Wem dieser Sinn sich nicht geöffnet hat, der glaubt, Selbsterkenntnis komme ähnlich zustande wie Erkenntnis durch äußere Sinne, oder durch irgend welche andere von außen her wirkende Mittel. Er meint: ‚Erkenntnis sei Erkenntnis.' Das eine Mal nur sei ihr Gegenstand etwas, was draußen in der Welt liegt, das andere Mal sei dieser Gegenstand die eigene Seele. Er hört nur Worte, im besten Falle abstrakte Gedanken bei dem, was für tiefer Blickende die Grundlage ihres Innenlebens ist; nämlich bei dem Satze, dass wir bei aller anderen Art von Erkenntnis den Gegenstand außer uns haben, bei der Selbsterkenntnis innerhalb dieses Gegenstandes stehen, dass wir jeden anderen Gegenstand als fertigen, abgeschlossenen an uns herantreten sehen, in unserem Selbst jedoch als Tätige, Schaffende das selbst weben, was wir in uns beobachten." (7\18)

Das ist wieder das aktiv-schöpferische und zugleich wahrgenommene Prinzip der Intuition, jetzt in existentieller Bedeutung („Grundlage des Innenlebens"). Diesmal beginnt Rudolf Steiner nicht bei Goethe, nicht bei der Naturerkenntnis, nicht beim Erkennen des Denkens, sondern bei der schauenden Erkenntnis des Selbst. Hier ist ein Punkt erster real-mystischer Erfahrung innerhalb des gewöhnlichen Bewusstseins. Es scheint mir allerdings charakteristisch zu sein, dass Steiner in der Reihenfolge seiner Schriften nicht zuerst mit der mystischen Selbsterkenntnis begann, die zwar unmittelbar zu einer geistigen Erfahrung führt, aber doch die Gefahr eines gesteigerten Egoismus birgt. Zu seinem Ausgangspunkt wählte er stattdessen die durch ihre hingebungsvolle Phänomenologie selbstlose Welterkenntnis Goethes und die Erkenntnis des Denkens, das nicht das eigene, sondern das Wesen der

Welt erfasst.⁵³ Auch kann man im Kontext der folgenden Darstellungen aus der *Mystik*, sagen, dass mit dem „Selbst" hier nicht das gewöhnliche Ego, sondern das durch das „Stirb-und-werde" hindurchgegangene, neu geborene höhere Ich gemeint ist. Denn „es gibt keine wichtigere Erkenntnis als die Selbsterkenntnis; und es gibt zugleich keine, die so vollkommen über sich selbst hinausführt. Wenn das ‚Ich' sich recht erkennt, so ist es schon kein ‚Ich' mehr." (7\71)

Der „intime Umgang" mit der Ideenwelt der *Philosophie der Freiheit*, den Rudolf Steiner „genossen" hatte, bestand wohl auch in diesem Erlebnis einer tiefgreifenden Selbsttranszendierung des Ich.

---

⁵³ Für Rudolf Steiner selbst war die Einsicht in die geistige Wesenheit des Ich allerdings eine frühe und seinen inneren Weg erhellende Erfahrung, wie aus seinem berühmten Brief an *Josef Köck* vom 13.1.1881 (in: *Briefe Bd. I, 1881-1890.* GA 38. Dornach 1985) bekannt ist.

„Lieber, getreuer Freund! - Es war die Nacht vom 10. auf den 11. Januar, in der ich keinen Augenblick schlief. Ich hatte mich bis 1/2 1 Uhr mitternachts mit einzelnen philosophischen Problemen beschäftigt, und da warf ich mich endlich auf mein Lager; mein Bestreben war voriges Jahr, zu erforschen, ob es denn wahr wäre, was Schelling sagt: ›Uns allen wohnt ein geheimes, wunderbares Vermögen bei, uns aus dem Wechsel der Zeit in unser innerstes, von allem, was von außen hinzukam, entkleidetes Selbst zurückzuziehen und da unter der Form der Unwandelbarkeit das Ewige in uns anzuschauen.‹ Ich glaubte und glaube nun noch, jenes innerste Vermögen ganz klar an mir entdeckt zu haben - geahnt habe ich es ja schon längst -; die ganze idealistische Philosophie steht nun in einer wesentlich modifizierten Gestalt vor mir; was ist eine schlaflose Nacht gegen solch einen Fund!" (38\13)

In seiner Autobiographie schildert Steiner:
„Mir war dieses ‚Ich' innerlich überschaubares Erlebnis von einer in ihm selbst vorhandenen Wirklichkeit. Diese Wirklichkeit erschien mir nicht weniger gewiss wie irgendeine vom Materialismus anerkannte. Aber in ihr ist gar nichts Materielles. Mir hat dieses Durchschauen der Wirklichkeit und Geistigkeit des ‚Ich' in den folgenden Jahren über alle Versuchungen des Materialismus hinweggeholfen. Ich wusste: an dem ‚Ich' kann nicht gerüttelt werden." (28\85)

Steiner beschreibt den Weg, der zur intuitiven Selbsterkenntnis führen kann:

„Dieselbe Sprache, die von den Dingen zu uns dringt, vernehmen wir aus uns selbst. Dann *sind* wir es aber auch, die sprechen. Es handelt sich bloß darum, dass wir die Verwandlung richtig belauschen, die eintritt, wenn wir unsere Wahrnehmung den äußeren Dingen verschließen und nur auf das hören, was dann noch aus uns selbst tönt. Dazu gehört eben der neue Sinn. Wird er nicht erweckt, so glauben wir in den Mitteilungen über uns selbst auch nur solche über ein uns äußeres Ding zu vernehmen; wir meinen, irgendwo sei etwas verborgen, was zu uns in derselben Weise spricht, wie die äußeren Dinge sprechen. Haben wir den neuen Sinn, dann wissen wir, dass seine Wahrnehmungen sich wesentlich von denen unterscheiden, die sich auf äußere Dinge beziehen. Dann wissen wir, dass dieser Sinn das nicht außer sich lässt, was er wahrnimmt, wie das Auge den gesehenen Gegenstand außer sich lässt; sondern, dass er seinen Gegenstand restlos in sich aufzunehmen vermag. Sehe ich ein Ding, so bleibt das Ding außer mir; nehme ich mich wahr, so ziehe ich selbst in meine Wahrnehmung ein. Wer außer dem Wahrgenommenen noch etwas von seinem Selbst sucht, der zeigt, dass ihm in der Wahrnehmung der eigentliche Inhalt nicht aufleuchtet." (7\19)

Die „Sprache, die von den Dingen zu uns dringt", das sind die Wahrnehmungs- und Gedankeninhalte, die man von der äußeren Welt empfängt. Achtet man nicht auf diese Inhalte, sondern auf das Sprechen (Denken), das aus einem selbst tönt, das man selbst *ist*, dann fasst man sich selbst in der eigenen, geistigen Aktivität; es ist das bewusste Stehen in der inneren, produktiv-schöpferischen Tätigkeit, die wir selbst sind. (Von diesem „Stehen im Entstehen" hatten schon in den *Einleitungen* gelesen [vgl. oben, S. 32]). Der „Gegenstand" der Erkenntnis ist nicht ein Gegen-Stand, sondern die eigene Tätigkeit.

Der Text korrespondiert mit der Darstellung im 3. Kapitel der *Philosophie der Freiheit*:

„Während ich über den Gegenstand nachdenke, bin ich mit diesem beschäftigt, mein Blick ist ihm zugewandt. Diese

Beschäftigung ist eben die denkende Betrachtung. Nicht auf meine Tätigkeit, sondern auf das Objekt dieser Tätigkeit ist meine Aufmerksamkeit gerichtet." (4\43)

In der *Mystik* sehen wir nun, dass der Denkende das Denken nicht notwendigerweise vergessen *muss*, während er es ausübt, sondern seine eigene geistige Tätigkeit von innen wahrnehmen, in ihr erwachen kann; dass wir „in unserem Selbst als Tätige, Schaffende das selbst weben, was wir in uns beobachten" (7\18). Später wird Steiner in *Mein Lebensgang* noch einmal in aller Klarheit schreiben:

„Wenn das Ich tätig ist und diese Tätigkeit selbst anschaut, so hat man ein Geistiges in aller Unmittelbarkeit im Bewusstsein" (28\51).

Auch werden wir an Formulierungen aus den *Grundlinien* erinnert. Wie Rudolf Steiner in der *Mystik* von dem „neuen Sinn" schreibt, dass er „seinen Gegenstand restlos in sich aufzunehmen vermag", so hieß es in den *Grundlinien*, die Intuition sei „ein unmittelbares Innesein, ein Eindringen in die Wahrheit, die uns alles gibt, was überhaupt in Ansehung ihrer in Betracht kommt" (2\112). Es erscheint auch nicht zu weit gegriffen, den „neuen Sinn" mit dem *Ausnahmezustand* der *Philosophie der Freiheit* gleichzusetzen:

„Während das Beobachten der Gegenstände und Vorgänge und das Denken darüber ganz alltägliche, mein fortlaufendes Leben ausfüllende Zustände sind, ist die Beobachtung des Denkens eine Art Ausnahmezustand." (4\40)

Denn in diesem Ausnahmezustand stößt man auf eine andere, nicht mehr gegenständliche Form des Seins, die man selbst ist. Und das, was man ist, das kennt man. Man braucht nicht darüber hinauszugehen. In der aktiv-schöpferischen (Selbst-)erkenntnis fallen das Sein und das Bewusstsein, das Faktische und die Theorie in eins zusammen. Man erfasst sich selbst ebenso intuitiv, wie es Steiner in den *Einleitungen* von der Idee beschrieben hatte:

„Nur wenn ich auf etwas stoße, das nicht über sich hinausweist, dann erlange ich das Bewusstsein: jetzt stehst du innerhalb des Zentrums; hier kannst du stehen bleiben. Mein Bewusstsein, dass ich innerhalb eines Dinges stehe, ist nur die Folge von der objektiven Beschaffenheit dieses Dinges, dass es sein Prinzip mit sich bringe." (1\163)

In der *Philosophie der Freiheit* hatte es geheißen: „Im Betrachten des Denkens selbst fallen in eines zusammen, was sonst immer getrennt auftreten *muss*: Begriff und Wahrnehmung" (4\146). Es zeigt sich also, dass Steiner mit der mystischen Selbsterkenntnis dasselbe meint wie mit der intuitiven Erkenntnis überhaupt. Mit der Intuition hat er diejenige Weltenstelle beschrieben, an der Wahrnehmung und Begriff, Stoff und Form, Sein und Bewusstsein, Ontologie und Epistemologie zusammenfallen. Dieses Zusammenfallen ist *Geist*: „*Intuition* ist das im rein Geistigen verlaufende bewusste Erleben eines rein geistigen Inhaltes" (4\146).

Hier liegt der vollbewusst zu erfassende Übergang vom gegenständlichen, sinnlich-materiellen Dasein zum sich selbst tragenden, in sich selbst wesenden, sich selbst und damit auch die Welt von innen erleuchtenden geistigen Sinn und Sein.

Im alltäglichen Leben bemerkt man dieses geistige Sein nicht, weil man es *ist*: „Der Grund, warum wir das Denken im alltäglichen Geistesleben nicht beobachten, ist kein anderer als der, dass es auf unserer eigenen Tätigkeit beruht" (4\42). Wenn wir nun „als Tätige, Schaffende" selbst sprechen (denken), und wenn wir dieses aus dem Innern kommende Sprechen richtig „belauschen", dann erwecken wir den höheren Sinn. Wir stehen dann nicht mehr außerhalb, sondern „innerhalb des Gegenstandes" unserer Erkenntnis. „Die Wahrnehmung seiner selbst ist also zugleich *Erweckung* seines Selbst" (7\20).

Es wird also immer deutlicher, dass Rudolf Steiner bereits in der *Philosophie der Freiheit* die innere Erweckung gemeint hatte, aber erst in der *Mystik* explizit aussprach. Der Ausnahmezustand ist nicht die Beobachtung des Denkens als eines verobjektivierbaren Prozesses (als solcher kann das Denken nur im Nachhinein erfasst werden), sondern das Erleben des Denkens, während man es ausübt, von innen her.[54] Es kommt darauf an, sich klar darüber zu werden, *was* man dabei erlebt. Diese Selbstaufklärung ist, wenn sie erlebt wird, Selbsterweckung. Der Ausnahmezustand der *Philosophie der Freiheit ist* bereits mystisches Erleben. Als Voraussetzung nannte Steiner dort lediglich einen „guten Willen":

„Wer den Materialismus nicht überwinden kann, dem fehlt die Fähigkeit, bei sich den geschilderten Ausnahmezustand herbeizuführen, der ihm zum Bewusstsein bringt, was bei aller andern Geistestätigkeit unbewusst bleibt. Wer den guten Willen nicht hat, sich in diesen Standpunkt zu versetzen, mit dem könnte man über das Denken so wenig wie mit dem Blinden über die Farbe sprechen." (4\45)

Auch die vielleicht wichtigste Konsequenz dieser Einsicht, nämlich das Finden eines sicheren Ausgangspunktes für die Selbst- und Welterkenntnis, wird in der *Philosophie der Freiheit* klar formuliert:

„Für jeden aber, der die Fähigkeit hat, das Denken zu beobachten - und bei gutem Willen hat sie jeder normal organisierte Mensch -, ist diese Beobachtung die allerwichtigste, die er machen kann. Denn er beobachtet etwas, dessen Hervor-

---

[54] Für diejenigen, die eine solche „Selbsterweckung" durch das Studium der *Philosophie der Freiheit* erleben durften – und das sind nicht wenige – ist es natürlich vollkommen evident, dass der spätere Geistweg der Anthroposophie schon in dieser frühen Schrift enthalten ist. Das hatte Rudolf Steiner auch zu *Walter Johannes Stein* geantwortet auf dessen Frage, was nach Jahrtausenden von seinem ganzen Werk übrig bleiben werde: „Nichts, als die ‚Philosophie der Freiheit', aber in ihr ist alles andere enthalten." (Zitiert nach Walter Johannes Stein: *Das Haager Gespräch*. In: Thomas Meyer Hrsg. *W.J. Stein, Rudolf Steiner - Dokumentation eines wegweisenden Zusammenwirkens*. Philosophisch-Anthroposophischer Verlag am Goetheanum, Dornach 1985.)

bringer er selbst ist; er sieht sich nicht einem zunächst fremden Gegenstande, sondern seiner eigenen Tätigkeit gegenüber. Er weiß, wie das zustande kommt, was er beobachtet. Er durchschaut die Verhältnisse und Beziehungen. Es ist ein fester Punkt gewonnen, von dem aus man mit begründeter Hoffnung nach der Erklärung der übrigen Welterscheinungen suchen kann." (4\46)

In der *Mystik* wird dann die Erfahrung der inneren Selbstanschauung des Denkens als existentielle „Grundlage des Innenlebens" charakterisiert. Es ist diese (mystische) Erfahrung, die der Mensch sucht und zu der er durch sein Leben getrieben wird. Denn alles, was äußerlich ist, was ihm als Gegenständliches gegenübertritt, kann ihn letztlich nicht wahrhaft befriedigen. Es vergeht, auch wenn er noch so sehr daran festhält. Indem es vergeht, so fürchtet er, vergehe er selbst. Denn das Ego definiert sich anhand des Äußeren, weil es sich zunächst (nur) daran erlebt. Ich existiere, weil ich ein Haus, eine Auto, einen Leib, meine Gefühle, meine Gedanken habe. Doch Haben ist nicht Sein. Wer aufhört, sich am Äußeren festzuhalten, wer in diesem Sinne stirbt, der aufersteht im Sein. In ihm wird der neue Sinn für den Geist erweckt. Er beginnt zu verstehen, dass alles fließt, dass er aber in diesem Fluss nicht vergeht, sondern darin besteht, ja, dass er mit diesem Fluss eines ist. Er wird *erweckt*. Er fühlt die Welt durch sich hindurchpulsieren und wird zum Zuschauer dieses immerwährenden Lebens. Es wird hell um ihn und leicht. Der Wandel der Welt kann ihm nichts mehr anhaben, denn er sucht den Grund seines Seins nicht mehr in ihr, sondern hat ihn in sich selbst gefunden. Und in diesem neu errungenen Leben löst sich die Widersprüchlichkeit zwischen Selbst und Welt: „Jeden Missklang zwischen sich und einem anderen fühlt er als Ergebnis eines noch nicht völlig erwachten Selbst" (7\37).

* * *

Durch die Erweckung des neuen Sinns können auch die Dinge auf eine neue Art wahrgenommen, mit dem inneren Licht beleuchtet werden.

„In unserer Erkenntnis verbinden wir das Wesen der Dinge mit unserem eigenen Wesen. ... Ein Ding, das mir gegenübersteht, ist nicht mehr getrennt von mir, wenn ich es erkannt habe. ... Erwecke ich mein eigenes Selbst, nehme ich den Inhalt meines Innern wahr, dann erwecke ich auch zu einem höheren Dasein, was ich von außen in mein Wesen eingegliedert habe. Das Licht, das auf mich selbst fällt bei meiner Erweckung, fällt auch auf das, was ich von den Dingen der Welt mir angeeignet habe. Ein Licht blitzt in mir auf und beleuchtet mich, und mit mir alles, was ich von der Welt erkenne." (7\21)

Das „höchste Geistige muss in mir erst durch den inneren Sinn erweckt werden. Und dieses erweckte Geistige in mir ist zugleich ein und dasselbe mit dem Geistigen in allen Dingen." (7\45)

Die Gedanken über die Dinge geben mir, sobald sie intuitiv erlebt werden, die konkrete Geistseite der Welt. Von hier aus eröffnet sich eine „unendliche Perspektive":

„Wer den Weg der inneren Erfahrung betritt, in dem erlangen die Dinge eine Wiedergeburt; und das, was an ihnen für die äußere Erfahrung unbekannt bleibt, das leuchtet dann auf. So klärt das Innere des Menschen sich nicht nur über sich selbst, sondern es klärt auch über die äußeren Dinge auf. Von diesem Punkte aus öffnet sich eine unendliche Perspektive für die menschliche Erkenntnis. Im Innern leuchtet ein Licht, das seine Leuchtkraft nicht nur auf dieses Innere beschränkt. Es ist eine Sonne, die zugleich *alle* Wirklichkeit beleuchtet. Es tritt in uns etwas auf, was uns mit der ganzen Welt verbindet. Wir sind nicht mehr bloß der einzelne zufällige Mensch.... In uns offenbart sich die ganze Welt. Sie enthüllt uns ihren eigenen Zusammenhang; und sie enthüllt uns, wie wir selbst als Individuum mit ihr zusammenhängen. Aus der Selbsterkenntnis heraus wird die Welterkenntnis geboren. Und unser eigenes beschränktes Individuum stellt sich geistig in den großen Weltzusammenhang hinein, weil in ihm etwas auflebt, was übergreifend ist über dieses Individuum, was alles das mitumfasst, dessen Glied dieses Individuum ist." (7\26)

Im Sonnenglanz der Intuition wird aus der Selbsterkenntnis Welterkenntnis geboren. Ganz ähnlich hatte es auch schon in den *Grundlinien* geklungen:

„Das, was der Geist aus den Erscheinungen herauslesen kann, ist die höchste Form des Inhaltes, den er überhaupt gewinnen kann. Reflektiert er dann auf sich selbst, so muss er sich als die unmittelbare Manifestation dieser höchsten Form, als den Träger derselben selbst erkennen. Was der Geist als Einheit in der vielgestaltigen Wirklichkeit findet, das muss er in seiner Einzelheit als unmittelbares Dasein finden. Was er der Besonderheit als Allgemeines gegenüberstellt, das muss er seinem Individuum als dessen Wesen selbst zuerkennen." (2\121)

In *Goethes Weltanschauung*:

„Lebt man sich in [die] Wesenheit [der Naturgesetzlichkeit] ein, so empfindet man sie als Kraft, die man auch selbst in seinem Innern betätigt; man empfindet sich als produktiv mitwirkendes Element beim Werden und Wesen der Dinge. Man ist Du und Du mit aller Werdekraft. Man hat in sein eigenes Tun das aufgenommen, was man sonst nur als äußeren Antrieb empfindet. Dies ist der Befreiungsprozess, den im Sinne der Goetheschen Weltanschauung der Erkenntnisakt bewirkt." (6\84)

Und in der *Philosophie der Freiheit*:

„Jeder Mensch umspannt mit seinem Denken nur einen Teil der gesamten Ideenwelt, und insofern unterscheiden sich die Individuen auch durch den tatsächlichen Inhalt ihres Denkens. Aber diese Inhalte sind in einem in sich geschlossenen Ganzen, das die Denkinhalte aller Menschen umfasst. Das gemeinsame Urwesen, das alle Menschen durchdringt, ergreift somit der Mensch in seinem Denken. Das mit dem Gedankeninhalt erfüllte Leben in der Wirklichkeit ist zugleich das Leben in Gott." (4\250)

Die Korrespondenz zwischen den Inhalten der philosophischen Schriften und der *Mystik* zieht sich durch. In der *Mystik* bezeichnet Steiner das geistige Aufleuchten der Welt im Ich als die „*Urtatsache des Innenlebens*" (7\28). Auch in der *Philosophie der Freiheit* hatte er darauf hingewiesen:

„Es ist also zweifellos: in dem Denken halten wir das Weltgeschehen an einem Zipfel, wo wir dabei sein müssen, wenn etwas zustandekommen soll. ... Das ist gerade der Grund, warum mir die Dinge so rätselhaft gegenüberstehen: dass ich an ihrem Zustandekommen so unbeteiligt bin. Ich finde sie einfach vor; beim Denken aber weiß ich, wie es gemacht wird. Daher gibt es keinen ursprünglicheren Ausgangspunkt für das Betrachten alles Weltgeschehens als das Denken." (4\49)

In einer bemerkenswerten Formulierung, die er von dem jung verstorbenen und von ihm verehrten Philosophen *Paul Asmus*[55] übernimmt, erläutert Steiner in der *Mystik* das Verhältnis des Denkens zur Welt:

„Die Tätigkeit, uns in ein anderes zu versenken, nennen wir ‚Denken'; im Denken hat das Ich seinen Begriff erfüllt, es hat sich als einzelnes selbst aufgegeben; deshalb befinden wir uns denkend in einer für alle gleichen Sphäre, denn das Prinzip der Besonderung, das da in dem Verhältnis unseres Ich zu dem ihm Anderen liegt, ist verschwunden in der Tätigkeit der Selbstaufhebung des einzelnen Ich, es ist da nur *die allen gemeinsame Ichheit*." (7\30)

In allen Menschen leuchtet ein gemeinsames Licht, das „gemeinsame Urwesen, das alle Menschen durchdringt". Das beschränkte Ego erweitert sich zum „All-Ich":

„Das Verständnis für die Aufhebung des Individuellen, des einzelnen Ich zum All-Ich in der Persönlichkeit betrachten tiefere Naturen als das im Innern des Menschen sich offenbarende Geheimnis, als das Ur-Mysterium des Lebens. Auch dafür hat Goethe einen treffenden Ausspruch gefunden: ‚Und so lang du das nicht hast, dieses: Stirb' und Werde! Bist du nur ein trüber Gast auf der dunklen Erde'." (7\34)

Da ist wieder das Stirb-und-werde-Motiv, das Steiner zum ersten Mal 1899 bei der Besprechung von Goethes

---

[55] Vgl. Rudolf Steiner: *Vorrede zu den nachgelassenen Papieren von Paul Asmus'*. In: *Lucifer - Gnosis. Grundlegende Aufsätze zur Anthroposophie 1903-1908*. GA 34. Dornach 1987, S. 488 ff. Sowie: *Charakteristik von Paul Asmus' Weltanschauung*. ebd. S. 493 ff.

Märchen erwähnte. Nicht in abstrakter Weise will er über den Geist reden, sondern das Göttliche im Menschen erwecken:

„Nennt man das Höchste, das dem Menschen erreichbar ist, das Göttliche, dann muss man sagen, dass dieses Göttliche nicht als ein Äußeres vorhanden ist, um bildlich im Menschengeiste wiederholt zu werden, sondern dass dieses Göttliche im Menschen *erweckt* wird." (7\34)

Zusammenfassend schreibt Steiner:

„Als geistiger Inhalt kommt der innerste Kern der Welt in der Selbsterkenntnis zum Leben. Das Erleben der Selbsterkenntnis bedeutet für den Menschen Weben und Wirken innerhalb des Weltenkernes." (7\35)

So, wie schon in den *Einleitungen*:

„Wir gelangen, indem wir uns der Idee bemächtigen, in den Kern der Welt. Was wir hier erfassen, ist dasjenige, aus dem alles hervorgeht. Wir werden mit diesem Prinzipe eine Einheit; deshalb erscheint uns die Idee, die das Objektivste ist, zugleich als das Subjektivste." (1\163)

Diese Erkenntnis soll nicht bloß Erkenntnis bleiben, sondern „zum Leben" kommen. Ein Entwicklungsweg deutet sich an:

„Der Mensch wäre nicht Mensch, wenn er nicht abgeschlossen wäre als Ich von allem anderen; aber er wäre auch nicht im höchsten Sinne Mensch, wenn er nicht als solch abgeschlossenes Ich aus sich heraus wieder sich zum All-Ich erweiterte. Es gehört durchaus zum menschlichen Wesen, dass es einen ursprünglich in ihm gelegenen Widerspruch überwinde." (7\37)

Dieses Entwicklungsmotiv wird Rudolf Steiner in seiner nächsten Schrift, *Das Christentum als mystische Tatsache*, aufgreifen und in seinem tieferen Gehalt darstellen.

* * *

Anhand der Besprechung einiger Mystiker vertieft Steiner die in der Einleitung der *Mystik*-Schrift besprochenen Motive. Es seien hier noch einige Beschreibungen der

Intuition als „Erfahrung des inneren Sinnes" zusammengestellt, z.B. von Meister Eckhart:

„‚Einfältige Leute wähnen, sie sollen Gott ansehen, als stünde er dort und sie hier. So ist es nicht. Gott und ich sind eins im Erkennen'. Es liegt solchen Bekenntnissen bei Eckhart nichts anderes zugrunde, als die Erfahrung des inneren Sinnes. Und diese Erfahrung zeigt ihm die Dinge in einem höheren Lichte." (7\41)

„‚Das Auge, durch das ich Gott sehe, das ist das gleiche Auge, mit dem Gott mich sieht. Mein Auge und Gottes Auge das ist ein Auge und ein Sehen und ein Erkennen und ein Empfinden'." (7\55)

Das ist inhaltlich sehr ähnlich zu der Formulierung aus der *Philosophie der Freiheit*: „Intuition ist das im rein Geistigen verlaufende bewusste Erleben eines rein geistigen Inhalts" (4\146). – Ebenfalls von Meister Eckhart stammt das folgende schöne Bild:

„‚Ich nimm ein Becken mit Wasser und lege darin einen Spiegel und setze es unter das Rad der Sonne. Die Sonne wirft aus ihren lichten Schein in den Spiegel und vergeht doch nicht. Das Widerspiegeln des Spiegels in der Sonne ist Sonne in der Sonne, und der Spiegel ist doch, das er ist. Also ist es um Gott. Gott ist in der Seele mit seiner Natur und in seinem Wesen und seiner Gottheit, und er ist doch nicht die Seele. Das Widerspiegeln der Seele in Gott ist Gott in Gott, und die Seele ist doch, das sie ist'." (7\49)

Dazwischen hat Rudolf Steiner immer wieder Kommentare eingefügt, z.B.:

„Dem Menschen leuchtet in seinem Ich das höchste Licht. Aber dieses Licht gibt seiner Vorstellungswelt nur den rechten Widerschein, wenn er gewahr wird, dass es nicht sein Selbstlicht ist, sondern das allgemeine Weltlicht. Es gibt daher keine wichtigere Erkenntnis als die Selbsterkenntnis; und es gibt zugleich keine, die so vollkommen über sich selbst hinausführt. Wenn das ‚Ich' sich recht erkennt, so ist es schon kein ‚Ich' mehr." (7\71)

Das ist wiederum eine neue Beschreibung die Intuition. – Schließlich sei noch ein Hinweis zitiert, der sich auf das

Verhältnis der intuitiven Erkenntnis zu den Dingen der Welt bezieht.

„Die sinnliche Wahrnehmung schaltet alles Nichtsinnliche von den Dingen aus. Die Dinge werden durch sie alles dessen entkleidet, was an ihnen nicht-sinnlich ist. Schreite ich dann zu dem geistigen, dem ideellen Inhalt fort, so stelle ich nur dasjenige wieder her, was die sinnliche Wahrnehmung an den Dingen ausgelöscht hat. Somit zeigt mir die sinnliche Wahrnehmung nicht das tiefste Wesen der Dinge; sie trennt mich vielmehr von diesem Wesen. Die geistige, ideelle Erfassung verbindet mich aber wieder mit diesem Wesen. Sie zeigt mir, *dass die Dinge in ihrem Innern genau von demselben geistigen Wesen sind, wie ich selbst* [kursiv CH]. Die Grenze zwischen mir und der Außenwelt fällt durch die geistige Erfassung der Welt dahin. Ich bin von der Außenwelt getrennt, insofern ich ein sinnliches Ding unter sinnlichen Dingen bin. Mein Auge und die Farbe sind zwei verschiedene Wesenheiten. Mein Gehirn und die Pflanze sind zweierlei. Aber der ideelle Inhalt der Pflanze und der Farbe gehören mit dem ideellen Inhalt meines Gehirns und des Auges einer einheitlichen ideellen Wesenheit an." (7\43)

In der *Philosophie der Freiheit* hatte es ähnlich bzw. entsprechend geheißen:

„Was uns in der Beobachtung an Einzelheiten gegenübertritt, das verbindet sich durch die zusammenhängende, einheitliche Welt unserer Intuitionen Glied für Glied; und wir fügen durch das Denken alles wieder in eins zusammen, was wir durch das Wahrnehmen getrennt haben." (4\96)

* * *

In dem Abschnitt über den Kardinal *Nicolaus von Kues* erläutert Rudolf Steiner noch einmal den Zusammenhang zwischen der erweckten Selbsterkenntnis und der geistigen Welt-erkenntnis. Oben hatte es ja geheißen: „Ein Licht blitzt in mir auf und beleuchtet mich, und mit mir alles, was ich von der Welt erkenne" (7\21). Aber warum beleuchtet dieses Licht auch die Welt? Wegen ihrer methodischen Bedeutung bespreche ich diese Stelle hier ausführlicher.

„Der Mensch lebt zunächst als einzelnes (individuelles) Wesen unter anderen einzelnen Wesen. Zu den Wirkungen, welche die anderen Wesen aufeinander ausüben, kommt bei ihm noch das (niedere) Erkennen. Er erhält durch seine Sinne Eindrücke von den anderen Wesen und verarbeitet diese Eindrücke mit seinen geistigen Kräften." (7\89)

Damit ist das gewöhnliche Bewusstsein beschrieben. Innerhalb dieses Bewusstseins entwickelt der Mensch auch sein gewöhnliches Selbstbewusstsein:

„Er lenkt den geistigen Blick von den äußeren Dingen ab und sieht sich selbst, seine eigene Tätigkeit an. Daraus geht ihm die Selbsterkenntnis hervor. Solange er auf dieser Stufe der Selbsterkenntnis bleibt, schaut er sich noch nicht, im wahren Sinn des Wortes, selbst an. Er kann noch immer glauben, in ihm sei irgendeine verborgene Wesenheit tätig, deren Äußerungen, Wirkungen das nur seien, was ihm als *seine* Tätigkeit erscheint." (7\89)

Wir sind in diesem Fall, wenn wir zwar bemerken, dass wir denken, aber unser Denken z.B. dem Gehirn zuschreiben.

„Nun kann aber der Punkt kommen, wo dem Menschen durch eine unwiderlegliche innere Erfahrung klar wird, dass er in dem, was er in seinem Inneren wahrnimmt, erlebt, nicht die Äußerung, die Wirkung einer verborgenen Kraft oder Wesenheit, sondern diese Wesenheit selbst in ihrer ureigensten Gestalt hat." (7\90)

Das ist eben die produktive Selbsterkenntnis, in der wir „in unserem Selbst als Tätige, Schaffende das selbst weben, was wir in uns beobachten." (7\18) Denn, so hatte es schon in *Wahrheit und Wissenschaft* geheißen, „was ich hervorbringe, dem *erteile* ich seine Bestimmungen; ich brauche also nach ihrer Berechtigung nicht erst zu fragen" (3\57). Ich schaffe mich also als Wesen selbst, bringe mich hervor, und schaue mich dadurch in meiner „ureigensten Gestalt" selbst an.

„Er darf sich dann sagen, alle anderen Dinge finde ich in einer gewissen Weise fertig vor; und ich, der ich außer ihnen stehe, füge zu ihnen hinzu, was der Geist über sie zu sagen hat. Was ich so aber selbst zu den Dingen in mir hinzu schaffe, darin lebe ich selbst, das bin ich; das ist mein eigenes Wesen." (7\90)

Im Erkennen der Welterscheinungen bin ich genauso produktiv tätig wie im Erkennen meines Selbst. Ich bringe ihre Begriffe, ihr Wesen, aus demselben Zentrum hervor, aus dem ich auch das Bewusstsein meines Ich erzeuge. Im Quellpunkt dieser hervorbringenden Tätigkeit bin ich deshalb mit den Dingen geistig eins.

„Was aber spricht da auf dem Grunde meines Geistes? Es spricht das Wissen, das ich mir über die Dinge der Welt erworben habe. Aber in diesem Wissen spricht nicht mehr irgendeine Wirkung, eine Äußerung; es spricht etwas, was nichts zurückbehält von dem, was es in sich hat. Es spricht in *diesem* Wissen die Welt in aller ihrer Unmittelbarkeit." (7\90)

Wenn ich also das Wissen über die Dinge in derselben Art produktiv hervorbringe wie mein eigenes Selbst, dann spricht die Welt in mir, durch mich in derselben Unmittelbarkeit, wie ich selbst in der produktiven Selbsterkenntnis. Dies ist der zentrale methodische Gesichtspunkt der Anthroposophie.

„Dieses Wissen habe ich aber von den Dingen und von mir selbst, als einem Dinge unter Dingen, erworben. Aus meinem eigenen Wesen spreche ich selbst, und es sprechen die Dinge. Ich spreche also, in Wahrheit, gar nicht mehr bloß mein Wesen aus; ich spreche das Wesen der Dinge aus. Mein ‚Ich' ist die Form, das Organ, in dem sich die Dinge über sich selbst aussprechen. Ich habe die Erfahrung gewonnen, dass ich in mir meine eigene Wesenheit erlebe; und diese Erfahrung erweitert sich mir zu der anderen, dass sich in mir und durch mich die All-Wesenheit selbst ausspricht, oder, mit anderen Worten, erkennt. Ich kann mich nun nicht mehr als ein Ding unter Dingen fühlen; ich kann mich nur mehr als eine Form fühlen, in der das All-Wesen sich auslebt."[56] (7\90)

---

[56] Man kann sich bei dieser Beschreibung an die Abschiedsreden Jesu aus dem *Johannesevangelium* (Joh. 14:1-14) erinnert fühlen, wo es heißt: „Wer mich gesehen hat, der hat auch den Vater gesehen. Der Vater, der in mir lebt, vollbringt durch mich seine Werke."

Schließlich bespricht Rudolf Steiner noch das Zusammenspiel des gewöhnlichen Wissens mit dem höheren Schauen.

„Es ist daher nur natürlich, dass ein und derselbe Mensch zwei Arten von Erkenntnis hat. Er ist, den sinnlichen Tatsachen nach, ein Ding unter Dingen, und, insofern er ein solches ist, erwirbt er sich ein Wissen von diesen Dingen; er kann aber in jedem Augenblicke die höhere Erfahrung machen, dass er die Form ist, in der sich das All-Wesen anschaut. Dann verwandelt er sich selbst, von einem Ding unter Dingen, zu einer Form des All-Wesens - und mit ihm verwandelt sich das Wissen von den Dingen zum Aussprechen des Wesens der Dinge. Diese Verwandlung kann aber tatsächlich nur durch den Menschen selbst vollzogen werden. Das, was in der höheren Erkenntnis vermittelt wird, ist noch nicht da, solange diese höhere Erkenntnis selbst noch nicht da ist. Erst im Schaffen dieser höheren Erkenntnis wird der Mensch wesenhaft; und erst durch des Menschen höhere Erkenntnis bringen auch die Dinge ihr Wesen zum tatsächlichen Dasein. ... Aus der Tatsache, dass der Mensch, seinem sinnlichen Leben nach, ein Ding unter Dingen ist, und dass er zur höheren Erkenntnis nur gelangt, wenn er mit sich als Sinneswesen die Verwandlung zum höheren Wesen selbst vollzieht, folgt, dass er niemals die eine Erkenntnis durch die andere ersetzen kann. Sein geistiges Leben besteht vielmehr in einem fortwährenden Hin- und Herbewegen zwischen beiden Polen der Erkenntnis, zwischen dem *Wissen* und dem *Schauen*. Schließt er sich von dem Schauen ab, so verzichtet er auf das Wesen der Dinge; wollte er sich von dem sinnlichen Erkennen abschließen, so entzöge er sich die Dinge, deren Wesen er erkennen will. - Es sind dieselben Dinge, die sich dem niederen Erkennen und dem höheren Schauen offenbaren; nur das eine Mal ihrer äußeren Erscheinung nach; das andere Mal ihrer inneren Wesenheit nach." (7\91)

Alle Dinge und Tatsachen der Welt sind von einem in sich zusammenhängenden Lichtmeer weisheitsvoll-schöpferischen Geistes durchdrungen; für die Sinne als Einzelheiten sichtbar geworden schwimmen sie wie Eisgebilde in einer in sich differenzierten göttlichen Substanz, aus der sie bestehen, hervorgehen und in die sie sich wieder auflösen. Ein Tropfen aus dieser Substanz funkelt im Menschen als „Ich", aber der Mensch würdigt das Ich nicht recht als einen Teil des Göttlichen, weil er sich zunächst in der Sinneswelt des Leibes vereinzelt; womit ihm auch die Welt in sinnlose, stumm-tote Einzelheiten zerfällt. Aber er kann – und wird, angetrieben von seinem Schicksal – das Leuchten in sich wiederentdecken und von dort aus wiederum das geistige Fluidum, das ihn mit allen Dingen verbindet, zunächst empfinden und dann immer differenzierter schauen lernen.

Die große Meditation der Anthroposophie ist das Bild von Punkt und Umkreis. Der Ich-Punkt des Menschen steht dem Welt-Kreis gegenüber: da findet er sich, um den Preis der Vereinzelung. In Wahrheit ist das Ich von der Welt aber gar nicht getrennt, es ist nicht nur Punkt, sondern auch Kreis, aber es weiß nichts davon und kann zunächst auch nichts davon wissen, wenn es überhaupt Punkt werden und sein will. Das ist der Weg der Ichwerdung, Absonderung aus der Welteinheit, ein Todesprozess. Die Auferstehung, die Wiedergeburt kann das Ich finden, wenn es in sich selbst die Substanz gewahr wird, aus der es besteht und dann bemerkt, dass diese Substanz in aller Welt zu finden ist; wenn es bemerkt, dass es auf eine geistige Weise nicht außerhalb, sondern *in* dem Wesen der Dinge lebt, wenn es sich bewusst im Weltumkreis wiederfinden kann.

Von hier aus kann sich dann nur noch die Frage stellen: Wie?

DAS CHRISTENTUM ALS MYSTISCHE TATSACHE (1902) – DER WEG ZUR INTUITION (VON DER EINWEIHUNG)

In diesem Kapitel schildern wir, wie Rudolf Steiner seine Darstellungen zur Intuition auf reale geschichtliche Einweihungsvorgänge erweiterte. Die Einweihung in vorchristlichen Mysterienstätten war ein Vorgang, durch den das höhere Selbst geboren wurde. Besonders der erste und der vierte Aspekt der Intuition: dass im Menschen das in der Welt wirksame Geistige erscheint, und dass er der Träger des weltschöpferischen Geistigen ist, werden thematisiert.

In *Das Christentum als mystische Tatsache*[57] schildert Rudolf Steiner die historischen Tatsachen der vorchristlichen Mysterien und des Christentums als Einweihungsvorgänge. Er beschreibt den Weg, durch den der „Myste" zur geistigen Erfahrung gebracht wurde, interpretiert antike Mythologien als bildhafte Darstellungen der Initiation und schildert die Inhalte der Evangelien aus dieser Perspektive. Das mikrokosmische Erlebnis von Tod und Auferstehung des Ich, von welchem schon in der *Mystik* die Rede war, entspreche dem makrokosmischen Ereignis von Golgatha. In dieser Erfahrung liege die Möglichkeit eines bewussten Zugangs zum christlichen Mysterium. Denn wenn

„der christliche Myste dieses Erlebnis durch Initiation durchmacht, dann schaut er zugleich das geschichtliche Ereignis auf Golgatha ... Die Initiation gibt den christlichen Mysten die Möglichkeit, sich dieses Inhaltes des ,Mysteriums von Golga-

---

[57] *Das Christentum als mystische Tatsache und die Mysterien des Altertums.* GA 8. Dornach 1989.

tha' bewusst zu werden, während der Glaube den Menschen unbewusst teilhaftig werden lässt der mystischen Strömung." (8\109)

In der *Mystik* hatte Rudolf Steiner vom Stirb-und-Werde als dem „Ur-Mysterium des Lebens" gesprochen. Im *Christentum* schildert er nun genauer, was zu dieser Erfahrung notwendig ist. Da stellt sich zunächst die Frage: Warum wird das geistige Erleben, die Intuition, im gewöhnlichen Bewusstsein so wenig erfahren? Die Antwort lautet: Weil man zu sehr an der Sinneswelt hängt:

„Die Welt, die den Menschen umgibt, ist zunächst seine *wirkliche*. Er tastet, hört und sieht ihre Vorgänge. Er nennt diese deshalb, weil er sie mit seinen Sinnen wahrnimmt, wirklich. ... Was dagegen in seiner Seele aufsteigt, ist ihm zuerst nicht in demselben Sinne Wirklichkeit. Es sind das eben ‚bloße' Gedanken und Ideen." (8\20)

„Wer allein dem Sinnlichen gegenüber mit *lebendigen* Empfindungen und Gefühlen dasteht, der sieht in dem Höheren eine Fata Morgana, ein ‚bloßes' Phantasiegebilde. Seine Gefühle sind eben nur auf das Sinnliche hingeordnet. Er greift ins Leere, wenn er die Geistesgebilde fassen will. Sie ziehen sich vor ihm zurück, wenn er nach ihnen tasten will. Sie sind eben ‚bloße' Gedanken. Er denkt sie; er *lebt* nicht in ihnen." (8\22)

Deshalb musste der einzuweihende Myste seine Haltung gegenüber dem Leben und der Welt verändern.

„Er sollte eine höhere Welt schauen. Zu ihr konnte er ohne vorherige Übungen und Prüfungen kein Verhältnis gewinnen. ... Plutarch spricht von dem Schrecken der Einzuweihenden und vergleicht den Zustand derselben mit der Vorbereitung zum Tode. Eine besondere Lebensweise musste den Einweihungen vorangehen. Sie war dazu angetan, die Sinnlichkeit in die Gewalt des Geistes zu bringen. ... Woran der Mensch im gewöhnlichen Leben hängt, sollte allen Wert für ihn verlieren. Die ganze Richtung seines Empfindungs- und Gefühlslebens musste eine andere werden." (8\20)

Denn es kommt auf die Empfindungen und Gefühle an, mit denen man an die geistige Weisheit herantritt:

„Eine Gottheit trete dir entgegen! Sie ist entweder nichts oder alles. Nichts ist sie, wenn du ihr entgegentrittst in der Stimmung, in der du den Dingen des Alltags begegnest. Sie ist alles, wenn du für sie vorbereitet, gestimmt bist." (8\27)

Es handelt sich dabei um einen wirklichen Vorgang:

„Nicht die bloße *Überzeugung* von der Ewigkeit des Lebenskernes wollen die Mysten gewinnen. Nach der Auffassung der Mysterien wäre eine solche Überzeugung ohne allen Wert. Denn nach solcher Auffassung ist in dem Nicht-Mysten das Ewige gar nicht lebendig vorhanden. Spräche er von einem Ewigen, so spräche er von einem Nichts. Es ist vielmehr dieses Ewige selbst, was die Mysten suchen. Sie müssen in sich das Ewige erst erwecken; dann können sie davon sprechen." (8\24)

Das ist in einer umfassenderen Weise existentiell als die Selbsterkenntnis, von der es in der *Mystik* hieß: „Die Wahrnehmung seiner selbst ist also zugleich *Erweckung* seines Selbst" (7\20) – und es ist doch dasselbe, nur tiefer erfasst. Hat nun jemand diesen Weg durchlaufen, so

„steht eine andere, eine völlig verwandelte Persönlichkeit vor uns. Eine Persönlichkeit, die nicht Worte findet, die erhaben genug sind, um auszudrücken, wie bedeutungsvoll das Erlebte für sie gewesen ist. Sie erscheint sich nicht bildlich bloß, sondern im Sinne höchster Wirklichkeit wie durch den Tod hindurchgegangen und zu neuem höheren Leben erwacht. Und sie ist klar darüber, dass niemand ihre Worte recht verstehen kann, der nicht ein Gleiches erlebt hat." (8\18)

Auch in der *Mystik* hatte Rudolf Steiner aber schon angedeutet:

„Wem dieser Sinn sich nicht geöffnet hat, der ... hört nur Worte, im besten Falle abstrakte Gedanken bei dem, was für tiefer Blickende die Grundlage ihres Innenlebens ist..." (7\18).

Bei der Besprechung der ägyptischen Mysterien schildert Steiner die Einweihungserfahrung ausführlicher.

„Wenn wir in die Initiationstempel blicken könnten, in denen die Menschen der Osiris-Verwandlung unterzogen wurden, so würden wir sehen, dass die Vorgänge ein Welt-Werden mikrokosmisch darstellen. Der vom ‚Vater' stammende

Mensch sollte in sich den Sohn gebären. Was er in Wirklichkeit in sich trägt, den verzauberten Gott, das sollte in ihm offenbar werden. Durch die Gewalt der irdischen Natur wird dieser Gott in ihm niedergehalten. Diese niedere Natur muss erst zu Grabe getragen werden, damit die höhere Natur auferstehen könne. ... Der Mensch wurde geheimnisvollen Prozeduren unterworfen. Sein Irdisches wurde dadurch getötet, sein Höheres erweckt. ... Der Sinn liegt in dem Bekenntnis, das jeder ablegen konnte, der durch die Initiation gegangen ist. Er konnte sagen: ‚Mir schwebte vor die unendliche Perspektive, an deren Ende die Vollkommenheit des Göttlichen liegt. Ich habe gefühlt, dass die Kraft dieses Göttlichen in mir liegt. Ich habe zu Grabe getragen, was in mir diese Kraft niederhält. Ich bin abgestorben dem Irdischen. Ich war tot. ... Ich habe mit den Toten verkehrt, das heißt mit denen, die schon eingefügt sind in den Ring der ewigen Weltordnung. Ich bin nach meinem Verweilen in der Unterwelt auferstanden von den Toten. Ich habe den Tod überwunden, aber nun bin ich ein anderer geworden. Ich habe nichts mehr zu tun mit der vergänglichen Natur. Diese ist bei mir durchtränkt von dem Logos. Ich gehöre nun zu denen, die ewig leben und die sitzen werden zur Rechten des Osiris. Ich werde selbst ein wahrer Osiris sein, vereinigt mit der ewigen Weltordnung, und das Urteil über Tod und Leben wird in meine Hand gegeben sein.' Dem Erlebnis musste sich der Einzuweihende unterziehen, das ihn zu solchem Bekenntnis führen konnte. Es ist ein Erlebnis höchster Art, was so an den Menschen herantrat." (8\100)

Man kann sagen, dass sich diese Darstellung wie eine vertiefende Metamorphose aus den erkenntnistheoretischen Schriften Rudolf Steiners ergibt. Im Rückblick auf die philosophischen Untersuchungen zeigt sich, dass die *Mystik* und das *Christentum* das Thema der Intuition in einer verwandelten Form und in existentieller Vertiefung wieder aufgreifen. Doch ist es dasselbe Thema.

So ist in Steiners frühen und auch späteren Schriften von etwas die Rede, das sich gleich bleibt, obwohl seine Erscheinungsformen wechseln. Man macht die erstaunliche Erfahrung, dass man am Studium der Anthroposophie erleben kann, wovon die Anthroposophie spricht:

„In dem Zusammenhang von Werden und Vergehen kann das Höchste nicht gefunden werden. Es kann nur gesucht werden in dem, was wahrhaft bleibend ist, was *zurückschaut auf das Vergangene und vorschaut auf das Zukünftige* [kursiv CH]. Es ist eine höhere Erkenntnisstufe: dieses Rück- und Vorschauende zu finden. Es ist der Geist, der sich in und an dem Sinnlichen offenbart. Er hat nichts zu tun mit dem sinnlichen Werden. Er entsteht nicht und vergeht nicht in derselben Art wie die Sinneserscheinungen. Wer allein in der Sinnenwelt lebt, hat diesen Geist als verborgenen in sich; wer die Scheinhaftigkeit der Sinnenwelt durchschaut, hat ihn als offenbare Wirklichkeit in sich." (8\29)

* * *

Wir hatten es oben (vgl. S. 45) als den ersten der vier Aspekte der Intuition bezeichnet, dass das intuitiv zu Erfassende als schöpferisches Prinzip in der Welt wirksam ist. Entsprechend schreibt Rudolf Steiner nun in *Das Christentum*:

„Der Mensch fühlt, dass in ihm etwas aufleuchtet, was alles geschaffen, mit Einschluss seiner selbst; und er fühlt, dass dieses Etwas das sein wird, was ihn zu höherem Schaffen beflügeln wird." (8\31)

In den *Einleitungen* hatte er geschrieben:

„Wir gelangen, indem wir uns der Idee bemächtigen, in den Kern der Welt. Was wir hier erfassen, ist dasjenige, *aus dem alles hervorgeht* [kursiv CH]. Wir werden mit diesem Prinzipe eine Einheit; deshalb erscheint uns die Idee, die das Objektivste ist, zugleich als das Subjektivste." (1\163)

In *Goethes Weltanschauung*:

„Die Naturkräfte [sind] nichts anderes als Formen desselben Geistes, der auch in ihm selbst wirkt" (6\84).

Nun formuliert Rudolf Steiner diesen Sachverhalt in religiöser Sprache:

„Gott ist in der Welt verzaubert. Und du brauchst seine eigene Kraft, um ihn zu finden. Diese Kraft musst du in dir erwecken. ... Gott hat sich selbst in unendlicher Liebe hingegeben; er hat sich ausgegossen; er hat sich in die Mannigfaltigkeit der

Naturdinge zerstückelt; sie leben, und er lebt nicht in ihnen. Er ruht in ihnen. Er lebt im Menschen. Und der Mensch kann das Leben des Gottes in sich erfahren. Soll er ihn in die Erkenntnis kommen lassen, muss er diese Erkenntnis schaffend erlösen." (8\36)

Auch in den *Grundlinien* hatte es schon geheißen:

„*Die* Überzeugung sollte alle Wissenschaften durchdringen, dass ihr Inhalt lediglich Gedankeninhalt ist und dass sie mit der Wahrnehmung in keiner anderen Verbindung stehen, als dass sie *im Wahrnehmungsobjekte eine besondere Form des Begriffes sehen* [kursiv CH]." (2/68)

In der Sprache des *Christentums* ist das „Wahrnehmungsobjekt" der in der Welt verzauberte Gott. Das wahrgenommene Objekt als eine besondere Form des Begriffs anzusehen heißt, das Göttliche in ihm zu erkennen. Und für den Erkennenden gilt: „Du brauchst seine eigene Kraft" – die lebendig zu erlebende Idee – „um ihn [Gott in den Dingen] zu finden". Diese Kraft, die im Denken unbewusst immer vorhanden ist, „musst du in dir erwecken", indem du den Ausnahmezustand einnimmst und das Denken nicht mehr vergisst, während du es ausübst (vgl. hierzu auch Fußnote 33, S. 49). Der Mensch kann in der Intuition „das Leben des Gottes in sich erfahren". Die Einweihung besteht in einer Überwindung des Hängens an der Sinnlichkeit durch Bewusstwerdung der Geistigkeit des Erkennens: „Die Auferstehung, die Erlösung Gottes, das ist die Erkenntnis." (8\66) Allerdings:

„Nicht den Vater selbst, aber den Sohn, den in der Seele lebenden Sprossen Gottes, der gleich ist dem Vater: ihn kann der Mensch gebären." (8\67)

Der Logos, aus dem nach dem Prolog des Johannes alles hervorgegangen ist, ist Mensch geworden. In der *Mystik* und im *Christentum* und dann in seinen weiteren Schriften wird immer konkreter, was Rudolf Steiner zuvor im Blick auf Goethe und den deutschen Idealismus in erkenntnisphilosophischer Weise dargestellt hatte. Er beschreibt das Erkenntnisdrama in seiner geistigen Realität.

THEOSOPHIE (1904) – INTUITIONEN ALS WAHRNEHMUNGEN DES „HÖHEREN SINNS" UND OFFENBARUNGEN GEISTIG SCHAFFENDER URBILDER

In diesem Kapitel beschäftigen wir uns mit der intuitiven Wahrnehmung geistiger Wesenheiten. Sie sind die „schaffenden Urbilder" der physischen Dinge und Vorgänge. Sie existieren nicht neben oder außerhalb der physischen Welt, sondern erscheinen dem erweckten inneren Sinn als die geistige Seite dessen, was vorher bloß physisch wahrgenommen wurde. Außerdem zeigen wir einen Zusammenhang zwischen Rudolf Steiners philosophischen und geisteswissenschaftlichen Schriften anhand übereinstimmender Darstellungen in der Theosophie *und in* Goethes Weltanschauung.

In der *Theosophie* (1904)[58] ist der Begriff der Intuition nun eindeutig zu einer Bezeichnung für die übersinnliche Wahrnehmung, für die Offenbarung des Geistigen in der Seele geworden.

„In dem gleichen Sinne, wie die Offenbarung des Körperlichen *Empfindung* heißt, sei die Offenbarung des Geistigen *Intuition* genannt. Der einfachste Gedanke enthält schon Intuition, denn man kann ihn nicht mit Händen tasten, nicht mit Augen sehen: man muss seine Offenbarung aus dem Geiste durch das Ich empfangen." (9\51)

Diese Sätze klingen einfach, und müssen doch erschlossen werden. Sie regen dazu an, schon im „einfachsten Gedanken" das Nicht-Sinnliche aufzusuchen, das, was nur innerlich erfasst werden kann. In *Wahrheit und Wissenschaft* hatte Rudolf Steiner geschrieben:

---

[58] *Theosophie. Einführung in übersinnliche Welterkenntnis und Menschenbestimmung.* GA 9. Dornach 1978.

„Wenn man z.B. den reinen Begriff der Kausalität erfassen will, darf man sich nicht an irgend eine bestimmte Kausalität oder an die Summe aller Kausalitäten halten, sondern an den bloßen Begriff derselben. Ursachen und Wirkungen müssen wir in der Welt aufsuchen, Ursächlichkeit als Gedankenform müssen wir selbst hervorbringen, ehe wir die ersteren in der Welt finden können." (3\55)

Intuitionen sind also die selbst erzeugten, „reinen" (weil nicht aus der Sinneswelt entnommenen) Gedanken.

Dass Rudolf Steiner unter Intuition aber auch Kundgebungen einer wirklichen geistigen Welt versteht – wie er das in seiner bereits zitierten Auseinandersetzung mit Max Dessoir klarstellte (siehe oben, S. 59 f.) – wird in der *Theosophie* extra betont:

„Wie ohne das Auge keine Farbenempfindungen da wären, so ohne das höhere Denken des Geistselbst[59] keine Intuitionen. Und sowenig die Empfindung die Pflanze schafft, an der die Farbe erscheint, sowenig schafft die Intuition das Geistige, von welchem sie vielmehr nur Kunde gibt." (9\52)

„Durch die Intuitionen holt sich das Ich des Menschen, das in der Seele auflebt, die Botschaften von oben, von der Geisteswelt, wie es sich durch die Empfindungen die Botschaften aus der physischen Welt holt. Und dadurch macht es die Geisteswelt ebenso zum Eigenleben seiner Seele wie vermittels der Sinne die physische Welt. Die Seele, oder das in ihr aufleuchtende Ich, öffnet nach zwei Seiten hin seine Tore: nach der Seite des Körperlichen und nach derjenigen des Geistigen." (9\53) „Wie die Sinne durch den Seelenleib die Empfindungen, so vermittelt ihr der Geist durch das Intuitionsorgan die Intuitionen." (9\56)

---

[59] Mit „Geistselbst" ist ein Glied des menschlichen Wesens gemeint, welches die „von jeder Antipathie und Sympathie unabhängige, durch sich selbst bestehende Wahrheit" nicht nur berührt, sondern „aufgenommen und umschlossen durch das ‚Ich'" in sich trägt; „durch das letztere individualisiert und in die selbständige Wesenheit des Menschen übernommen" (7\51).

In einem Zusatz am Ende der *Theosophie* macht Rudolf Steiner allerdings eine wichtige Unterscheidung:

„Man wird in meinem Buche ‚*Wie erlangt man Erkenntnisse der höheren Welten?*‘ und in meiner ‚*Geheimwissenschaft*‘ die eigentliche Wesenheit der ‚Intuition‘ beschrieben finden. Man könnte leicht bei ungenauer Beachtung der Sache zwischen dem Gebrauche dieses Wortes in den beiden Büchern und demjenigen, der sich in diesem Buche … findet, einen Widerspruch finden. Er ist für den nicht vorhanden, der genau beachtet, dass dasjenige, was aus der geistigen Welt durch die Intuition sich in voller Wirklichkeit für die übersinnliche Erkenntnis enthüllt, sich in seiner *niedersten* Offenbarung dem Geistselbst so ankündigt wie das äußere Dasein der physischen Welt in der Empfindung." (9\199)

Man muss diese Bemerkung wohl so verstehen, dass immer noch unterschieden werden muss zwischen der Offenbarung des Geistigen in der Seele und dem Einswerden des Ich mit dem eigentlichen geistigen Wesen selbst. Dennoch besteht auch diese Offenbarung gleichsam schon aus geistiger Substanz, denn

„in dem Ich ist der Geist lebendig. … Der ein ‚Ich‘ bildende und als ‚Ich‘ lebende Geist sei ‚Geistselbst‘ genannt, weil er als ‚Ich‘ oder ‚Selbst‘ des Menschen erscheint. … Das Geistselbst ist eine Offenbarung der geistigen Welt innerhalb des Ich." (9\51)

* * *

In der *Theosophie* vergleicht Rudolf Steiner das „Intuitionsorgan", den „höheren Sinn" immer wieder mit dem Auge. Dieser Sinn könne bei jedem Menschen, „der den guten Willen dazu mitbringt", geöffnet werden (9\18):

„Denn wenn auch nicht jeder physisch Blindgeborene operiert werden kann: *jedes geistige Auge* kann geöffnet werden; und es ist nur eine Frage der Zeit, wann es geöffnet wird." (9\19)

„Aus dieser Voraussetzung heraus haben daher alle diejenigen gesprochen und geschrieben, die in sich fühlten, dass ihnen selbst das ‚innere Sinneswerkzeug‘ erwachsen sei, durch das sie das den äußeren Sinnen verborgene wahre Wesen des Menschen zu erkennen vermochten. Seit den ältesten Zeiten wird daher immer wieder und wieder von solcher ‚verborgenen Weisheit' gesprochen. - Wer etwas von ihr ergriffen hat, fühlt den Besitz ebenso sicher, wie die, welche wohlgebildete Augen haben, den Besitz der Farbenvorstellungen fühlen. Für ihn bedarf daher diese ‚verborgene Weisheit' keines ‚Beweises'. Und er weiß auch, dass sie für denjenigen keines Beweises bedürfen kann, dem sich gleich ihm der ‚höhere Sinn' erschlossen hat. Zu einem solchen kann er sprechen, wie ein Reisender über Amerika zu sprechen vermag zu denen, die zwar nicht selbst Amerika gesehen haben, die sich aber davon eine Vorstellung machen können, weil sie alles sehen würden, was er gesehen hat, wenn sich ihnen dazu die Gelegenheit böte." (9\18)

Diese Erkenntnisgewissheit erinnert an die *Grundlinien*:

„Für uns ist die Intuition ein unmittelbares Innesein, ein Eindringen in die Wahrheit, die uns alles gibt, was überhaupt in Ansehung ihrer in Betracht kommt. Sie geht ganz in dem auf, was uns in unserem intuitiven Urteile gegeben ist." (2\112)

Die Fähigkeit zur Intuition muss aber erst ausgebildet werden, wie das schon an der Schilderung des Einweihungsweges in *Das Christentum* ersichtlich wurde.

„Wie im Leibe Auge und Ohr als Wahrnehmungsorgane, als Sinne für die körperlichen Vorgänge sich entwickeln, so vermag der Mensch in sich seelische und geistige Wahrnehmungsorgane auszubilden, durch die ihm die Seelen- und die Geisteswelt erschlossen werden. ... An der Entwickelung seiner höheren Sinne muss er selbst arbeiten." (9\92)

Wie das zu geschehen hat, schildert Steiner im vierten Teil der *Theosophie* sowie in seiner Schrift *Wie erlangt man Erkenntnisse der höheren Welten?*, die wir weiter unten besprechen werden.

Wichtig erscheint noch ein weiterer Aspekt des Vergleichs von Auge und Intuitionsorgan:

„Ungefähr so wie dem operierten Blindgeborenen ergeht es dem, der in sich seine höheren Sinne ... erweckt. Mit neuen Eigenschaften, mit Vorgängen und Tatsachen, von denen die physischen Sinne nichts offenbaren, erscheint ihm die Welt.

Ihm ist klar, dass er durch diese höheren Organe nichts willkürlich zu der Wirklichkeit hinzufügt, sondern dass ihm ohne dieselben der wesentliche Teil dieser Wirklichkeit *verborgen* geblieben wäre. Die Seelen- und Geisteswelt sind nichts *neben* oder *außer* der physischen, sie sind nicht räumlich von dieser getrennt. So wie für den operierten Blindgeborenen die vorherige finstere Welt in Licht und Farben erstrahlt, so offenbaren dem seelisch und geistig *Erweckten* Dinge, die ihm vorher nur körperlich erschienen waren, ihre seelischen und geistigen Eigenschaften." (9\93)

Auch in seiner Autobiographie *Mein Lebensgang* schrieb Rudolf Steiner ähnlich, betonte aber noch stärker das geistige Wesen der Sinneswelt:

„Es ist dem menschlichen Bewusstsein das Wesenhafte der Sinneswelt nur so lange verborgen, als die Seele nur durch die Sinne wahrnimmt. Wenn *zu den Sinneswahrnehmungen die Ideen hinzuerlebt werden* [kursiv CH], dann wird die Sinnewelt in ihrer objektiven Wesenhaftigkeit von dem Bewusstsein erlebt. ... *In Wahrheit ist die Sinneswelt also geistige Welt* [kursiv CH]. Das Ziel des Erkenntnisvorganges ist das bewusste Erleben der geistigen Welt, vor deren Anblick sich alles in Geist auflöst." (28\244)

So real, wie Rudolf Steiner in der *Theosophie* von dem „neuen Sinn" spricht, so real stellt er nun auch die durch diesen Sinn wahrgenommenen Geistinhalte als wirklich und wesenhaft dar, während er sie bis dato bloß erkenntniswissenschaftlich (Schriften vor 1900), historisch (*Mystik*) und bildhaft (*Christentum*) beschrieben hatte. Da ist von einem „Geistkörper" die Rede, den sich der Mensch aus „Geistesstoffen" und „Geisteskräften" aufbauen und durch den er seine geistige Umwelt durch Intuitionen wahrnehmen könne.

„Wie nun die physische Welt dem Ich nur dadurch von sich Kunde geben kann, dass sie aus ihren Stoffen und Kräften einen Körper aufbaut, in dem die bewusste Seele leben kann und innerhalb dessen diese Organe besitzt, um das Körperliche außer sich wahrzunehmen, so baut auch die geistige Welt mit ihren Geistesstoffen und ihren Geisteskräften einen Geistkörper auf, in dem das Ich leben und durch Intuitionen das

Geistige wahrnehmen kann. (Es ist einleuchtend, dass die Ausdrücke Geiststoff, *Geistkörper* dem Wortsinne nach einen Widerspruch enthalten. Sie sollen nur gebraucht werden, um den Gedanken auf dasjenige hinzulenken, was im Geistigen dem physischen Leibe des Menschen entspricht.)" (8\54)

Mit „Geisteskörper" kann also nur ein Organismus aus Gedanken, Gefühlen und Willensimpulsen gemeint sein, wie er sich allmählich durch Beschäftigung mit spirituellen Inhalten und durch meditatives Leben entwickelt. So kann z.B. alles, was hier über die Intuition dargestellt wurde, als die Entwicklung eines Organs dieses Geistkörpers aufgefasst werden. Je mehr man die dargestellten Gedanken in ihrem Zusammenhang und ihrer tieferen Bedeutung erfasst, desto differenzierter entwickelt es sich. Man schaut *Intuition* geistig an. Der Geistkörper differenziert sich und wird größer, wenn man ihm weitere, intuitiv erlebte Begriffe und Zusammenhänge hinzufügt. Und dasselbe gilt für eine Vergeistigung des Fühlens und Wollens, die ebenfalls zum Geistorganismus gehören, durch soziale, künstlerische und moralische Entwicklung: Die „geistige Individualität des Menschen (seine aurische Hülle) [ist] einer unbegrenzten Vergrößerung fähig" (9\54).

Bei aller Konkretheit seiner Darstellung warnt Rudolf Steiner aber zugleich:

„Man stellt sich oft unwillkürlich die ‚höheren Organe' als zu ähnlich den physischen vor. Man sollte sich aber klarmachen, dass man es mit geistigen oder seelischen Gebilden in diesen Organen zu tun hat. Man darf deshalb auch nicht erwarten, dass dasjenige, was man in den höheren Welten wahrnimmt, etwa nur eine nebelhaft verdünnte Stofflichkeit sei. Solange man so etwas *erwartet*, wird man zu keiner klaren Vorstellung von dem kommen können, was hier mit ‚höheren Welten' eigentlich gemeint ist." (9\94)

Zum Verständnis „geistiger Wahrnehmung" ist es also durchaus hilfreich, die *Philosophie der Freiheit* studiert und die intuitive Beobachtung des Denkens erlebt zu haben:

„Wer das Denken beobachtet, lebt während der Beobachtung unmittelbar in einem geistigen, sich selbst tragenden Wesensweben darinnen. Ja, man kann sagen, wer die Wesenheit des Geistigen in der Gestalt, in der sie sich dem Menschen *zunächst* darbietet, erfassen will, kann dies in dem auf sich selbst beruhenden Denken." (4\145)

So schreibt Steiner in der *Theosophie* dann weiter:

„Es wäre für viele Menschen gar nicht so schwer, wie es wirklich ist, etwas von diesen ‚höheren Welten' zu wissen - zunächst allerdings nur das Elementare -, wenn sie sich nicht vorstellten, dass es doch wieder etwas verfeinertes Physisches sein müsse, was sie wahrnehmen sollen. Da sie so etwas voraussetzen, so wollen sie in der Regel das gar nicht anerkennen, um was es sich wirklich handelt. Sie finden es unwirklich, lassen es nicht als etwas gelten, was sie befriedigt, und so weiter." (9\94)

Für denjenigen, der sich die intuitive Erfahrung anhand der philosophischen Grundlagenwerke erarbeitet hat, ist es einfacher, zu einer klaren Vorstellung von dem zu kommen, was bei Rudolf Steiner mit „höheren Welten" eigentlich gemeint ist.

* * *

Im dritten Teil der *Theosophie* findet man einen wichtigen methodischen Hinweis über die Wahrnehmung der geistigen Welt durch das „Intuitionsorgan".

„Vor allen Dingen muss betont werden, dass diese Welt aus dem Stoffe (auch das Wort ‚Stoff' ist natürlich hier in einem sehr uneigentlichen Sinne gebraucht) gewoben ist, aus dem der menschliche Gedanke besteht. Aber so wie der Gedanke im Menschen lebt, ist er nur ein Schattenbild, ein Schemen seiner wirklichen Wesenheit. Wie der Schatten eines Gegenstandes an einer Wand sich zum wirklichen Gegenstand verhält, der diesen Schatten wirft, so verhält sich der Gedanke, der durch den menschlichen Kopf erscheint, zu der Wesenheit im ‚Geisterland', die diesem Gedanken entspricht." (9\120)

Man kann die Gedanken des gewöhnlichen Bewusstseins so ansehen, als ob sie tatsächlich Schattenbilder von etwas Geistigen wären. Man wird so dahin geführt, dass es einen „wirklichen Gegenstand", eben die geistige „Wesenheit" geben muss, die diesen Schatten wirft (und hinter diesem Gegenstand wie in Platos Höhlengleichnis noch die eigentliche Lichtquelle).

„Wenn nun der geistige Sinn des Menschen erweckt ist, dann nimmt er diese Gedankenwesenheit wirklich wahr, wie das sinnliche Auge einen Tisch oder einen Stuhl wahrnimmt. Er wandelt in einer Umgebung von Gedankenwesen. Das sinnliche Auge nimmt den Löwen wahr und das auf Sinnliches gerichtete Denken bloß den Gedanken des Löwen als ein Schemen, als ein schattenhaftes Bild. Das geistige Auge sieht im ‚Geisterland' den Gedanken des Löwen so wirklich wie das sinnliche den physischen Löwen. ... Wie dem operierten Blindgeborenen auf einmal seine Umgebung mit den neuen Eigenschaften der Farben und Lichter erscheint, so erscheint demjenigen, der sein geistiges Auge gebrauchen lernt, die Umgebung mit einer neuen Welt erfüllt, mit der Welt lebendiger Gedanken oder Geistwesen." (9\120)

Weiter unten besprechen wir an Beispielen, wie man sich solchen „wirklichen geistigen Wesenheiten" wahrnehmend annähern kann.

„In dieser Welt sind nun zunächst die geistigen Urbilder aller Dinge und Wesen zu sehen, die in der physischen und in der seelischen Welt vorhanden sind ..., und die physischen Dinge und Wesenheiten sind Nachbilder dieser Urbilder." (9\121)

Zweifellos meint Rudolf Steiner mit den „Urbildern" dasselbe, was er schon in den *Einleitungen* als die „Ideen" beschrieben hatte:

„Was die Philosophen das Absolute, das ewige Sein, den Weltengrund, was die Religionen Gott nennen, das nennen wir, auf Grund unserer erkenntnistheoretischen Erörterungen: die *Idee*. Alles, was in der Welt nicht *unmittelbar* als Idee erscheint, wird zuletzt doch als aus ihr hervorgehend erkannt." (1\162)

Schon in seinem allerersten, zu Lebzeiten unveröffentlichten Aufsatz *Einzig mögliche Kritik der atomistischen Begriffe* hatte er geschrieben:

„Man muss dem Begriffe seine Ursprünglichkeit, seine eigene auf sich selbst gebaute Daseinsform lassen und ihn in dem sinnenfälligen Gegenstande nur in anderer Form wiedererkennen."[60]

Die physischen Dinge sind *Nachbilder* der ideellen oder geistigen „Urbilder". Die *Theosophie* charakterisiert diese Ideen oder Urbilder als konkret-lebendige, ja als „schaffende Wesenheiten":

„Die Urbilder sind *schaffende Wesenheiten*. Sie sind die Werkmeister alles dessen, was in der physischen und seelischen Welt entsteht. Ihre Formen sind rasch wechselnd; und in jedem Urbild liegt die Möglichkeit, unzählige besondere Gestalten anzunehmen. Sie lassen gleichsam die besonderen Gestalten aus sich hervorsprießen; und kaum ist die eine erzeugt, so schickt sich das Urbild an, eine nächste aus sich hervorquellen zu lassen. Und die Urbilder stehen miteinander in mehr oder weniger verwandtschaftlicher Beziehung. Sie wirken nicht vereinzelt. Das eine bedarf der Hilfe des andern zu seinem Schaffen. Unzählige Urbilder wirken oft zusammen, damit diese oder jene Wesenheit in der seelischen oder physischen Welt entstehe." (9\121)

Wir erinnern uns an die Besprechung der „Idee" der Urpflanze im Kapitel über die *Einleitungen* (s. S. 29):

„Sie ist nicht ein bloßer *Verstandesbegriff*, sie ist dasjenige, was in jedem Organismus das wahrhaft Organische ist, ohne welches derselbe nicht Organismus wäre. ... Die Idee des Organismus ist als Entelechie im Organismus tätig, wirksam." (1\84)

In der Urpflanze wirken verschiedene Urbilder zusammen: *Ausdehnung und Zusammenziehung* ebenso wie *Vertikaltendenz und Spiraltendenz*, *Vegetatives und Generatives*, aber auch das Urbild der *Dreigliederung* und der *vier Elemente*. Und natürlich wirken auch die Urbilder des *Lebens* und der biologischen *Evolution* sowie das Urbild der jeweiligen *Pflanzenart*, usw.

„Wenn derjenige, welcher nur seinen äußeren Sinnen vertraut, diese urbildliche Welt leugnet und behauptet, die Urbilder

---

[60] vgl. Fußnote 29, S. 42.

seien nur Abstraktionen, die der vergleichende Verstand von den sinnlichen Dingen gewinnt, so ist das begreiflich; denn ein solcher kann eben in dieser höheren Welt nicht wahrnehmen; er kennt die Gedankenwelt nur in ihrer schemenhaften Abstraktheit. Er weiß nicht, dass der geistig Schauende mit den Geisteswesen so vertraut ist wie er selbst mit seinem Hunde oder seiner Katze und dass die Urbilderwelt eine weitaus intensivere Wirklichkeit hat als die sinnlich-physische." (9\122)

Rudolf Steiner beschreibt in der *Theosophie* auch, wie verschiedene Klassen von Urbildern in den verschiedenen Naturreichen wirken. Wir gehen darauf später im Kapitel über die Erkenntnis der wahren Wirklichkeit noch genauer ein (S. 171 ff.).

* * *

Die *Theosophie* ist in vier große Abschnitte gegliedert: 1.) *Das Wesen des Menschen*; 2.) *Wiederverkörperung des Geistes und Schicksal*; 3.) *Die drei Welten* sowie 4.) *Der Pfad der Erkenntnis*. Diese vier Abschnitte korrespondieren mit den vier Wesensgliedern des Menschen, seinem physischen, seinem ätherischen, seinem astralischen Leib und seinem Ich. Der erste Abschnitt beschreibt den Menschen wie in zeitloser Gliederung nach Leib, Seele und Geist („physischer" Aspekt). Der zweite Abschnitt untersucht die Entwicklung des menschlichen Wesens in der Zeit („ätherischer" Aspekt), der dritte führt in die seelische und geistige Innenwelt („astraler" Aspekt) und der vierte behandelt, was der Mensch selbst tun kann, um sein Erkennen so zu gestalten, dass ihm das Geistige wirklich wahrnehmbar wird („Ich"-Aspekt).[61]

---

[61] Wenn man das Buch intensiv studiert, wird man einen jeweils ganz eigenen Duktus der Gedankenführung in den vier Abschnitten wahrnehmen, welcher wiederum den vier genannten Wesensschichten entspricht, und durch den man in eine dem jeweiligen Wesensbereich entsprechende Erkenntnishaltung geführt wird.

Im vierten Abschnitt finden sich daher auch Hinweise, die mit dem Verhältnis des Ich zur geistigen Welt in der Intuition zusammenhängen.

„Solange man persönlich mit der Welt lebt, so lange enthüllen die Dinge auch nur das, was sie mit unserer Persönlichkeit verknüpft. Das aber ist ihr Vergängliches. Ziehen wir uns selbst von unserem Vergänglichen zurück und leben wir mit unserem Selbstgefühl, mit unserem ‚Ich' in unserem Bleibenden, dann werden die vergänglichen Teile an uns zu Vermittlern; und was sich durch sie enthüllt, das ist ein Unvergängliches, ein Ewiges an den Dingen. Dieses Verhältnis *seines* eigenen Ewigen zum Ewigen in den Dingen muss bei dem Erkennenden hergestellt werden können. Schon bevor er andere Übungen der beschriebenen Art aufnimmt und auch während derselben soll er seinen Sinn auf dieses Unvergängliche hinlenken. Wenn ich einen Stein, eine Pflanze, ein Tier, einen Menschen beobachte, soll ich eingedenk sein können, dass sich in all dem ein Ewiges ausspricht. Ich soll mich fragen können, was lebt als Bleibendes in dem vergänglichen Stein, in dem vergänglichen Menschen? Was wird die vorübergehende sinnliche Erscheinung überdauern? - Man soll nicht glauben, dass solches Hinlenken des Geistes zum Ewigen die hingebungsvolle Betrachtung und den Sinn für die Eigenschaften des Alltags in uns austilge und uns der unmittelbaren Wirklichkeit entfremde. Im Gegenteil. Jedes Blatt, jedes Käferchen wird uns unzählige Geheimnisse enthüllen, wenn unser *Auge* nicht nur, sondern *durch das Auge* der Geist auf sie gerichtet ist. Jedes Glitzern, jede Farbennuance, jeder Tonfall werden den Sinnen lebhaft und wahrnehmbar bleiben, nichts wird verlorengehen; nur unbegrenztes neues Leben wird hinzugewonnen werden." (9\188)

In geradezu hymnischer Weise heißt es dann von demjenigen, der zur intuitiven Erkenntnis aufgestiegen ist:

„Er wird ... bewusster Einheimischer in der übersinnlichen Welt. Der Quell geistiger Einsicht strömt ihm nunmehr aus einem höheren Orte zu. Das Licht der Erkenntnis leuchtet ihm nunmehr nicht von außen entgegen, sondern er wird selbst in den Quellpunkt dieses Lichtes versetzt. In ihm erhalten die Rätsel, welche die Welt aufgibt, ein neues Licht. Er redet fortan nicht mehr mit den Dingen, die durch den Geist gestaltet sind, sondern mit dem gestaltenden Geiste selbst. Das Eigenleben der Persönlichkeit ist dann in den Augenblicken der Geisterkenntnis nur noch da, um bewusstes Gleichnis zu sein des Ewigen. Zweifel an dem Geist, die vorher in ihm noch aufkommen konnten, verschwinden; denn zweifeln kann nur, wen die Dinge über den in ihnen waltenden Geist täuschen. Und da der ‚Schüler der Weisheit' vermag, mit dem Geiste selbst Zwiesprache zu halten, so schwindet ihm auch jede falsche Gestalt, unter der er sich vorher den Geist vorgestellt hat." (9\192)

Diese Stelle erinnert an eine in *Goethes Weltanschauung*, damals noch „im Gewande des Idealismus":

„Die eigene Natur der Ideenwelt kann ... der Mensch nur erkennen, wenn er seine Tätigkeit anschaut. Bei jeder anderen Anschauung durchdringt er nur die wirkende Idee; das Ding, in dem gewirkt wird, bleibt als Wahrnehmung außerhalb seines Geistes. In der Anschauung der Idee ist Wirkendes und Bewirktes ganz in seinem Innern enthalten. Er hat den ganzen Prozess restlos in seinem Innern gegenwärtig. Die Anschauung erscheint nicht mehr von der Idee hervorgebracht; denn die Anschauung ist jetzt selbst Idee. ... Bei der Beobachtung des Denkens durchschaut der Mensch das Weltgeschehen. Er hat hier nicht nach einer Idee dieses Geschehens zu forschen, denn dieses Geschehen ist die Idee selbst. Die sonst erlebte Einheit von Anschauung und Idee ist hier Erleben der anschaulich gewordenen Geistigkeit der Ideenwelt." (6\85)

„Sobald der Mensch zur Anschauung dieser Metamorphose [des Erkennens, Anm. CH] gelangt, bewegt er sich sicher im Reich der Dinge. Er hat in dem Mittelpunkte seiner Persönlichkeit den wahren Ausgangspunkt für alle Weltbetrachtung gewonnen. Er wird nicht mehr nach unbekannten Gründen, nach außer ihm liegenden Ursachen der Dinge forschen; er weiß, dass das höchste Erlebnis, dessen er fähig ist, in der Selbstbetrachtung der eigenen Wesenheit besteht. Wer ganz durchdrungen ist von den Gefühlen, die dieses Erlebnis hervorruft, der wird die wahrsten Verhältnisse zu den Dingen gewinnen. Bei wem das nicht der Fall ist, der wird die höchste Form des Daseins anderswo suchen, und, da er sie in der Erfahrung nicht finden kann, in einem unbekannten Gebiet der Wirklichkeit vermuten. Seine Betrachtung der Dinge wird etwas Unsicheres bekommen; er wird sich bei der Beantwortung der Fragen, die ihm die Natur stellt, fortwährend auf ein Unerforschliches berufen." (6\86)

Die Übereinstimmung beider Passagen ist erstaunlich. Sie meinen offenbar dasselbe, doch spricht die zweite in einer reiferen, tieferen und wirklicheren Art und Weise vom Verhältnis des Erkennenden zum Geist. Man sieht aber hier auch, wie sich die Darstellungen aus Steiners erkenntnistheoretischem und aus seinem anthroposophischen Werk gegenseitig beleuchten können.

Zum Abschluss der *Theosophie* stellt Steiner dann in einem für das Verständnis der Intuition wichtigen Bild dar, dass das geistig schauende Ich zwar mit dem Geist verschmilzt, aber nicht darin untergeht:

„Man soll nicht verwechseln dieses Einswerden der Persönlichkeit mit dem umfassenden Geistesleben mit einem die Persönlichkeit vernichtenden Aufgehen derselben in dem ‚Allgeist'. Ein solches ‚Verschwinden' findet bei wahrer Entwickelung der Persönlichkeit nicht statt. Diese bleibt in dem Verhältnis, das sie mit der Geistwelt eingeht, als Persönlichkeit gewahrt. Nicht Überwindung, sondern höhere Ausgestaltung der Persönlichkeit findet statt. Will man ein Gleichnis für dieses Zusammenfallen des Einzelgeistes mit dem Allgeist, dann kann man nicht das wählen von verschiedenen Kreisen, die in einen zusammenfallen, um in diesem unterzugehen, sondern man muss das Bild vieler Kreise wählen, deren jeder eine ganz bestimmte Farbennuance hat. Diese verschieden-farbigen Kreise fallen übereinander, aber *jede* einzelne Nuance bleibt in dem Ganzen ihrer Wesenheit bestehen. Keine verliert die Fülle ihrer Eigenkräfte." (9\193)

Goethes Weltanschauung	*Theosophie*
Die eigene Natur der Ideenwelt	Das Licht der Erkenntnis
Er hat in dem Mittelpunkte seiner Persönlichkeit den wahren Ausgangspunkt für alle Weltbetrachtung gewonnen.	Er wird selbst in den Quellpunkt dieses Lichtes versetzt.
Die Anschauung erscheint nicht mehr von der Idee hervorgebracht; denn die Anschauung ist jetzt selbst Idee.	Er redet fortan nicht mehr mit den Dingen, die durch den Geist gestaltet sind, sondern mit dem gestaltenden Geiste selbst.
Er hat hier nicht nach einer Idee dieses Geschehens zu forschen, denn dieses Geschehen ist die Idee selbst.	Da der ‚Schüler der Weisheit' vermag, mit dem Geiste selbst Zwiesprache zu halten, so schwindet ihm auch jede falsche Gestalt, unter der er sich vorher den Geist vorgestellt hat.
Sobald der Mensch zu [dieser] Anschauung (...) gelangt, bewegt er sich sicher im Reich der Dinge.	Zweifel an dem Geist, die vorher in ihm noch aufkommen konnten, verschwinden; denn zweifeln kann nur, wen die Dinge über den in ihnen waltenden Geist täuschen.

Exkurs zur meditativen Wahrnehmung geistiger Wesen

Hier beschreiben wir in knapper Form einen Weg zur anfänglichen geistigen (imaginativen) Wahrnehmung, der sich in der anthroposophischen Meditationspraxis bewährt hat.

Wir hatten im vorausgehenden Kapitel aus der *Theosophie* zitiert:

„Wie der Schatten eines Gegenstandes an einer Wand sich zum wirklichen Gegenstand verhält, der diesen Schatten wirft, so verhält sich der Gedanke, der durch den menschlichen Kopf erscheint, zu der Wesenheit im ‚Geisterland', die diesem Gedanken entspricht." (9\120)

Wenn ich einen Gedanken „durch meinen Kopf" erscheinen lasse, sagen wir den Gedanken der „Freiheit", dann gibt es ein wirkliches, geistiges Wesen, die Freiheit selbst, von dem der Gedanke ein Schattenwurf ist. Um sich innerlich aus dem verschatteten Bewusstsein des abstrakten Denkens, das in Worten verläuft, herauszuarbeiten und sich dem wirklichen Wesen anzunähern, das mit dem Wort Freiheit gemeint ist, kann man fragen: *Wie ist* Freiheit? Was für einen *Charakter* hat sie? Wie fühlt sie sich an? Wie spricht sie (zu mir)? Wenn sie eine *Intention* hätte, was wäre diese? Welche Art von *Würde* strahlt sie aus? In welche Bilder würde sie sich kleiden, um sich mir zu offenbaren?

Für eine erste Annäherung an das Wesen, die hier nur in sehr skizzenhafter Form beschrieben werden kann, kann man zum Beispiel meditativ folgendermaßen vorgehen. In innerer Ruhe vergegenwärtige man sich zunächst das Wort „Freiheit" und lausche seiner Bedeutung nach. Nun kann man fragen:

- Wie fühle ich mich, wenn ich Freiheit fühle? Wo und wie erlebe ich sie im Verhältnis zu meinem Körper?
- Welche erlebbare Dynamik hat Freiheit, wie „bewegt" sie sich? Ist sie ruhig, strahlend, wolkig, dynamisch, oder wie sonst? Habe ich Eindrücke von Helligkeit oder Dunkelheit, möglicherweise von Farben, etc.?
- Wie spricht Freiheit? Kann ich ihre „unhörbare Sprache" verstehen, wenn ich intensiv auf sie lausche? Was sagt sie zu mir? Was ist ihre Intention?
- Welchen Charakter, welche Würde hat das Wesen der Freiheit selbst?

Vielleicht drückt sich das ganze Erleben, in das man in solcher meditativen Arbeit eintaucht, dann noch in einem lebendigen Bild aus, in einer Imagination.

Es handelt sich also darum, aus dem schattenhaft-abstrakten Gedanken zu einem erlebend-anschauenden Denken zu kommen. Die Erlebnisse und Bilder sind u.U. zunächst recht persönlich gefärbt, können aber durch Übung objektiver werden. Zur anfänglichen Geistesforschung kann diese Arbeit werden, wenn man im Vergleich einen anderen Begriff, z.B. die „Liebe", auf dieselbe Weise untersucht. Gerade im Vergleich treten die unterschiedlichen Charaktere noch deutlicher hervor.

Solche meditative Arbeit lässt sich auch in Gruppen durchführen, in denen sich die Einzelnen nach ihrer Meditation von den persönlich gemachten Erfahrungen berichten (können). Die individuellen Eindrücke bereichern sich gegenseitig und man erkennt dadurch deutlich das gemeinsame Wesen, das sich durch sie hindurch offenbart.[62]

---

[62] Seit ca. 15 Jahren hat sich eine anthroposophische Forschungsrichtung entwickelt, die so genannten *Bildekräfteforschung*, in der unter anderem ähnlich wie hier beschrieben meditativ geforscht wird, zum Beispiel über die Gesundheit von Nahrungsmitteln oder die Wirksamkeit bestimmter Medi-

WIE ERLANGT MAN ERKENNTNISSE DER HÖHEREN WELTEN (1904/05) – „DAS ICH AUFSCHLIEßEN FÜR DIE WELT"

In diesem Kapitel beschreiben wir zwei grundlegende Übungen zur Erlangung intuitiver Erkenntnisfähigkeit: Die Ausbildung von Ehrfurcht und die rückblickende Verarbeitung eigener Erfahrungen. Wir besprechen eine Übung zur Erweckung des geistigen Selbst, eine Übung zur „Orientierung in den geistigen Welten", sowie die eigentliche anthroposophische Meditation.

In dieser zuerst als Aufsätze erschienenen Schrift[63] beschreibt Rudolf Steiner einen Schulungsweg mit vielen Übungen und Anleitungen zur Entwicklung der eigenen Persönlichkeit, um „Organe" zur Einsicht in „geistige Welten" auszubilden. In der *Theosophie* wurde Mitteilung über diese Organe gemacht, nun geht es um ihre systematische Entwicklung, um das Erlernen der intuitiven Anschauung.

„Der Mensch hat es in seiner Hand, sich selbst zu vervollkommnen, sich mit der Zeit ganz zu verwandeln. Aber es muss sich diese Umwandlung in seinem Innersten, in seinem Gedankenleben vollziehen." (10\23)

Die Schrift ist ganz auf die praktische Anwendung ausgerichtet. Man hat keine Aufgabenstellung für das Denken, sondern eine – viel größere – für das Wollen vor sich.

---

kamente (siehe www.bildekraefte.de). Informationen zu weiteren anthroposophischen Meditationsformen und Meditationslehrern sowie zu allgemeinen Hintergründen der anthroposophischen Meditation findet man unter www.infameditation.de.
[63] *Wie erlangt man Erkenntnisse der höheren Welten?* GA 10. Dornach 1992.

Es gebe, so Steiner, für die Ausbildung „höherer Organe keine anderen Hindernisse, als diejenigen sind, die sich ein *jeder selbst* in den Weg wirft und die auch jeder vermeiden kann, wenn er wirklich will" (10\98). Die „Gabe des Hellsehens" trete allerdings „erst dann ein, wenn alle Eigenschaften unterdrückt sind, welche die entsprechenden schlummernden Fähigkeiten nicht herauskommen lassen" (10\95).

Im ersten Kapitel beschreibt Steiner zwei Arten innerer Tätigkeit, die die Grundlage geistigen Schauens bilden. Durch die Ausbildung dieser Seelenfähigkeiten können die höheren Erkenntnisfähigkeiten, die „in *jedem* Menschen schlummern" (10\16), erweckt werden. Es sind „Ehrfurcht und Hingabe gegenüber Wahrheit und Erkenntnis" (10\22), sowie die Ausbildung und Pflege eines „regen Innenlebens" (10\26). Durch Ehrfurcht werde in der Seele eine „sympathische Kraft" geweckt, durch welche „Eigenschaften der uns umgebenden Wesen von uns angezogen [werden], die sonst verborgen bleiben" (10\25). Als Beispiel nennt Steiner die innere Haltung einem anderen Menschen gegenüber:

„Begegne ich einem Menschen und tadle ich seine Schwächen, so raube ich mir höhere Erkenntniskraft; suche ich liebevoll mich in seine Vorzüge zu vertiefen, so sammle ich solche Kraft. ... Aber dies darf nicht eine äußerliche Lebensregel bleiben. Sondern es muss von dem Innersten unserer Seele Besitz ergreifen." (10\23)

Das Wesen eines anderen Menschen kann ich nur in meinem eigenen Innersten wahrnehmen. „Höhere Erkenntniskraft" bedeutet daher, sich wirklich im eigenen Ich mit einem anderen Menschen zu verbinden. Durch liebevolle Betrachtung der Vorzüge öffne ich mein Ich, durch Tadel verschließe ich es. Diese kurze Passage und das folgende Zitat zeigen bereits die existentielle Dimension, die das ganze Buch charakterisiert.

„Wenn wir nicht das tiefgründige Gefühl in uns entwickeln, dass es etwas Höheres gibt, als wir sind, werden wir auch nicht in uns die Kraft finden, uns zu einem Höheren hinaufzuentwickeln." (10\20)

Durch Ehrfurcht werden die „geistigen Augen" geöffnet, von denen in der *Theosophie* die Rede war:

„Wer in diesen Dingen Erfahrung hat, der weiß, dass in jedem solchen [ehrfürchtigen, Anm. CH] Augenblicke Kräfte in dem Menschen erweckt werden, die sonst schlummernd bleiben. Es werden *dadurch* dem Menschen die geistigen Augen geöffnet. Er fängt dadurch an, Dinge um sich herum zu sehen, die er früher nicht hat sehen können." (10\24)

Ehrfurcht, liebevolle Vertiefung öffnet das Herz für das Wesen des anderen Menschen oder auch der Dinge, das dem gewöhnlichen Erkennen verborgen bleibt. Das gewöhnliche Erkennen blickt nur auf die Außenseite, auf das Gewordene. Das ist aber nur ein Teil der Welt. Der andere ist das Werdende, das, was ein anderer Mensch morgen, übermorgen oder in einigen Jahren aus sich gemacht haben wird, was aber schon jetzt als Keim verborgen in ihm lebendig und wirksam ist.

Rudolf Steiner betont, wie wichtig solche Gefühle für die Ausbildung des höheren Schauens sind:

„Es wird dem Menschen anfangs nicht leicht, zu glauben, dass Gefühle wie Ehrerbietung, Achtung usw. etwas mit seiner Erkenntnis zu tun haben. ... Man bedenkt dabei aber nicht, dass die *Seele* es ist, welche erkennt. Und für die Seele sind Gefühle das, was für den Leib die Stoffe sind, welche seine Nahrung ausmachen. ... Für sie sind Verehrung, Achtung, Devotion nährende Stoffe, die sie *gesund*, kräftig machen; vor allem kräftig zur Tätigkeit des Erkennens." (10\25)

Was durch Ehrfurcht erreicht werden kann, werde allerdings „noch wirksamer", wenn „eine andere Gefühlsart" (10\25) hinzukomme.

„Sie besteht darinnen, dass der Mensch lernt, sich immer weniger den Eindrücken der Außenwelt hinzugeben, und dafür ein reges Innenleben entwickelt. ... Nicht abstumpfen soll sich der Geheimschüler für die Außenwelt; aber sein *reiches Innenleben* soll ihm die Richtung geben, in der er sich ihren Eindrücken hingibt." (10\26)

Der Schüler soll in Augenblicken der Versenkung

„... in aller Stille nachklingen lassen, was er erlebt hat, was ihm die äußere Welt gesagt hat. Jede Blume, jedes Tier, jede Handlung wird ihm in solchen stillen Augenblicken ungeahnte Geheimnisse enthüllen. Und er wird vorbereitet dadurch, neue Eindrücke der Außenwelt mit ganz anderen Augen zu sehen als vorher." (10\26)

Steiner spricht nachdrücklich davon, dass man die Welt „genießen" solle, denn nur durch „Genuss" komme sie überhaupt an den Menschen heran. „Der Genuss ist ihm ein Kundschafter, der ihn unterrichtet über die Welt" (10\27). Doch dürfe man dabei nicht stehen bleiben.

„Wer nur Eindruck nach Eindruck *genießen* will, stumpft sein Erkenntnisvermögen ab. Wer, nach dem Genusse, sich von dem Genusse etwas *offenbaren* lässt, der pflegt und erzieht sein Erkenntnisvermögen." (10\27)

Es sind also zwei deutlich unterschiedene und sich doch ergänzende Haltungen, die zur Erweckung des höheren Sinnes führen: Ehrfurcht *öffnet* das geistige Wahrnehmungsvermögen; Verarbeitung des genießend Erlebten *bereichert und vertieft* es.

Das gewöhnliche Bewusstsein nimmt in Passivität nur das bereits Gewordene auf, es klebt gewissermaßen an der Welt als einem Produkt der Vergangenheit. Und es sucht immer weiteren Genuss, das heißt es wird durch sein Begehren vom Noch-nicht-Seienden, von der Zukunft gleichsam angesaugt. Das erweckte Bewusstsein öffnet sich für den zukunftsweisenden Werdestrom, der im Innern der Menschen und Dinge verborgen ist, und es blickt wie von außen auf die eigenen Erlebnisse zurück. Das zunächst Äußerliche der Welt wird so von innen erfasst, das Innerliche der eigenen Erlebnisse von außen betrachtet.

Gerade für das Verarbeiten des genießend Erlebten warnt Rudolf Steiner aber auch:

„Die Klippe ist hier eine sehr große, die Gefahr bringt. Statt in sich zu arbeiten, kann man leicht in das Gegenteil verfallen und den Genuss nur hinterher noch völlig ausschöpfen wollen. Man unterschätze nicht, dass sich hier unabsehbare Quellen des Irrtums für den Geheimschüler eröffnen. Er muss ja hindurch zwischen einer Schar von Verführern seiner Seele. Sie alle wollen sein ‚Ich' verhärten, in sich selbst verschließen. Er aber soll es aufschließen für die Welt." (10\27)

Das Ich aufschließen für die Welt: Das ist, so können wir nach allem bisher Dargestellten sagen, das zentrale Motiv des intuitiven Erkennens.

Alles Lernen, alle Entwicklung sollen schließlich nicht für das Ich, sondern für die Welt erfolgen: „Er lernt nicht, um das Gelernte als seine Wissensschätze aufzuhäufen, sondern um das Gelernte in den Dienst der Welt zu stellen" (10\28). Dieser Aspekt wird von Rudolf Steiner ganz besonders betont:

„Es ist ein Grundsatz in aller Geheimwissenschaft, der nicht übertreten werden darf, wenn irgendein Ziel erreicht werden soll. Jede Geheimschulung muss ihn dem Schüler einprägen. Er heißt: *Jede Erkenntnis, die du suchst, nur um dein Wissen zu bereichern, nur um Schätze in dir anzuhäufen, führt dich ab von deinem Wege; jede Erkenntnis aber, die du suchst, um reifer zu werden auf dem Wege der Menschenveredelung und der Weltentwickelung, die bringt dich einen Schritt vorwärts.* Dieses Gesetz fordert unerbittlich seine Beobachtung. Und man ist nicht früher Geheimschüler, ehe man dieses Gesetz zur Richtschnur seines Lebens gemacht hat." (10\28)

Wie erlangt man Erkenntnisse...? steckt voller unbequemer Wahrheiten. Vom Gesichtspunkt des intuitiven Denkens sind sie allerdings vollkommen – intuitiv – verständlich. Denn es muss ja so sein, dass für das Erleben der Intuition, des die Welterscheinungen hervorbringenden Wesens, das Ich von sich selbst loskommen muss – im Denken, im Fühlen und im Tun.

Über das alltägliche Ich hinauszukommen, ist eine Grundvoraussetzung, wenn man den Schulungsweg zur Erlangung höherer Erkenntnisse betreten will. Zu Beginn von *Wie erlangt man Erkenntnisse...?* beschreibt Steiner dazu eine einfache, aber wirksame Übung. Sie hat das Ziel, den „höheren Menschen" in sich zu erwecken.

„Jeder Mensch trägt neben seinem - wir wollen ihn so nennen - Alltagsmenschen in seinem Innern noch einen *höheren Menschen*. Dieser höhere Mensch bleibt so lange verborgen, bis er geweckt wird. Und jeder kann diesen höheren Menschen nur *selbst* in sich erwecken. Solange aber dieser höhere Mensch nicht erweckt ist, so lange bleiben auch die in jedem Menschen schlummernden höheren Fähigkeiten verborgen, die zu übersinnlichen Erkenntnissen führen." (10\32)

Die Übung besteht darin, sich selbst für einige Minuten täglich wie einen völlig Fremden zu betrachten.

„*Wenn jemand wirklich nicht mehr Zeit zur Verfügung haben sollte*, so genügen *fünf Minuten* jeden Tag. Es kommt darauf an, wie diese fünf Minuten angewendet werden. In dieser Zeit soll der Mensch sich vollständig herausreißen aus seinem Alltagsleben. ... Er soll seine Freuden, seine Leiden, seine Sorgen, seine Erfahrungen, seine Taten vor seiner Seele vorbeiziehen lassen. Und er soll sich dabei so stellen, dass er alles das, was er sonst erlebt, von einem höheren Gesichtspunkte aus ansieht. Der Geheimschüler muss die Kraft suchen, sich selbst in gewissen Zeiten wie ein Fremder gegenüberzustehen. Mit der *inneren Ruhe* des Beurteilers muss er sich selbst entgegentreten. ... Kommt man zur *inneren Ruhe* des Überblicks, dann sondert sich das Wesentliche von dem Unwesentlichen." (10\31)

In dieser einfachen Übung löst man die Identifikation mit dem eigenen Seelenwesen, mit Gedanken, Gefühlen und Handlungen und, indem man sich wie von außen betrachtet, auch diejenige mit dem eigenen Leib. Dennoch bleibt das Ich bestehen, ja, es tritt in viel reinerer und selbstständigerer Weise hervor als im Spiegel von Körper und Seele. Durch diese Distanzierung tritt ein innerer Zustand heiterer Ruhe ein. Allerdings müssen dazu die genannten Identifikationen wirklich gelöst werden.

„Alles hängt in Bezug auf die Geheimschülerschaft davon ab, dass man energisch, mit innerer Wahrheit und rückhaltloser Aufrichtigkeit sich selbst, mit allen seinen Handlungen und Taten, als ein völlig Fremder gegenüberstehen kann." (10\36)

Und in dem Maße, in dem man in den „ausgesonderten Augenblicken" zur inneren Ruhe findet, fließt diese Erfahrung in das Leben ein.

„Der ganze Mensch wird ruhiger werden, wird Sicherheit bei all seinen Handlungen gewinnen, wird nicht mehr aus der Fassung gebracht werden können durch alle möglichen Zwischenfälle. Allmählich wird sich solch angehender Geheimschüler sozusagen immer mehr selbst leiten und weniger von den Umständen und äußeren Einflüssen leiten lassen. Ein solcher Mensch wird bald bemerken, was für eine Kraftquelle solche ausgesonderte Zeitabschnitte für ihn sind." (10\33)

Der „höhere Mensch", der auf diese Weise erweckt werden kann, ist Träger der geistigen Wahrnehmungsfähigkeiten. Er ist intuitionsfähig. Aber er benötigt einen regelrechten Entwicklungsraum, wenn die geistige Wahrnehmungsfähigkeit systematisch geschult werden soll.

„Man bedenke, dass der ‚höhere Mensch' im Menschen in fortwährender Entwickelung ist. Durch die beschriebene Ruhe und Sicherheit wird ihm aber allein eine gesetzmäßige Entwickelung ermöglicht. Die Wogen des äußeren Lebens zwängen den inneren Menschen von allen Seiten ein, wenn der Mensch nicht dieses Leben beherrscht, sondern von ihm beherrscht wird. Ein solcher Mensch ist wie eine Pflanze, die sich in einer Felsspalte entwickeln soll. Sie verkümmert so lange, bis man ihr Raum schafft. Dem inneren Menschen können keine äußeren Kräfte Raum schaffen. Das vermag nur die *innere Ruhe*, die er seiner Seele schafft. Äußere Verhältnisse können *nur* seine äußere Lebenslage ändern; den ‚geistigen Menschen' in ihm können sie nie und nimmer erwecken. – In sich selbst muss der Geheimschüler einen neuen, einen höheren Menschen gebären." (10\35)

* * *

Ein Teil der in *Wie erlangt man Erkenntnisse...?* beschriebenen geistigen Schulung steht in Zusammenhang mit dem oben (s. S. 45) genannten dritten Aspekt der Intuition, der inhaltlichen Selbstbestimmung des geistig Geschauten. In den *Grundlinien* hatte Rudolf Steiner geschrieben:
„Unser Geist vollzieht die Zusammensetzung der Gedankenmassen nur nach Maßgabe ihres Inhaltes. Wir erfüllen also im Denken das Erfahrungsprinzip in seiner schroffsten Form." (2\49)

Eine solche Selbstbestimmung der „Gedankenmassen" ist aber nur dann möglich, wenn nicht willkürlich in das Denken eingegriffen, sondern mit der größtmöglichen *Selbstlosigkeit* gedacht wird. In *Wie erlangt man Erkenntnisse...?* heißt es deshalb:

„Ein Weiteres, worauf es ankommt, ist das, was die Geheimwissenschaft die *Orientierung* in den höheren Welten nennt. Man gelangt dazu, wenn man sich ganz von dem Bewusstsein durchdringt, dass Gefühle und Gedanken *wirkliche Tatsachen* sind, genau so wie Tische und Stühle in der physisch-sinnlichen Welt. In der seelischen und in der Gedankenwelt wirken Gefühle und Gedanken aufeinander wie in der physischen die sinnlichen Dinge. Solange jemand nicht lebhaft von diesem Bewusstsein durchdrungen ist, wird er nicht glauben, dass ein verkehrter Gedanke, den er hegt, auf andere Gedanken, die den Gedankenraum beleben, so verheerend wirken kann wie eine blindlings losgeschossene Flintenkugel für die physischen Gegenstände, die sie trifft. ... Wenn jemand eine Wand sieht, so versucht er nicht, geradewegs durch dieselbe durchzurennen; er lenkt seine Schritte seitwärts. Er richtet sich eben nach den Gesetzen der physischen Welt. - Solche Gesetze gibt es nun auch für die Gefühls- und Gedankenwelt. Nur können sie dem Menschen da nicht von außen sich aufdrängen. Sie müssen aus dem Leben seiner Seele selbst fließen. Man gelangt dazu, wenn man sich jederzeit verbietet, verkehrte Gefühle und Gedanken zu hegen." (10\47)

Ein verkehrter Gedanke über einen anderen Menschen, den man „hegt", also mit dem man immer wieder innerlich umgeht, wirkt „verheerend" auf andere Gedanken, die der Möglichkeit nach im „Gedankenraum" auch vorhanden sind und die, wenn sie nicht wie „blindlings" zerstört würden, ein zutreffenderes Bild des Anderen geben könnten und den Gedankenraum damit „beleben" würden.

* * *

Schließlich geht es in *Wie erlangt man Erkenntnisse...?* nicht nur um die Gedankenverbindungen, sondern um die Vertiefung des Gedankenerlebens bis zu der Erfahrung, dass die Gedanken Ausdruck einer höheren, wesenhaften Wirklichkeit sind. Das zweite Kapitel beschreibt das Wesen der *Meditation* als stiller Versenkung in Inhalte von allgemeiner Bedeutung.

„Er richtet damit den Blick *in höhere Welten*, als diejenigen sind, mit denen ihn der Alltag zusammenführt und damit beginnt der Mensch zu fühlen, zu erleben, dass er solchen höheren Welten angehört. ... So erst verlegt er den Mittelpunkt seines Wesens in sein Inneres. Er hört auf die Stimmen in seinem Innern, die in den Augenblicken der Ruhe zu ihm sprechen; er pflegt im Innern Umgang mit der geistigen Welt. ... Es ist *um ihn herum* still geworden. Er weist alles ab, was ihn an Eindrücke von außen erinnert. Die *ruhige Beschaulichkeit* im Innern, die Zwiesprache mit der rein geistigen Welt, füllt seine ganze Seele aus." (10\37)

Die „anschauende Urteilskraft" der *Grundlinien*, die „intellektuelle Anschauung" aus *Wahrheit und Wissenschaft* sind hier zur meditativ vertieften, „ruhigen Beschaulichkeit im Innern" und zu einer „Zwiesprache mit der rein geistigen Welt" geworden.

„Ein natürliches Lebensbedürfnis muss dem Geheimschüler solche stille Beschaulichkeit werden. Er ist zunächst ganz in eine Gedankenwelt versenkt. Er muss für diese stille Gedankentätigkeit ein *lebendiges Gefühl* entwickeln. Er muss *lieben* lernen, was ihm der Geist da zuströmt. Bald hört er dann auch auf, diese Gedankenwelt als etwas zu empfinden, was unwirklicher sei als die Dinge des Alltags, die ihn umgeben. Er fängt an, mit seinen Gedanken umzugehen wie mit den Dingen im

Raume. Und dann naht für ihn auch der Augenblick, in dem er das, was sich ihm in der Stille innerer Gedankenarbeit offenbart, als viel höher, wirklicher zu fühlen beginnt als die Dinge im Raume. Er erfährt, dass sich *Leben* in dieser Gedankenwelt ausspricht. Er sieht ein, dass sich in Gedanken nicht bloße Schattenbilder ausleben, sondern dass durch sie verborgene *Wesenheiten* zu ihm sprechen. Es fängt an, aus der Stille heraus zu ihm zu sprechen. Vorher hat es nur durch sein Ohr zu ihm getönt; jetzt tönt es durch seine Seele. Eine innere Sprache - ein inneres Wort - hat sich ihm erschlossen. Beseligt im höchsten Grade fühlt sich der Geheimschüler, wenn er diesen Augenblick zum ersten Male erlebt. Über seine ganze äußere Welt ergießt sich ein inneres Licht. Ein zweites Leben beginnt für ihn. Der Strom einer göttlichen, einer gottbeseligenden Welt ergießt sich durch ihn. Solches Leben der Seele in Gedanken, das sich immer mehr erweitert zu einem Leben in geistiger Wesenheit, nennt die Gnosis, die Geisteswissenschaft *Meditation* (beschauliches Nachdenken). Diese Meditation ist das Mittel zu übersinnlicher Erkenntnis." (10\37)

Dies ist die praktische Anleitung zur Erfahrung der geistigen Wesenheiten, von denen so anschaulich in der *Theosophie* die Rede war (siehe oben, S. 114). Durch Meditation wird immer bewussteres Einleben in das geistig-intuitive Erkennen erreicht. Die Ideen werden in zunehmendem Maße als Wirklichkeit erlebt, die verborgene Innenwelt der Dinge wird erfahrbar.

Im Folgenden beschreibt Rudolf Steiner dann vielfältige Übungen zu weiteren Ausbildung und Vertiefung der übersinnlichen Anschauung sowie ihre Voraussetzungen und Wirkungen, auf die wir hier aus Platzgründen nicht eingehen können. *Wie erlangt man Erkenntnisse...?* kulminiert schließlich in der Beschreibung der inneren Begegnung mit dem eigenen Schattenwesen oder „Doppelgänger" durch den so genannten „Hüter der Schwelle", die wir weiter unten besprechen.

ZUR ZENTRALEN STELLUNG VON *THEOSOPHIE* UND *WIE ERLANGT MAN ERKENNTNISSE…?* IM WERK RUDOLF STEINERS

Hier zeigen wir, dass die beiden Schriften, die in der Mitte der Werkbiographie Steiners stehen, einen Strom des aktivierten Denkens und einen Strom des gedankengeleiteten Wollens repräsentieren. Der eine führt zur Freiheit, der andere zur Liebe. Durch das Zusammenspiel beider Ströme kann das konkrete Erleben der geistigen Welt eintreten.

Die *Theosophie* und *Wie erlangt man Erkenntnisse…?* markieren die Mitte der geistigen Biographie der Anthroposophie, wie sie von Rudolf Steiner entfaltet wurde. Zwischen 1884 (dem Erscheinungsjahr von Steiners erster Schrift, Band I der *Einleitungen*) und 1925 (dem Todesjahr Steiners) bilden die Jahre 1904/05 die Mitte: 21 Jahre von 1884 bis 1905, 21 Jahre von 1904 bis 1925. Die Entwicklung der Anthroposophie lässt sich wie in einer zeitlichen Doppelströmung betrachten, bei der ein Vergangenheitsstrom des Denkens und ein Zukunftsstrom des Willens ineinandergeflossen sind.[64] Diese Doppelströmung, die im Leben überall zu beobachten ist, bildet in ihrer Mitte, in dem Ineinanderströmen von Denken und Wollen das Fühlen als ein gegenwärtig-lebendiges Geschehen, durch das sich Ich und Welt erlebend verbinden.

---

[64] Für eine ausführliche Darstellung siehe: auch Christoph Hueck und Lorenzo Ravagli: *Rudolf Steiners Biographie im Doppelstrom der Zeit. Freiheit und Liebe.* In: *Das Goetheanum*, Nr. 34/35, S. 8-13, 2012. Online unter: www.anthroposophie-als-geisteswissenschaft.de

Die erkenntniswissenschaftlichen Schriften Rudolf Steiners repräsentieren einen Strom aus der Vergangenheit, in dem eine hohe geistige Potenz *sich* in die philosophische Umgebung des 19. Jahrhunderts inkarnierte. Man ahnt, dass Steiners philosophische Kraft und Tiefe das Ergebnis von Inkarnationen sein muss, die mit philosophischen Beschäftigungen erfüllt waren.[65] Dabei handeln diese Schriften vor vorne herein von einem neuen Denken, das nicht nur logisch kombiniert, sondern „durch und durch gewollt" ist, wie es in der *Philosophie der Freiheit* heißt (4\55). Von dieser, seiner Art zu denken schrieb Steiner in den *Grundlinien*:

„Ich muss den Gedanken durcharbeiten, muss seinen Inhalt nachschaffen, muss ihn innerlich durchleben bis in seine kleinsten Teile, wenn er überhaupt irgendwelche Bedeutung für mich haben soll." (2\47)

Gegenüber diesem philosophischen Strom kann man in den späteren praktischen anthroposophischen Initiativen (Pädagogik, Medizin, Landwirtschaft, Heilpädagogik, Christengemeinschaft, Einrichtung der Freien Hochschule für Geisteswissenschaft, Begründung der Allgemeinen anthroposophischen Gesellschaft u.a.) einen in die Zukunft weisenden, aus der Zukunft inspirierten *selbstlosen* Willensstrom sehen, der weit über die Person Rudolf Steiners hinaus in die Welt und Zeit ausstrahlt. Und auch hier muss wiederum genauer gesagt werden: ein Willensstrom, der von der gedanklichen Einsicht in die Notwendigkeit kultureller Erneuerung inspiriert ist.

Die Geistbiographie der Anthroposophie entspricht daher einer Figur, die Steiner ausführlich in einem

---

[65] vgl. Margarete Kirchner-Bockholt: *Die Menschheitsaufgabe Rudolf Steiners und Ita Wegmann*. Dornach 1981; Wilhelm Rath: *Rudolf Steiner und Thomas von Aquino*. Basel 2009; Thomas Meyer: *Rudolf Steiners ‚eigenste Mission'. Ursprung und Aktualität der geisteswissenschaftlichen Karmaforschung*. Basel 2009.

Vortrag vom 19.12.1920[66] darstellte, indem er das Denken und Wollen in ihrer gegenseitigen Durchdringung schilderte:

„Auch wenn wir kontemplativ, bei völliger äußerer Ruhe in Gedanken leben, so ist der Wille in uns dennoch fortwährend tätig. Und wiederum, wenn wir Handelnde sind, so ist in uns der Gedanke tätig. Es ist undenkbar, dass irgend etwas als Handlung von uns ausgeht, dass irgend etwas in das soziale Leben auch überspringe, ohne dass wir uns gedanklich mit dem, was so geschieht, identifizieren. In allem Willensartigen lebt das Gedankenartige, in allem Gedanklichen lebt das Willensartige." (202\199)

Inhaltlich sind die Gedanken dabei von außen, von der Welt her bestimmt, doch ihre Verarbeitung hängt vom Menschen ab:

„Wir werden immer finden, dass [die Gedanken] an irgend etwas anknüpfen, was in unserer Umgebung, was unter unseren Erlebnissen ist. ... Ist unsere Erfahrung reich, so haben wir auch einen reichen Gedankeninhalt; ist unsere Erfahrung arm, so haben wir einen armen Gedankeninhalt. ... Aber innerhalb dieses Denk-Erlebens ist eines ganz uns eigen: Die Art und Weise, wie wir die Gedanken verknüpfen und voneinander lösen, die Art und Weise, wie wir innerlich die Gedanken verarbeiten ... Die Gedanken kommen uns von außen ihrem Inhalte nach, die Bearbeitung der Gedanken, die geht von uns aus." (202\200)

Das ist die zweifache Natur des (intuitiven) Denkens: die eigene Verarbeitung eines inhaltlich durch sich selbst Bestimmten. Rudolf Steiner beschreibt dann, dass die von außen aufgenommenen Gedanken den Menschen unfrei machen – er muss sich nach der Welt richten. Erst in der Art der Verarbeitung ist er frei. Je mehr Willenstätigkeit man in das Denken einfließen lässt, desto mehr kommt man daher zur Freiheit.

---

[66] *Die Brücke zwischen der Weltgeistigkeit und dem Physischen des Menschen.* GA 202. Dornach 1993, S. 199 ff.

„Nun gibt es eine Möglichkeit, ganz frei zu werden, frei zu werden in seinem inneren Leben, wenn man den Gedankeninhalt, insofern er von außen kommt, möglichst ausschließt, immer mehr und mehr ausschließt, und das Willenselement, das ... unsere Gedanken durchstrahlt, in besondere Regsamkeit versetzt. Dadurch aber wird unser Denken in denjenigen Zustand versetzt, den ich in meiner ‚Philosophie der Freiheit' genannt habe das reine Denken. Wir denken, aber im Denken lebt nur Wille. ... Gerade dadurch aber, dass wir immer mehr und mehr den Willen im Denken stärken, bereiten wir uns vor für das, was ich in der ‚Philosophie der Freiheit' die moralische Phantasie genannt habe, was aber aufsteigt zu den moralischen Intuitionen, die dann unseren gedankegewordenen Willen oder willegewordenen Gedanken durchstrahlen, durchsetzen. ... Es lebt also auf dasjenige, was Freiheit ist, dann, wenn wir gerade in unserem Denken immer mächtiger und mächtiger werden lassen den Willen." (202\202)

Das ist ein interessanter Hinweise auf die moralische Intuitionsfähigkeit, auf die wir weiter unten (S. 181 ff.) ausführlicher eingehen.

Durch dieses Einstrahlen des Willens in das Gedankenleben vergeistigt sich der Mensch:

„Geistiger wird man durch die innere willensgemäße Arbeit innerhalb der Gedanken. Daher besteht auch Meditieren darinnen, dass man sich nicht einem beliebigen Gedankenspiel hingibt, sondern dass man wenige, leicht überschaubare, leicht prüfbare Gedanken in den Mittelpunkt seines Bewusstseins rückt, aber mit einem starken Willen diese Gedanken in den Mittelpunkt seines Bewusstseins rückt. Und je stärker, je intensiver dieses innere Willensstrahlen wird in dem Elemente, wo eben die Gedanken sind, desto geistiger werden wir." (202\201)

Beim Handeln verhält es sich umgekehrt. Wenn sich die Handlungen von instinktiven, unbewussten Aspekten lösen und immer bewusster geführt werden, so

„... tragen [wir] in unser Handeln die Gedanken hinein, und je mehr sich unser Handeln ausbildet, desto mehr tragen wir die Gedanken in unser Handeln hinein. ... Auf der einen Seite, nach innen, leben wir ein Gedankenleben; das durchstrahlen wir mit dem Willen und finden so Freiheit. Auf der anderen Seite, nach außen, fließen unsere Handlungen von uns aus dem Willen heraus; wir durchsetzen sie mit unseren Gedanken." (202\203)

Das Handeln wird immer „vollkommener", je mehr es sich an den Erfordernissen der Außenwelt orientiert und wird so zur Liebe.

„Wir kommen zu einem immer vollkommeneren Handeln eigentlich dadurch, dass wir diejenige Kraft in uns ausbilden, die man nicht anders nennen kann als Hingabe an die Außenwelt. Je mehr unsere Hingabe an die Außenwelt wächst, desto mehr regt uns diese Außenwelt an zum Handeln. Dadurch aber gerade, dass wir den Weg finden, um hingegeben zu sein an die Außenwelt, gelangen wir dazu, dasjenige, was in unserem Handeln liegt, mit Gedanken zu durchdringen. Was ist Hingabe an die Außenwelt? Hingabe an die Außenwelt, die uns durchdringt, die unser Handeln mit den Gedanken durchdringt, ist nichts anderes als *Liebe*." (202\204)

Freiheit und Liebe sind die beiden „größten Ideale".

„Geradeso wie wir zur Freiheit kommen durch die Durchstrahlung des Gedankenlebens mit dem Willen, so kommen wir zur Liebe durch die Durchsetzung des Willenslebens mit Gedanken. Wir entwickeln in unserem Handeln Liebe dadurch, dass wir die Gedanken hineinstrahlen lassen in das Willensgemäße; wir entwickeln in unserem Denken Freiheit dadurch, dass wir das Willensgemäße hineinstrahlen lassen in die Gedanken. Und da wir als Mensch eine Ganzheit, eine Totalität sind, so wird, wenn wir dazu kommen, in dem Gedankenleben die Freiheit und in dem Willensleben die Liebe zu finden, in unserem Handeln die Freiheit, in unserem Denken die Liebe mitwirken. Sie durchstrahlen einander, und wir vollziehen ein Handeln, ein gedankenvolles Handeln in Liebe, ein willensdurchsetztes Denken, aus dem wiederum das Handlungsgemäße in Freiheit entspringt. Sie sehen, wie im Menschen die zwei größten Ideale zusammenwachsen, Freiheit und Liebe. Und Freiheit und Liebe sind auch dasjenige, was eben der Mensch, indem er dasteht in der Welt, in sich so verwirklichen kann, dass gewissermaßen das eine mit dem anderen sich gerade durch den Menschen für die Welt verbindet." (202\205)

Im ausgehenden 19. Jahrhundert hat Rudolf Steiner in Auseinandersetzung mit der Philosophie seiner Zeit zunächst ein vom Willen durchdrungenes Denken entwickelt und dargestellt, dessen Kernmotiv die Freiheit war, und später dann, in zunehmendem Maß nach dem ersten Weltkrieg, ein vom Denken geleitetes Wollen impulsiert, das sich in liebender Hingabe den kulturellen, sozialen und geistigen Erfordernissen der Menschheit zuwandte. Die Jahre um 1904/05 bilden die Mitte in der Entfaltung der Anthroposophie, in der sich diese beiden Strömungen des willegetragenen Denkens und des gedankengeleiteten Wollens wie in einem Gleichgewicht befinden. Und wie zwischen Denken und Wollen das Fühlen lebt, so ist diese Mitte durch Darstellungen charakterisiert, die in das wirkliche Erleben der geistigen Welt einführen. *Theosophie* und *Wie erlangt man Erkenntnisse...?* stehen im Zeichen konkret-differenzierter Geisterfahrung. In der *Theosophie* wird ein „*Gedanken*bild höherer Welten" gegeben (9\172), während *Wie erlangt man Erkenntnisse...?* unmittelbar auf das „ernsthafte und energische" *Tun* zielt. Hält man beide Schriften zusammen, dann wird deutlich, wie das Erleben der geistigen Welt eintreten kann, wenn die beiden Ströme zusammenwirken (vgl. hierzu das Kapitel über *Vom Menschenrätsel*, S. 256 ff.).

Das Studium der beiden Schriften ist daher auch von entgegengesetzten inneren Erfahrungen begleitet. Die Darstellungen der *Theosophie* können zunächst wie vertrocknet, ja abstrakt erscheinen; sie erschließen sich erst, wenn sie vom Leser in starker innerer Tätigkeit belebt und entfaltet, eben mit Willen durchdrungen werden. *Wie erlangt man Erkenntnisse...?* dagegen wirkt beim ersten Lesen geradezu vollgepackt mit dicht gedrängten moralischen Anweisungen, die dem nur oberflächlich Lesenden schnell als sowieso unerreichbar erscheinen mögen. Während sich die *Theosophie* nur einem aktivierten

Denken erschließt, erfordert *Wie erlangt man Erkenntnisse...?* eine Verlangsamung des Denkens und Verinnerlichung des Verstehens, das bis zu intimen Erlebnissen vertieft werden kann. Die *Theosophie* erscheint wie das konzentrierte Ergebnis eines uralten Weisheitsstroms; *Wie erlangt man Erkenntnisse...?* greift weit aus in die Zukunft moralischer Selbstentwicklung. Der eine Strom prangt in goldener Reife, der andere ist wie eine Neugeburt, klein, schwach, verletzlich, aber voller Zukunftspotential.

DIE STUFEN DER HÖHEREN ERKENNTNIS (1905-08) – DIE GEISTESWISSENSCHAFTLICHE WESENSINTUITION

Hier besprechen wir vier Stufen des Erkennens, deren höchste die Intuition ist. Sie wird erstmalig in ihrer vollen geisteswissenschaftlichen Bedeutung als die Verschmelzung des eigenen Ich mit einem anderen geistigen Wesen dargestellt. Das Vorbild des intuitiven Erkennens ist die Selbsterkenntnis des Ich, da es nur von innen erlebt werden kann. Für die Wesensintuition muss das Ich allerdings „selbstlos" werden.

In *Die Stufen der höheren Erkenntnis*[67] entwickelte Rudolf Steiner die Lehre von vier Erkenntnisstufen, der gewöhnlichen, der *Imagination*, der *Inspiration* und der *Intuition*, die „Erkenntnislehre der Geheimwissenschaft". (Implizit waren die drei höheren Stufen schon in *Wie erlangt man Erkenntnisse...?* beschrieben. Auch dort sprach Steiner schon vom geistigen Sehen, vom geistigen Hören und von der Begegnung mit konkreten geistigen Wesen.) Obwohl wir uns in dieser Schrift auf die Intuition konzentrieren wollen, soll der Zusammenhang der Erkenntnisstufen erläutert werden, dient er doch auch dem tieferen Verständnis der Intuition. Steiner geht zunächst vom gewöhnlichen Bewusstsein aus:

„Bevor der Mensch den Pfad höherer Erkenntnis betritt, kennt er nur die erste von *vier* Erkenntnisstufen. Es ist diejenige, welche ihm im gewöhnlichen Leben innerhalb der Sinneswelt eigen ist. Auch in dem, was zunächst ‚Wissenschaft' genannt wird, hat man es nur mit dieser ersten Erkenntnisstufe zu tun. ... Man nennt diese *erste* Erkenntnisstufe in der Geheimwissenschaft die ‚materielle Erkenntnisart'. Dazu kommen

---

[67] *Die Stufen der höheren Erkenntnis*. GA 12. Dornach 1979.

dann zunächst *drei* höhere. ... Nimmt man das gewöhnliche - und sinnlich-wissenschaftliche - Erkennen als die erste Stufe an, so hat man zunächst folgende vier Stufen zu unterscheiden:
1. die materielle Erkenntnis,
2. die imaginative Erkenntnis,
3. die inspirierte Erkenntnis, die man auch die ‚willensartige' nennen kann,
4. die intuitive Erkenntnis." (12\16)

Steiner erläutert nun die höheren Stufen, indem er sie aus den Elementen des alltäglichen Erkennens ableitet. Da sich diese Elemente seelisch beobachten lassen, kann so ein erstes Verständnis der höheren Erkenntnis gewonnen werden. Blicken wir zunächst auf die Analyse des gewöhnlichen Erkennens.

„Beim gewöhnlichen sinnlichen Erkennen kommen vier Elemente in Betracht: 1. der *Gegenstand*, welcher auf die Sinne einen Eindruck macht; 2. das *Bild*, das sich der Mensch von diesem Gegenstande macht; 3. der *Begriff*, durch den der Mensch zu einer geistigen Erfassung einer Sache oder eines Vorganges kommt; 4. das ‚*Ich*', welches sich auf Grund des Eindruckes vom Gegenstande Bild und Begriff bildet. Bevor sich der Mensch ein Bild - eine ‚Vorstellung' macht, ist ein Gegenstand da, welcher ihn dazu veranlasst. Diesen bildet er nicht selbst, er nimmt ihn wahr. Und auf Grund dieses Gegenstandes entsteht das *Bild*. Solange man ein Ding anblickt, hat man es mit diesem selbst zu tun. In dem Augenblicke, wo man von dem Dinge hinwegtritt, besitzt man nur noch das *Bild*. Den Gegenstand verlässt man, das Bild bleibt in der Erinnerung ‚haften'. Aber man kann nicht dabei stehenbleiben, sich bloß ‚Bilder' zu machen. Man muss zu ‚Begriffen' kommen. Die Unterscheidung von ‚Bild' und ‚Begriff' ist unbedingt notwendig, wenn man sich hier ganz klarwerden will. Man stelle sich einmal vor, man sehe einen Gegenstand, welcher kreisförmig ist. Dann drehe man sich um, und man behalte das *Bild* des Kreises im Gedächtnisse. Da hat man noch nicht den ‚Begriff' des Kreises. Dieser ergibt sich erst, wenn man sich sagt: ‚Ein Kreis ist eine Figur, bei der alle Punkte von einem Mittelpunkte gleich weit entfernt sind.' Erst wenn man sich von einer Sache einen ‚Begriff' gemacht hat, ist man zum Verständnisse derselben gekommen. Es gibt viele

Kreise: kleine, große, rote, blaue usw.; aber es gibt nur *einen* Begriff ‚Kreis'. ... Das vierte Element, das bei der materiellen Erkenntnis in Betracht kommt, ist das *‚Ich'*. In demselben kommt eine Einheit der Bilder und Begriffe zustande. Dieses ‚Ich' bewahrt in seinem Gedächtnisse die Bilder. Wäre das nicht der Fall, so entstände kein fortlaufendes inneres Leben. Die Bilder der Dinge blieben nur so lange vorhanden, als diese Dinge selbst auf die Seele wirken. Das innere Leben aber hängt davon ab, dass Wahrnehmung an Wahrnehmung gereiht wird. Das ‚Ich' orientiert sich ‚heute' in der Welt, weil ihm bei gewissen Gegenständen die Bilder der gleichen Gegenstände von ‚gestern' auftauchen. Man vergegenwärtige sich nur, wie unmöglich das Seelenleben wäre, wenn man nur so lange ein Bild eines Dinges hätte, als dieses selbst vor einem steht. - Auch bezüglich der Begriffe bildet das ‚Ich' die Einheit. Es verbindet seine Begriffe und verschafft sich auf diese Art einen Überblick, das heißt ein Verständnis der Welt. Diese Verbindung der Begriffe geschieht im ‚Urteilen'. Ein Wesen, das nur lose Begriffe hätte, könnte sich in der Welt nicht zurechtfinden. Alle Tätigkeit des Menschen beruht auf seiner Fähigkeit, Begriffe zu verbinden, das heißt auf seinem ‚Urteilen'." (12\17)

Man wird nicht leicht eine prägnantere und zugleich umfassendere Darstellung der Elemente des gewöhnlichen Erkennens finden, sowohl bei Steiner als auch anderswo. Auf die integrierende Tätigkeit des Ich sei besonders hingewiesen. Wie leicht vergisst dieses ‚Ich' seinen eigenen, tätigen Beitrag und schreibt die Kontinuität und Logizität seines Weltbildes den äußeren, sinnlichen Erscheinungen zu. Doch weiß ich von der Sinneswelt, streng genommen, nur von Augenblick zu Augenblick, also immer nur gerade jetzt. Wie Steiner in der *Philosophie der Freiheit* ausgeführt hatte, erscheint die Welt für die bloße Wahrnehmung als ein

„... bloßes Nebeneinander im Raum und Nacheinander in der Zeit, ein Aggregat zusammenhangloser Einzelheiten... Keines der Dinge, die da auftreten und abgehen auf der Wahrnehmungsbühne, hat mit dem andern unmittelbar etwas zu tun, was sich wahrnehmen lässt." (4\94)

Durch die Erinnerung erlebt sich das Ich in einem kontinuierlichen Weltgeschehen, durch sein Urteilen erscheint ihm der Weltzusammenhang logisch strukturiert. Das Ich ist aktiv daran beteiligt, dass es sich in einem zeitlichen Zusammenhang mit einer sinnvoll geordneten Welt erlebt. Ohne Erinnerung und Urteilen gäbe es für nur ein immerfort gegenwärtiges, zusammenhangloses Chaos von Eindrücken. Ohne die Tätigkeit des Ich ist die Wirklichkeit nicht fertig; an allem, was es als Zusammenhang und Gesetz in der Welt erfährt, ist es aktiv beteiligt.

In der *Philosophie der Freiheit* hatte Rudolf Steiner das Erkennen als Zusammenfügung von Wahrnehmungen und Begriffen beschrieben. Diese Zweiheit legt sich in den *Stufen der höheren Erkenntnis* in die Vierheit aus Wahrnehmung (Sensation), Erinnerung (Bild), Urteil (Begriff) und tätig erkennendem Wesen (Ich) auseinander.[68]

Die höheren Erkenntnisstufen leitet Steiner nun aus dem gewöhnlichen Erkennen durch eine Art epistemologischem Subtraktionsverfahren ab.

„Bei der nächsthöheren Stufe des Erkennens fällt nun der Eindruck auf die äußeren Sinne, die ‚Sensation', weg. Ein äußerer Sinnesgegenstand ist nicht mehr vorhanden. Es bleiben also von den Elementen, an welche der Mensch von der gewöhnlichen Erkenntnis her gewöhnt ist, nur die drei: Bild, Begriff und Ich." (12\18)

---

[68] Diese Auseinanderlegung erlaubt eine viel klarere Einsicht in den Zusammenhang zwischen den Elementen des Erkennens und den Seelenfähigkeiten sowie den Wesensgliedern des Menschen. So gehört die Wahrnehmung als sinnliche Tätigkeit zum physischen Leib, die Erinnerung als vorstellungsverwandte Tätigkeit zum ätherischen Leib, das Urteilen als eine dem Fühlen verwandte Tätigkeit zum astralischen Leib, während das Ich ein integrierendes Willenswesen ist. Wir kommen auf diese Zusammenhänge weiter unten wiederholt zurück.

„Nun aber erwirbt sich der Geheimschüler eben die Fähigkeit, Bilder zu formen, auch wo keine Sinnesgegenstände vorhanden sind. Es muss dann bei ihm an die Stelle des ‚äußeren Gegenstandes' ein anderer treten. Er muss Bilder haben können, auch wenn kein Gegenstand seine Sinne berührt. An die Stelle der ‚Sensation' muss etwas anderes treten. Dies ist die *Imagination*. Bei dem Geheimschüler auf dieser Stufe treten Bilder auf genau so, wie wenn ein Sinnesgegenstand auf ihn einen Eindruck machen würde; sie sind so lebhaft und wahr wie die Sinnesbilder, nur kommen sie nicht vom ‚Materiellen', sondern vom ‚Seelischen' und ‚Geistigen'. ... Es ist einleuchtend, dass sich der Mensch diese Fähigkeit, *inhaltvolle Bilder* zu haben ohne Sinneseindrücke, erst erwerben muss. Es geschieht dies durch die Meditation, durch die Übungen, welche in den Darstellungen des Buches ‚Wie erlangt man Erkenntnisse der höheren Welten?' beschrieben worden sind. ... Der imaginative Mensch hat eine ... Bilderwelt, die von einer höheren Welt ihren Zufluss erhält. Es gehört eine sehr sorgfältige Schulung dazu, innerhalb dieser höheren Bilderwelt Täuschung von Wirklichkeit zu unterscheiden." (12\19)

In einem späteren Kapitel beschreibt Rudolf Steiner ähnlich wie in *Wie erlangt man Erkenntnisse...?*, wie solche Bilder aufgrund seelisch-geistiger Eindrücke zustande kommen, und wir hatten darüber im Kapitel zur meditativen Wahrnehmung geistiger Wesen (S. 121 ff.) auch einige Andeutungen gemacht. Doch gehen wir weiter zur dritten Stufe.

„Bei der *dritten* Stufe der Erkenntnis bleiben nun auch die Bilder weg. Der Mensch hat es nur noch mit ‚Begriff' und ‚Ich' zu tun. Hat er auf der zweiten Stufe noch eine Bilderwelt um sich, die erinnert an die Augenblicke, wo das lebhafte Gedächtnis sich die Eindrücke der Außenwelt vor die Seele zaubert, ohne selbst solche Eindrücke zu haben: auf der dritten Stufe sind auch solche Bilder nicht mehr vorhanden. Der Mensch lebt ganz in einer rein geistigen Welt. ... Was für die erste Stufe die Sensation, für die zweite die Imagination, das ist für sie die ‚*Inspiration*'. Die Inspiration gibt die Eindrücke, und das ‚Ich' formt die Begriffe." (12\20)

Auch in *Wie erlangt man Erkenntnisse...?* hatte Rudolf Steiner die Inspiration beschrieben:
Der Meditierende „erfährt, dass sich *Leben* in dieser Gedankenwelt ausspricht. Er sieht ein, dass sich in Gedanken nicht bloße Schattenbilder ausleben, sondern, dass durch sie verborgene Wesenheiten zu ihm sprechen. Es fängt an, aus der Stille heraus zu ihm zu sprechen." (10\37)
In den *Stufen* schreibt Steiner entsprechend für „Dinge" der äußeren Welt:
„Man beginnt zu ‚hören', was im Innern der Dinge vorgeht. Der Stein, die Pflanze usw. werden zu ‚geistigen Worten'. Die Welt beginnt der Seele gegenüber ihr Wesen wirklich selbst auszusprechen. Der *Inspirierte* vermag das innere Wesen der Dinge zu künden; alle Dinge werden in neuer Art vor seiner Seele auferstehen." (12\21)
Schließlich heißt es zur höchsten Erkenntnisstufe, der Intuition:
„Auf der *vierten Erkenntnisstufe* endlich hört auch die Inspiration auf. Von den Elementen, die man vom alltäglichen Erkennen her gewohnt ist zu betrachten, ist nur noch das ‚Ich' dasjenige, welches in Betracht kommt. Der Geheimschüler merkt an einer ganz bestimmten inneren Erfahrung, dass er bis zu dieser Stufe aufgestiegen ist. Diese Erfahrung drückt sich darin aus, dass er das Gefühl hat: er stehe jetzt nicht mehr *außer* den Dingen und Vorgängen, welche er erkennt, sondern *innerhalb* derselben. Bilder sind nicht der Gegenstand; sie *drücken* ihn bloß aus. Auch was die Inspiration gibt, ist nicht der Gegenstand. Sie *spricht* ihn nur aus. Das aber, was jetzt in der Seele lebt, ist wirklich der Gegenstand selbst. Das Ich hat sich ergossen über alle Wesen; es ist mit ihnen zusammengeflossen. Das *Leben* der Dinge in der Seele ist nun die *Intuition*. Es ist eben ganz wörtlich zu nehmen, wenn man von der Intuition sagt: man kriecht durch sie in alle Dinge hinein." (12\22)
Eine prägnante Formulierung des existentiellen Intuitionserlebnisses! Demgegenüber hatte es in den *Einleitungen* noch philosophisch-abstrakt geheißen:
„Wir gelangen, indem wir uns der Idee bemächtigen, in den Kern der Welt. Was wir hier erfassen, ist dasjenige, aus dem

alles hervorgeht. Wir werden mit diesem Prinzipe eine Einheit; deshalb erscheint uns die Idee, die das Objektivste ist, zugleich als das Subjektivste." (1\163)

Und in *Goethes Weltanschauung*:

„Sobald [der Mensch] fühlt, wie die Idee in seinem Innern lebt und tätig ist, betrachtet er sich und die Natur als *ein* Ganzes, und was als Subjektives in seinem Innern erscheint, das gilt ihm zugleich als objektiv; er weiß, dass er der Natur nicht mehr als Fremder gegenübersteht, sondern er fühlt sich verwachsen mit dem Ganzen derselben. Das Subjektive ist objektiv geworden; das Objektive von dem Geiste ganz durchdrungen." (6\55)

Es ist deutlich, dass Rudolf Steiner auch schon in seinen frühen Schriften die Vereinigung von Subjekt und Objekt meinte. Um die Intuition weiter zu erläutern, greift Steiner dann verdeutlichend auf die Selbstintuition zurück:

„Im gewöhnlichen Leben hat der Mensch nur eine Intuition, das ist diejenige des ‚Ich' selber. Denn das ‚Ich' kann auf keine Weise von außen wahrgenommen werden, es kann nur im Innern erlebt werden. Eine einfache Erwägung kann das klarmachen. ... So unscheinbar sie aber ist: für den, der sie ganz versteht, ist sie von der allerweittragendsten Bedeutung. Sie ist die folgende: Ein jedes Ding der Außenwelt kann von allen Menschen mit demselben Namen genannt werden. Der Tisch kann von allen mit ‚Tisch', die Tulpe von allen mit ‚Tulpe', der Herr Müller von allen mit ‚Herr Müller' angesprochen werden. Aber es gibt ein Wort, das jeder nur zu sich selbst sprechen kann. Dies ist das Wort ‚Ich'. Kein anderer kann zu mir ‚Ich' sagen, für jeden anderen bin ich ein ‚Du'. Ebenso ist jeder andere für mich ein ‚Du'. Nur er selbst kann zu sich ‚Ich' sagen. Das rührt davon her, dass man nicht *außer*, sondern *in* dem ‚Ich' lebt. Und so lebt man durch die *intuitive* Erkenntnis in allen Dingen. Die Wahrnehmung des eigenen ‚Ich' ist das Vorbild für alle intuitive Erkenntnis." (12\22)

Diese Erwägung sei von der „allerweittragendsten Bedeutung" – eine seltene Betonung bei Steiner, der mit Superlativen ansonsten recht sparsam umging. Von diesem Gedanken schrieb er in seiner Autobiographie:

„Mir war [das] ‚Ich' innerlich überschaubares Erlebnis von einer in ihm selbst vorhandenen *Wirklichkeit*. Diese Wirklichkeit erschien mir nicht weniger gewiss wie irgendeine vom Materialismus anerkannte. Aber in ihr ist gar nichts Materielles. Mir hat dieses Durchschauen der Wirklichkeit und Geistigkeit des ‚Ich' in den folgenden Jahren über alle Versuchungen des Materialismus hinweggeholfen. Ich wusste: an dem ‚Ich' kann nicht gerüttelt werden." (28\97)

Hier ist ein Punkt unumstößlicher Erkenntnisgewissheit, eine Erfahrung geistiger „Wirklichkeit", die „gar nichts Materielles" enthält. Wer die Wirklichkeit des Ich „ganz versteht", wer sie wirklich erlebt, kann nicht mehr am Geist zweifeln. Ebensolche Erkenntnissicherheit *über die Dinge* wird daher denkbar, wenn sich das Ich über die Wesen „ergießt", wenn es mit ihnen „zusammenfließt", in sie „hineinkriecht". Rudolf Steiner betont das noch einmal in einem späteren Teil der *Stufen*, indem er sein Verständnis von Intuition zugleich von dem umgangssprachlichen abgrenzt:

„Hier soll nur noch darauf hingewiesen werden, dass dasjenige, was man in der Geheimwissenschaft als ‚Intuition' bezeichnet, nichts zu tun hat mit dem, wofür man gegenwärtig oft im populären Sprachgebrauch das Wort ‚Intuition' anwendet. Man bezeichnet so einen mehr oder weniger unsicheren ‚Einfall' im Gegensatz zu einer klaren, folgerichtig gewonnenen Verstandes- oder Vernunfterkenntnis. In der Geheimwissenschaft ist die ‚Intuition' nichts Unklares und Unsicheres, sondern eine hohe Erkenntnisart, voll der lichtesten Klarheit und der unbezweifelbarsten Sicherheit." (12\67)

„Intuition ist, in dieser Anwendung, nicht eine Erkenntnis, die an Klarheit hinter der Verstandeserkenntnis zurückbleibt, sondern welche diese weit überragt." (12\78)

Wie kann man aber in einen Bergkristall „hineinkriechen"? Wie kommt man zu den Intuitionen der Dinge? Wir wollen diese Frage hier nur aufwerfen und später sehen, wie sie von Rudolf Steiner beantwortet wurde. Allerdings gibt es schon in *Wie erlangt man Erkenntnisse...?* konkrete Intuitionsübungen, die dort nur noch nicht als solche bezeichnet wurden, z.B. die Übung des kritiklosen Zuhörens:

„Wenn er sich so übt, kritiklos zuzuhören, auch dann, wenn die völlig entgegengesetzte Meinung vorgebracht wird, wenn das ‚Verkehrteste' sich vor ihm abspielt, dann lernt er nach und nach mit dem Wesen eines anderen vollständig zu verschmelzen, ganz in dasselbe aufzugehen. Er hört dann durch die Worte hindurch in des anderen Seele hinein." (10\51)

Jedenfalls gibt es eine wesentliche Bedingung für die Intuition:

„Um so in die Dinge hineinzukommen, muss man allerdings erst aus sich selbst heraustreten. Man muss ‚selbstlos' werden, um mit dem ‚Selbst', dem ‚Ich', einer anderen Wesenheit zu verschmelzen." (12\23)

* * *

In den *Stufen der höheren Erkenntnis* schreibt Rudolf Steiner dann von der intuitiven Erkenntnis „geistiger Wesen", wie er sie in der *Theosophie* schon charakterisiert hatte (vgl. oben, S. 113 ff.).

„Man hat erst dann etwas intuitiv erfasst, wenn man diesem ‚Etwas' gegenüber zu der Empfindung gekommen ist: es äußert sich in ihm ein Wesen, das von derselben Art und inneren Geschlossenheit wie das eigene Ich ist. Wer einen Stein mit den Sinnen betrachtet und ihn nach seinen Eigenheiten mit dem Verstande - und den gewöhnlichen wissenschaftlichen Hilfsmitteln - zu begreifen sucht, der lernt nur die Außenseite des Steines kennen. Als geistiger Beobachter schreitet er zu der imaginativen und inspirierten Erkenntnis vor. Lebt er innerhalb der letzteren, so kann er zu einer weiteren Empfindung kommen. Diese Empfindung möchte man durch einen Vergleich in der folgenden Art charakterisieren. Man stelle sich vor, man sehe einen Menschen auf der Straße. Er macht zunächst auf den Beobachter einen flüchtigen Eindruck. Später lernt man ihn näher kennen; und es kommt der Augenblick, in dem man mit ihm so befreundet wird, dass sich Seele der Seele aufschließt. Mit dem Erlebnis, das man durchmacht, wenn so die Hüllen der Seelen fallen und Ich dem Ich gegenübersteht, ist dasjenige zu vergleichen, wenn dem geistigen Beobachter der Stein nur wie eine äußere Offenbarung erscheint und er vorschreitet zu etwas, zu dem der Stein gehört, wie der Fingernagel zum menschlichen Leibe gehört, und das sich auslebt als ein ‚Ich', wie das eigene Ich eines ist. Erst in der Intuition ist diejenige Erkenntnisart durch den Menschen erreicht, die ihn ins ‚Innere' der Wesen führt." (12\80)

Steiner fasst dann die eigentlichen Inhalte des imaginativen, inspirativen und intuitiven Erkennens zusammen:

„In der Inspiration sprechen die Erlebnisse der höheren Welten ihre Bedeutung aus. Der Beobachter lebt in den Eigenschaften und Taten der Wesen dieser höheren Welten. Wenn er, wie oben charakterisiert worden ist, mit seinem Ich einer Linienführung oder einer Gestaltform folgt, so weiß er doch, dass er nicht innerhalb des Wesens selbst ist, sondern innerhalb dessen Eigenschaften und Verrichtungen. Schon in der imaginativen Erkenntnis erlebt er es ja, dass er sich z.B. nicht außerhalb, sondern innerhalb der Farbenbilder fühlt; aber er weiß auch ebenso genau, dass diese Farbenbilder nicht in sich selbständige Wesen, sondern Eigenschaften solcher Wesen sind. In der Inspiration wird er sich bewusst, dass er eins wird mit den Taten solcher Wesen, mit den Offenbarungen ihres Willens; erst in der Intuition verschmilzt er mit Wesen, die in sich geschlossen sind, selbst. Im richtigen Sinne kann das nur geschehen, wenn diese Verschmelzung nicht unter Auslöschung, sondern unter völliger Aufrechterhaltung seiner eigenen Wesenheit der Fall ist. Alles ‚Sich-Verlieren' an ein fremdes Wesen ist vom Übel. Daher kann nur ein Ich, das in sich bis zu einem hohen Grade gefestigt ist, in ein anderes Wesen ohne Schaden untertauchen." (12\79)

Rudolf Steiner kündigte dann noch ein Kapitel mit einer „gesetzmäßigen Anweisung, welche die Geheimwissenschaft für die Intuition gibt" (12\82) an, zu dem es aber im Zusammenhang dieser Aufsatzreihe leider nicht mehr gekommen ist.

DIE AUFFALTUNG DES URSPRÜNGLICHEN INTUITIONSBEGRIFFS IN VIER STUFEN DES ERKENNENS

Hier besprechen wir, dass die vier Stufen der (höheren) Erkenntnis schon in den ursprünglichen vier Aspekten des Intuitiven enthalten waren.

Eingangs dieser Untersuchung hatten wir gezeigt, dass Rudolf Steiners ursprünglicher Begriff der Intuition vier Aspekte umfasst (siehe oben, S. 45 ff.). Die Intuition bzw. das intuitiv zu Erfassende

- wirkt in der Welt als das die Welterscheinungen durchsetzende und hervorbringende, geistige Prinzip,
- beruht als Erkenntnis auf eigener, geistig-produktiver Tätigkeit,
- ist dennoch inhaltlich durch sich selbst bestimmt, und
- kommt im Menschen zu Selbstanschauung bzw. entspricht dem geistigen Wesen des Menschen.

In *Die Stufen der höheren Erkenntnis* beschreibt Rudolf Steiner vier Aspekte (siehe vorheriges Kapitel), die durchaus ähnlich erscheinen. In Bezug auf das gewöhnliche, gegenständliche Erkennen nennt er zunächst

- den *Gegenstand*, der auf die Sinne einen Eindruck macht,
- das *Bild*, das man sich von dem Gegenstand macht, und das „in der Erinnerung haften" bleibt,
- den *Begriff*, durch den man „zum Verständnisse" der Sache kommt, und
- das *Ich*, in dem und durch dessen Tätigkeit „die Einheit der Bilder und Begriffe" zustande kommt.

Mit Blick auf das geistige Erkennen kommen nun ebenfalls vier Stufen in Betracht:
- das physisch-gegenständliche „Ding" als *Weltinhalt*, in dem ein geistiges Wesen erscheint und das durch dieses Wesen bestimmt (geformt) ist,
- der *Ausdruck* des geistigen Wesens in einer bildhaften Imagination,
- die *Offenbarung* der „Eigenschaften und Taten", d.h. des Inhalts und der Bedeutung des geistigen Wesens,
- und das „in sich geschlossene" geistige *Wesen* selbst.

Für das gewöhnliche Erkennen gilt, dass der Gegenstand, der als Erscheinung („*Sensation*") einen Eindruck auf die Sinne macht, in innerer Tätigkeit nachgebildet wird, wodurch ein erinnerbares Bild, eine Vorstellung entsteht. Die Sache ist inhaltlich durch ihren Begriff bestimmt, und das Ich fasst Bilder und Begriffe zusammen.

Aus dem Begriff des Bildes entfaltet Rudolf Steiner nun den Begriff der *Imagination*. Imagination ist ein bildhaftes Erleben, das nicht von der äußeren Welt, sondern vom Seelisch-Geistigen her angeregt wird. Die imaginativen Bilder leben im Bewusstsein nicht passiv-anschaubar wie die sinnliche Gegenstandswelt, sondern erscheinen innerhalb der seelisch-geistigen Tätigkeit des Ich.

Den Zusammenhang zwischen dem aktiven, produktiven Denken und der Imagination hat Rudolf Steiners oftmals dargestellt. Wir zeigen den Zusammenhang anhand einer prägnanten Beschreibung aus seinem Buch *Grundlegendes zur Erweiterung der Heilkunst*[69]:

„Man kann [das] Denken in sich verstärken, erkraften. Man kann einfache, leicht überschaubare Gedanken in den Mittelpunkt des Bewusstseins stellen, und dann, mit Ausschluss aller

---

[69] Rudolf Steiner, Ita Wegmann: *Grundlegendes zur Erweiterung der Heilkunst nach geisteswissenschaftlichen Erkenntnissen.* GA 27. Dornach 1991.

anderen Gedanken, alle Kraft der Seele auf solchen Vorstellungen halten. ... Im Verfolge dieses Übens kommt man zu einer Verstärkung der *Denkkraft*, von der man vorher keine Ahnung hatte. ... Was man jetzt in der verstärkten Denkkraft wahrnimmt, ist durchaus nicht blass und schattenhaft; es ist vollinhaltlich, konkret-bildhaft; es ist von einer viel intensiveren Wirklichkeit als der Inhalt der Sinneseindrücke. Es geht dem Menschen eine neue Welt auf, indem er auf die angegebene Art die Kraft seiner Wahrnehmungsfähigkeit erweitert hat. ... In der Anthroposophie wird die durch Übung erlangte Fähigkeit des Menschen, diese Welt zu schauen, die imaginative Erkenntniskraft genannt. Imaginativ nicht aus dem Grunde, weil man es mit ‚Einbildungen' zu tun habe, sondern weil der Inhalt des Bewusstseins nicht mit Gedankenschatten, sondern mit Bildern erfüllt ist." (27\9)[70]

Von der Intuition konnten wir zeigen, dass sie auf hervorbringender Tätigkeit beruht. Es besteht also ein Zusammenhang zwischen dem produktiven Denken als eines Aspektes des ursprünglichen Intuitionsbegriffs und der Imagination, die durch aktivierte Denktätigkeit auftritt. Was Rudolf Steiner in den *Einleitungen* und *Grundlinien* als produktive Geistestätigkeit beschrieb, durch die der organische Typus erfasst wird, verwandelt sich, wenn es durch meditative Übung immer weiter

---

[70] Für das gewöhnliche Bewusstsein erscheint es nicht verständlich, warum durch eine Verstärkung der Denkkraft Bilder im Bewusstsein auftreten sollen. Man kann sich aber vorstellen, dass je nach Art der inneren Bewegung, die man in der Meditation ausführt, Unterschiedliches erlebt wird, und dass man solche Erlebnisse in bildhafter Form ausdrücken kann. Oben im Kapitel über die meditative Wahrnehmung geistiger Wesen (S. 119 ff.) hatten wir einige Fragen genannt, die ebenfalls zu bildhaften Erfahrungen von geistig Wesenhaftem hinleiten können. Der Charakter und die Wesenheit der imaginativen Bilder wäre eine ausführliche Untersuchung wert. Vgl. hierzu Edward de Boer (Hrsg.): *Rudolf Steiner: Imagination, Bildekraft des Denkens*. Basel 2015.

verstärkt und konzentriert wird, zur höheren Erkenntnisstufe der Imagination.

Die produktive Tätigkeit des intuitiven Denkens wird, wie wir ebenfalls ausführlich zeigten, von ihrem jeweiligen Inhalt bestimmt. Diese Selbstbestimmung korrespondiert nun mit der Darstellung des inspirativen Erkennens. Macht man sich *nach erlangter imaginativer Anschauung* innerlich leer, um sein Bewusstsein ganz von dem objektiven Inhalt erfüllen zu lassen, so erreicht man die Erkenntnisstufe der *Inspiration*:

„Die Übungen, die ein höheres Wahrnehmen herbeiführen, können fortgesetzt werden. Man kann ... auch darauf wieder eine ... erhöhte Kraft anwenden, die erlangten Imaginationen (Bilder einer geistig-ätherischen Wirklichkeit) zu unterdrücken. Dann erlangt man den Zustand des völlig leeren Bewusstseins. Man ist bloß wach, ohne dass zunächst das Wachsein einen Inhalt hat. ... Aber dieses Wachsein ohne Inhalt bleibt nicht. Das von allen physisch- und auch ätherisch-bildhaften Eindrücken leer gewordene Bewusstsein erfüllt sich mit einem Inhalt, der ihm aus einer realen geistigen Welt zuströmt, wie den physischen Sinnen die Eindrücke aus der physischen Welt zuströmen." (27\13)

Die Inspiration beruht also auf Hingabe an die sich selbst bestimmenden Gedankeninhalte, die man zuerst aktiv produziert, sich ihnen gegenüber dann aber zurücknimmt und sich, selbst „leer" geworden, wie von außen von ihnen berühren lässt. Nach unserer Auffassung geht das inspirative Erkennen also aus einer Intensivierung dessen hervor, was im ursprünglichen Intuitionsbegriff die ‚Selbstbestimmtheit der Gedankeninhalte' (bzw. das innere Erleben dieser Selbstbestimmtheit) ist. Steiner beschreibt die Inspiration dementsprechend als eine Art geistigen Hörens:

„Der Mensch lebt [in der Inspiration] ganz in einer rein geistigen Welt. ... Man beginnt zu ‚hören', was im Innern der Dinge vorgeht. Der *Inspirierte* vermag das innere Wesen der Dinge zu künden." (12\21)

Das „innere Wesen" des Kreises ist – erkenntnistheoretisch ausgedrückt – sein Begriff. Inspiration ist lebendige Erfahrung des Inhalts der Begriffe, des Wesens der Dinge. Und wenn Steiner von den „Eigenschaften und Taten" der geistigen Wesen spricht, die durch Inspiration erfahrbar werden, kann man darunter das Erleben der Inhalte der Begriffe und ihrer Wechselwirkungen untereinander verstehen. (Die Aussage aus den *Grundlinien*, dass „unser Geist die Zusammensetzung der Gedankenmassen nur nach Maßgabe ihres Inhaltes vollzieht", deutet damit also schon auf das inspirative Erkennen hin.)

Schließlich besteht ein offensichtlicher Zusammenhang zwischen dem Ich und der Intuition:

„Das Ich hat sich ergossen über alle Wesen; es ist mit ihnen zusammengeflossen. Das *Leben* der Dinge in der Seele ist nun die *Intuition*." (12\22).

Man kann daher, gleichsam im Umkehrschluss, sagen, dass die Vorstellungsbilder des gewöhnlichen Bewusstseins abgeschattete Imaginationen sind, die gewöhnlichen Begriffe verstummte Inspirationen, und dass das alltägliche Ich das abgestorbene Welt-Intuitions-Wesen ist. Doch weil das Ich nicht nur als Ego, sondern auch als wirkliches Geistwesen im Menschen *lebt*, ist hier der Punkt, wo der lebendige Geist zunächst – intuitiv – erfahren (erweckt) werden kann und von wo aus er wiederum in den Dingen auffindbar ist:

„Gott ist in der Welt verzaubert. Und du brauchst seine eigene Kraft, um ihn zu finden. Diese Kraft musst du in dir erwecken. ... Gott ... lebt im Menschen. Und der Mensch kann das Leben des Gottes in sich erfahren." (8\36)

Die Rede vom in der Welt verzauberten Gott weist uns schließlich noch auf den vierten Aspekt des Intuitiven hin. Nach Steiners ursprünglicher Auffassung ist die Intuition kein „bloßer Verstandesbegriff", sondern (z.B.)

„dasjenige, was in jedem Organismus das wahrhaft Organische ist, ohne welches derselbe nicht Organismus wäre. ... Die Idee des Organismus ist als Entelechie im Organismus tätig, wirksam; ... sie *bewirkt* das zu Erfahrende." (1\84)

Was also als ‚Sensation' (die unterste der vier Stufen) erscheint, ist, innerlich gesehen, ebenfalls intuitiv zu erfassender Geist. Zur Erläuterung dieses Punktes sei noch ein Zitat aus *Die Mystik* angeführt:

„Die sinnliche Wahrnehmung schaltet alles Nichtsinnliche von den Dingen aus. Die Dinge werden durch sie alles dessen entkleidet, was an ihnen nichtsinnlich ist. Schreite ich dann zu dem geistigen, dem ideellen Inhalt fort, so stelle ich nur dasjenige wieder her, was die sinnliche Wahrnehmung an den Dingen ausgelöscht hat. Somit zeigt mir die sinnliche Wahrnehmung nicht das tiefste Wesen der Dinge; sie trennt mich vielmehr von diesem Wesen. Die geistige, ideelle Erfassung verbindet mich aber wieder mit diesem Wesen. Sie zeigt mir, dass die Dinge in ihrem Innern genau von demselben geistigen Wesen sind, wie ich selbst. Die Grenze zwischen mir und der Außenwelt fällt durch die geistige Erfassung der Welt dahin." (7\43)

Wir meinen also, dass die vier Aspekte von Rudolf Steiners ursprünglichem Intuitionsbegriff, wie er ihn in seinen erkenntnistheoretischen Schriften darstellte, von ihm zu den vier Stufen des Erkennens, zu Sensation, Imagination, Inspiration und Intuition weiterentwickelt wurden. Der entwickelte Intuitionsbegriff der *Stufen* ist aber dadurch nicht ärmer, sondern nur präziser geworden. Im Kern ist er derselbe geblieben, die anderen Erkenntnisstufen wurden durch Vertiefung seiner Aspekte aus ihm heraus entwickelt.

Aspekte der Intuition	Aspekte des gewöhnlichen Erkennens	Tätigkeiten des gewöhnlichen Erkennens	Stufen des höheren Erkennens	Tätigkeiten des höheren Erkennens	geistiges Wesen
wirkt in den Welterscheinungen	Gegenstand	Wahrnehmen	Sensation		erscheint auf sinnliche Weise
wird produktiv hervorgebracht	Bild	inneres (Nach)-Bilden, Erinnern	Imagination	aktives, konzentriertes Vorstellen (→ ‚geistiges Schauen')	drückt sich in Bildern aus
bestimmt sich inhaltlich selbst	Begriff	Verstehen	Inspiration	Empfangen im leeren Bewusstsein (→ ‚geistiges Hören')	spricht seine „Eigenschaften und Taten" aus
erscheint im Ich als geistiges Weltwesen	Ich	Erkennen (Einheit von Bildern und Begriffen)	Intuition	geistig mit den Dingen verschmelzen	erscheint als solches

AUFSÄTZE (1904-08) – INTUITION, ICH-ERKENNTNIS UND WIRKLICHKEIT

In diesem Kapitel besprechen wir Rudolf Steiners Darstellung der Selbsterkenntnis bei Johann Gottlieb Fichte. Wir blicken auf die Erweiterung der Selbst- zur Welterkenntnis durch die Ergänzung von Fichtes ‚Tathandlung' mit der Empirie des Aristoteles, die Steiner als seinen eigenen geistigen Weg beschrieb. Wir referieren die Forderung nach strenger Gedankenkontrolle und stellen den Zusammenhang dar, der zwischen Goethes Metamorphosenlehre und dem intuitiven Erkennen besteht. Schließlich zeigen wir, dass Steiner bereits vor der Philosophie der Freiheit *von intuitiver Erkenntnis im Sinne der Anthroposophie geschrieben hatte.*

Neben seinen Schriften publizierte Rudolf Steiner immer wieder Aufsätze und Autoreferate von Vorträgen. Wir blicken zunächst auf solche zwischen 1905 und 1908, die ergänzende und vertiefende Gesichtspunkte zum intuitiven Erkennen enthalten. In *Theosophie in Deutschland vor hundert Jahren* (1906)[71] wird Johann Gottlieb Fichte als der „Pfadfinder und Entdecker des höheren [intuitiven] Sinnes"(35\54) im neueren deutschen Geistesleben gewürdigt. Fichte hatte das schöpferische Element der Selbsterkenntnis entdeckt. Steiner erläutert:

„Ein jedes Ding und eine jede Tatsache, die von dem Menschen wahrgenommen wird, drängt diesem das *Sein* auf. Es ist ohne das Zutun des Menschen ... da. Der Tisch, die Blume, der Hund, eine Lichterscheinung und so weiter sind durch etwas dem Menschen Fremdes da; und diesem kommt nur zu, die Existenz festzustellen, welche ohne ihn zustande gekommen ist. Anders ist das für Fichte bei dem ‚Ich' des Menschen.

---

[71] In: *Philosophie und Anthroposophie. Gesammelte Aufsätze 1904-1923.* GA 35. Dornach 1984, S. 43-65

Dasselbe ist nur da, insofern es sich durch seine eigene Tätigkeit das Sein selbst beilegt. Daher bedeutet der Satz ‚Ich bin' etwas ganz anderes als jeder andere Satz. Dass man sich dieses Selbstschöpferische zum Bewusstsein bringe, forderte Fichte für den Ausgangspunkt einer jeglichen geistigen Weltbetrachtung. Bei jeder andern Erkenntnis kann der Mensch bloß empfangend sein, beim ‚Ich' muss er Schöpfer sein. Und er kann sein ‚Ich' nur wahrnehmen, indem er sich *als den Schöpfer dieses Ich anschaut.*" (35\55)[72]

Was man üblicherweise als sein Ich bezeichnet, das Seelenleben oder die Selbstidentifikation mit dem Körper, ist nicht das wirkliche Ich. Denn dem gewöhnlichen Seelenleben und Körpersein kann man sich gegenüber stellen, sie vom Ich aus betrachten – es kann also nicht identisch mit dem Seelenleben sein. Dem wirklichen Ich kann man sich nicht gegenüber stellen. Das wäre, als ob man versuchte, seine Augen ohne einen Spiegel zu sehen: Wenn man seine Position ändert, um auf sich selbst zu blicken, nimmt man das Objekt des Blicks mit und sieht dann dort, wohin man blickt – nichts. In der Selbsterkenntnis sind das Subjekt und das Objekt identisch. Das Ich kann sich daher nur anschauen, indem es sich von innen erlebt. Mit „Anschauen" ist hier also etwas anderes gemeint, als das Betrachten eines gegenüberstehenden Objekts. Ich muss schöpferisch tätig werden und das, was ich hervorbringe, innerlich erleben (vgl. das Zitat Fichtes, Fußnote 35, S. 50). Und nur, indem ich tätig werde, kann ich diese meine Tätigkeit erleben. Es ist wenn auch nicht derselbe Inhalt, so doch dieselbe Art geistiger Anschauung, von der es in den *Grundlinien* geheißen hatte:

---

[72] Von der aktiven Natur der Selbsterkenntnis sagte Fichte: „Kraft, der ein Auge eingesetzt ist, ist der eigentliche Charakter des Ich, der Freiheit, der Geistigkeit." *J. G. Fichte: System der Sittenlehre.* In: I. H. Fichte (Hrsg.): *J.G. Fichtes nachgelassene Werke.* Bonn 1835, S. 17. Doch hatte Fichte die geistige „Tathandlung" nur für die Selbsterkenntnis beschrieben. Rudolf Steiner erweiterte sie auf alles Denken.

„Unser Geist muss demnach in dem Erfassen des Typus viel intensiver wirken als beim Erfassen eines Naturgesetzes. Er muss mit der Form den Inhalt erzeugen. Auf dieser höheren Stufe muss also der Geist selbst anschauend sein. Unsere Urteilskraft muss *denkend anschauen* und *anschauend denken*. Wir haben es hier, wie Goethe zum erstenmal auseinandergesetzt, mit einer anschauenden Urteilskraft zu tun." (2\110)

Anhand dieses aktiven Charakters der geistigen Anschauung zieht Rudolf Steiner eine scharfe Grenze zwischen dem gewöhnlichen und dem sogenannten „okkulten" (d.h. intuitiven) Erleben:

„Es ist damit ganz scharf die Grenze bezeichnet, wo das gewöhnliche Erleben aufhört und das okkulte beginnt. Das gewöhnliche Wahrnehmen und Erleben reicht genau so weit, als objektiv dem Menschen die Wahrnehmungsorgane eingebaut sind. Das okkulte beginnt da, wo der Mensch anfängt, sich selbst durch die in ihm liegenden schlummernden Kräfte höhere Wahrnehmungsorgane aufzubauen. Innerhalb des gewöhnlichen Erlebens vermag sich der Mensch nur als Geschöpf zu fühlen. Beginnt er, sich als Schöpfer seiner Wesenheit zu fühlen, so betritt er das Gebiet des sogenannten okkulten Lebens." (35\56)

Die Selbsterkenntnis und überhaupt das „okkulte Leben" beruhen auf dem Anschauen innerer, produktiver Aktivität. Aus diesem Grund ist die Selbsterkenntnis ein Vorbild für alle Geisterkenntnis:

„Das ‚Ich' ... bleibt leer, keine Außenwelt erfüllt es mit Inhalt, wenn dieser nicht aus dem Innern kommt. Die Erkenntnis ‚Ich bin' kann daher niemals etwas anderes sein, als des Menschen intimstes Innererlebnis. ... Aber so wie diese scheinbar ganz leere *Bejahung* des eigenen Selbst auftritt, so spielen sich *alle* höheren okkulten Erlebnisse ab. Sie werden inhalt- und lebensvoller, aber sie haben dieselbe *Form*. Man kann durch das Ich-Erlebnis, wie es Fichte darstellt, den Typus aller okkulten Erlebnisse zunächst auf rein gedanklichem Gebiete kennenlernen." (35\57)[73]

---

[73] Vergleiche hierzu auch die Darstellung über die sich selbst erweckende Aktivität in Fichtes Selbsterkenntnis auf S. 176.

Wie die Selbsterkenntnis werden alle geistigen Erlebnisse aktiv erzeugt, doch haben sie einen erweiterten Inhalt. Daher ist die Erfahrung des Ich-bin zugleich eine Erfahrung des göttlichen Funkens in der Seele:

„Es ist daher richtig gesprochen, wenn man sagt, dass mit dem ‚Ich bin' der Gott in dem Menschen zu sprechen beginnt. Und nur weil das in rein gedanklicher Form geschieht, wollen es so viele Menschen nicht anerkennen." (35\58)

* * *

Ähnlich wird Fichte in dem Vortragsreferat *Philosophie und Anthroposophie* (1908)[74] gewürdigt, diesmal im Zusammenhang mit der Erkenntnistheorie des *Aristoteles*. Rudolf Steiner erläutert zunächst die grundlegenden Aspekte des Erkennens, wie sie Aristoteles dargestellt hatte, nämlich dass wir

„... bei konsequentem Denken die Erfahrungswelt um uns herum zusammengesetzt denken müssen aus Materie und aus dem, was [Aristoteles] die Form nennt." (35\89)

Im Sinne der *Philosophie der Freiheit* ist „Materie" das sinnlich wahrgenommene Konkrete, während die „Form" die allgemeinen Begriffe darstellt.

„So finden wir die Form, indem wir einen Begriff bilden, der ein Universelles zum Ausdruck bringt, im Gegensatz zu dem, was die Sinne erfassen, und das immer ein Besonderes, ein einzelnes Ding ist." (35\90)

Während uns die „Materie" als etwas Fremdes, Undurchdringliches gegenübertritt, ist uns die Form einer Sache, wenn wir sie erfassen, transparent.

„Wenn der Mensch einen Kreis konstruiert, da stößt er an kein Ding an sich, da lebt er in der Sache selbst, wenn auch zunächst nur formal." (35\100)

---

[74] In: *Philosophie und Anthroposophie. Gesammelte Aufsätze 1904-1923*. GA 35. Dornach 1984, S. 66-110.

Reine Begriffe sind materiefrei (d.h. vollkommen durchsichtig), weil das Ich sie geistig erzeugt. Demgegenüber bleib in der Wahrnehmung, sofern sie sich nicht vollständig in Begriffe auflösen lässt, ein dem Ich fremder Rest. Und dieser „Rest" scheint in der gewöhnlichen Erfahrung der Träger der Wirklichkeit zu sein.

„Wenn die Summe aller Formen sich auflöst im reinen Denken, so muss ein Rest bleiben, den Aristoteles *Materie* nennt, wenn es nicht möglich ist, aus dem reinen Denken selbst zu einer Wirklichkeit zu kommen." (35\101)

Für das gewöhnliche Bewusstsein ist das Denken ein Schatten, während die äußere Welt als Wirklichkeit erlebt wird. Aber auch dasjenige, was von der Welt wahrgenommen wird, kann nicht unmittelbar wirklich sein, weil es sich fortwährend verändert. Deswegen projiziert das gegenständliche Bewusstsein den Gedanken einer unveränderlichen Substanz, die den Sinneserscheinungen zu Grunde liegen soll, nach außen. Für Kant war es das „Ding an sich", für die moderne Denkweise ist es die „Materie", die hinter den Erscheinungen liegen und deren Sein sie konstituieren soll. Nur im reinen Denken stößt man an keine solche fremde Substanz an.

In den geistigen Formen kann das Ich durchsichtig leben. Auf der anderen Seite stehen die sinnlichen Wahrnehmungen, die dem Ich als von einer von ihm unabhängig existierenden Materie getragen erscheinen. Diese Materie muss ein ewiges Rätsel bleiben, und an diesem Dualismus muss alle Philosophie wieder und wieder zerschellen. Denn wie könnte jemals solche Materie aus Geist oder Geist aus solcher Materie entstehen und miteinander wechselwirken? Wie soll der Geist auf das in diesem Sinne materielle Gehirn (oder umgekehrt) wirken? Wie soll unter dieser Voraussetzung jemals Leben begriffen werden? Wie soll der Gedanke von Wiederverkörperung und Schicksal fassbar werden? Wer war zuerst da, die Materie oder der Geist? Das ganze moderne Weltbild krankt an diesem unauflösbaren Dualismus. Es gibt erst dann die Perspektive eines Auswegs, wenn man irgendwo einen Punkt findet, an dem man selbst nicht nur die Form, sondern auch die Materie einer Sache hervorbringt.[75]

„Aristoteles kann hier durch Fichte ergänzt werden. Im Sinne des Aristoteles kann man zunächst zu der Formel kommen: Alles, was um uns herum ist, auch das, was unsichtbaren Welten angehört, macht es notwendig, dass wir dem Formalen der Wirklichkeit ein Materielles entgegensetzen. Für Aristoteles ist nun der Gottesbegriff eine reine Aktualität, ein reiner Akt, das heißt, ein solcher Akt, bei dem die Aktualität, also die Formgebung, zugleich die Kraft hat, ihre eigene Wirklichkeit hervorzubringen, nicht etwas zu sein, dem die Materie entgegensteht, sondern etwas, das in ihrer reinen Tätigkeit zugleich selbst die volle Wirklichkeit ist.

Das Abbild dieser reinen Aktualität findet sich nun im Menschen selbst, wenn er aus dem reinen Denken heraus zu dem Begriff des ‚Ich' kommt. Da ist er im Ich bei etwas, was Fichte als *Tathandlung* bezeichnet. Er kommt in seinem Innern zu etwas, das, indem es in Aktualität lebt, zugleich mit dieser Aktualität seine Materie mit hervorbringt. Wenn wir das Ich im reinen Gedanken fassen, dann sind wir in einem Zentrum, wo das reine Denken zugleich essentiell sein materielles Wesen hervorbringt. ... Das Ich lebt in sich, indem es seinen reinen Begriff hervorbringt und im Begriff als Realität leben kann. Für das Ich ist es nicht gleichgültig, was das reine Denken tut, denn das reine Denken ist der Schöpfer des Ich. Hier fällt der Begriff des Schöpferischen mit dem Materiellen zusammen, und man braucht nur einzusehen, dass wir in allen anderen Erkenntnisprozessen zunächst an eine Grenze stoßen, nur beim Ich nicht: dieses umfassen wir in seinem innersten Wesen, indem wir es im reinen Denken ergreifen.

---

[75] Wir können uns hier mit Rudolf Steiners Auffassung der Materie nicht ausführlich auseinandersetzen. Der interessierte Leser sei auf die ausgezeichnete Zusammenstellung von Martin Rozumek verwiesen: *Hypothesenfreie Chemie: ‚Hypothesenfreie Chemie' im Sinne der Geisteswissenschaft, der Atomismusstreit 1922/23 und Rudolf Steiners Stellung zum Atomismus*. Dornach 2012.

So lässt sich erkenntnistheoretisch der Satz fundamentieren, ‚dass auch im reinen Denken ein Punkt erreichbar ist, in dem Realität und Subjektivität sich völlig berühren, wo der Mensch die Realität erlebt'. Setzt er da ein und befruchtet er sein Denken so, dass dieses Denken von da aus wiederum aus sich herauskommt, dann ergreift er die Dinge von innen. Es ist also in dem durch einen reinen Denkakt erfassten und damit zugleich geschaffenen Ich etwas vorhanden, durch das wir die Grenze durchdringen, die für alles andere zwischen Form und Materie gesetzt werden muss. Damit wird eine solche Erkenntnistheorie, die gründlich vorgeht, zu etwas, das auch im reinen Denken den Weg zeigt, in die Realität hinein zu gelangen. Geht man diesen Weg, so wird man schon finden, dass man von da aus in die Anthroposophie hineinkommen muss." (35\101)[76]

Das im reinen Denken produzierte Ich ist nicht nur Form, sondern auch „Materie", „das reine Denken [bringt] essentiell sein materielles Wesen hervor". Indem ich tätig werde, bin ich real wirksam und also *wirk*-lich, und ich *weiß* auch davon. Das sich selbst schaffende Ich ist Theorie und Fakt zugleich. Und „so spielen sich *alle* höheren okkulten Erlebnisse ab" (35\57), d.h. sie sind nicht vorhanden, wenn sie nicht erzeugt werden.

Das Problem, ob es außerhalb des Denkens tatsächlich einen nicht in geistige Formen aufzulösenden, materiellen „Rest" gebe, trieb schon den jungen Steiner um. Im Kap. II von *Mein Lebensgang* schrieb er über sich im Zusammenhang mit seiner Lektüre Kants (nach Christoph Lindenberg war Steiner damals 16 Jahre alt[77]):

„[Es] beschäftigte mich unaufhörlich die Tragweite der menschlichen Gedankenfähigkeit. Ich empfand, dass das

---

[76] Wir erinnern uns an die Darstellung im 9. Kapitel der *Philosophie der Freiheit*, wo Rudolf Steiner vom Zusammenfallen von Begriff und Wahrnehmung (Form und Inhalt) in der Intuition gesprochen hatte (siehe oben, S. 62).

[77] Christoph Lindenberg: *Rudolf Steiner - eine Biographie: 1861-1925*. Stuttgart, 2001.

Denken zu einer Kraft ausgebildet werden könne, die die Dinge und Vorgänge der Welt wirklich in sich fasst. Ein ‚Stoff', der außerhalb des Denkens liegen bleibt, über den bloß ‚nachgedacht' wird, war mir ein unerträglicher Gedanke. Was in den Dingen ist, das muss in die Gedanken des Menschen herein, das sagte ich mir immer wieder." (30\40)

Auch der junge Steiner suchte also schon das intuitive Erkennen. Wir erinnern uns auch an die Formulierungen aus den *Einleitungen*, durch die einmal mehr deutlich wird, dass er von Anfang an von demselben sprach:

„Was ist nun zu einer solchen [intuitiven] Erfassung nötig? Eine Urteilskraft, welche einem Gedanken auch einen anderen als bloß einen durch die äußeren Sinne aufgenommenen *Stoff* [kursiv CH] verleihen kann, eine solche, welche nicht bloß Sinnenfälliges erfassen kann, sondern auch rein Ideelles für sich, abgesondert von der sinnlichen Welt." (1\82)

Wenn die umfassende Empirie des Aristoteles durch die fichtesche Tathandlung ergänzt wird, kommt man zur Anthroposophie. So hatte Rudolf Steiner auch gegenüber seinem Schüler *Walter Johannes Stein* seinen eigenen geistigen Weg beschrieben:

„Ich habe zwei Elemente verbunden. Von Johann Gottlieb Fichte lernte ich die Tathandlung, die von der Außenwelt zurückgezogene Ich-Aktivität. Aber von Aristoteles nahm ich die Fülle der alles umfassenden Empirie. Nur wer Fichte durch Aristoteles zu ergänzen weiß, findet die volle Wirklichkeit, und das war mein Weg."[78]

Interessant ist auch die oben zitierte Formulierung: „Setzt er da [bei der Selbsterkenntnis] ein und befruchtet er sein Denken so, dass dieses Denken von da aus wiederum aus sich herauskommt, dann ergreift er die Dinge von innen" (35\101). Wir werden unten bei der Besprechung der

---

[78] Walter Johannes Stein: *Das Haager Gespräch (1934). Ein Beitrag zu Rudolf Steiners Lebensgeschichte - nach einem Gespräch mit Rudolf Steiner.* In: Thomas Meyer (Hrsg.): *W.J. Stein/Rudolf Steiner - Dokumentation eines wegweisenden Zusammenwirkens.* Dornach 1985, S. 297.

Schrift *Vom Menschenrätsel* sehen, wie dieses Befruchten des Denkens und innere Ergreifen der Dinge gemeint ist.

Schließlich sei noch auf die Formulierung hingewiesen, dass das reine Denken „der Schöpfer des Ich" sei. Hier geht Steiner über Fichte hinaus und weist den Weg aus einer drohenden Selbsteinkapselung. Das Ich schafft sich nicht selbst, sondern wird von einer höheren Wesenheit geschaffen, mit der es zwar als Tätigkeit ganz eins ist, die aber inhaltlich die ganze Welt zu umfassen vermag. Denn „indem wir denken, sind wir das all-eine Wesen, das alles durchdringt" (4\91), wie es in der *Philosophie der Freiheit* heißt.

In der Verbindung der Ich-Aktivität Fichtes mit der umfassenden aristotelischen Empirie erkennen wir die beiden Aspekte der Intuition wieder: ihr Beruhen auf geistig-produktiver Aktivität und ihre inhaltliche Selbstbestimmung, ihre Weltinhaltlichkeit.

Schließlich macht Rudolf Steiner in *Philosophie und Anthroposophie* noch eine wichtige, warnende Unterscheidung zwischen dem wirklichen Ich und der gewöhnlichen Ich-Vorstellung.

„Um das ‚Ich' als dasjenige zu erkennen, vermittelst dessen das Untertauchen der menschlichen Seele in die volle Wirklichkeit durchschaut werden kann, muss man sich sorgfältig davor bewahren, in dem gewöhnlichen Bewusstsein, das man von diesem ‚Ich' hat, das wirkliche Ich zu sehen. Wenn man, durch eine solche Verwechslung verführt, wie der Philosoph Descartes sagen wollte: ‚Ich denke, also bin ich', so würde man von der Wirklichkeit jedesmal dann widerlegt, wenn man schläft. Denn dann ist man, ohne dass man denkt. Das Denken verbürgt nicht die Wirklichkeit des ‚Ich'. Aber ebenso gewiss ist, dass durch nichts anderes das wahre Ich erlebt werden kann als allein durch das reine Denken. Es ragt eben in das reine Denken, und für das gewöhnliche menschliche Bewusstsein *nur* in dieses, das wirkliche Ich herein. Wer bloß denkt, der kommt nur bis zu dem Gedanken des ‚Ich'; wer *erlebt*, was im reinen Denken *erlebt werden kann*, der macht, indem er das ‚Ich' durch das Denken erlebt, ein Wirkliches, das Form und Materie zugleich ist, zum Inhalte seines Bewusstseins. Aber außer diesem ‚Ich' gibt es zunächst für das gewöhnliche Bewusstsein nichts, was in das Denken Form und Materie zugleich hereinsenkt. Alle anderen Gedanken sind zunächst nicht Bilder einer vollen Wirklichkeit. Doch indem man im reinen Denken das wahre Ich als Erlebnis erfährt, lernt man kennen, was volle Wirklichkeit ist. Und man kann von diesem Erlebnis weiter vordringen zu anderen Gebieten der wahren Wirklichkeit." (35\103)

Es geht darum, die geistige Wirklichkeit im Seelenleben zu erfahren. Die Ideen sollen nicht bloß denkend bleiben, sondern im Denken sehend werden, eine höhere Wirklichkeit erlebend anschauen, in der es keinen Unterschied zwischen Erscheinung und Wesen mehr gibt, eine Wirklichkeit, in der die Wesen erscheinen.

* * *

In einem Aufsatz über die *Charakteristik von Paul Asmus' Weltanschauung* (1904)[79] schreibt Rudolf Steiner mit einem Hinweis auf *Hegel* wiederum explizit über die beiden Aspekte des intuitiven Erkennens:

„Durch *Beobachten* lernen wir den *Umkreis* der Welt kennen; durch das *Denken* dringen wir in ihren *Mittelpunkt*. Die Versenkung in das eigene Innere löst uns die Rätsel des Daseins. Der in mir aufleuchtende Gedanke geht nicht nur mich an, sondern die Dinge, über die er mich aufklärt. Und meine Seele ist nur der Schauplatz, auf dem die Dinge sich über sich selbst aussprechen.

Um das zu begreifen, muss der Mensch allerdings es dahin bringen, in dem Denken ein Lebenselement zu haben, etwas, das für ihn ebenso Wirklichkeit, Tatsache ist, wie für den unentwickelten Menschen die Dinge eine Wirklichkeit sind, an denen er sich stößt, die er mit Händen greifen kann. Wer in

---

[79] *Charakteristik von Paul Asmus' Weltanschauung*. In: *Lucifer-Gnosis. Grundlegende Aufsätze zur Anthroposophie 1903-1908*. GA 34. Dornach 1987, S. 493-495.

seinen Vorstellungen nicht anderes erfassen kann als schemenhafte Nachbilder dessen, was ihm die Sinne sagen, der versteht nicht, was Denken ist. Denn, um zur Wesenheit der Dinge vorzudringen, muss sich das Denken mit einem Inhalte erfüllen, den kein äußerer Sinn geben kann, der aus dem Geiste selbst fließt. Das Denken muss produktiv, intuitiv sein. Wenn es dann nicht willkürlich in phantastischen Gebilden lebt, sondern in der hellen Klarheit des inneren Anschauens, dann lebt und webt in ihm das Weltgesetz selbst. Man könnte von einem solchen Denken ganz gut sagen: die Welt denkt sich in den Gedanken des Menschen. Notwendig ist aber dazu, dass der Mensch in sich die ewigen Gesetze erlebt, die sich das Denken selbst gibt. Was die Menschen gewöhnlich ‚Denken' nennen, ist ja nur ein wirres Vorstellen. ... Der Philosoph kennt die Selbstlosigkeit im Denken; er weiß, was es heißt: *in sich denken lassen*. Er weiß, dass er sich dadurch über die bloße Meinung erhebt, die in des Menschen Willkür ihren Ursprung hat, und dass er den Gipfel gedanklicher Notwendigkeit ersteigt, durch die er zum Interpreten des Weltdaseins wird. Die Theosophie verlangt von ihren Zöglingen strenge Kontrolle des Denkens, so dass sie alle Willkür, alles Irrlichtelierende vom Denken abstreifen, dass nicht mehr *sie*, dass vielmehr die Dinge *durch sie* sprechen. Die Schule Hegels war zugleich eine Schule der Gedankenkontrolle. Und weil so wenige Menschen Gedankenkontrolle wirklich üben, ja, weil selbst die wenigsten, die sich Philosophen nennen, wissen, um was es sich dabei handelt: deswegen muss Hegel von so vielen missverstanden werden." (34\493)

* * *

In dem Aufsatz von 1905 zu der Frage *Wie verhält sich die Theosophie zur Astrologie?*[80] kommt Steiner auf den Zusammenhang zwischen der von ihm inzwischen theosophisch (bzw. anthroposophisch) verstandenen Intuition und Goethes Metamorphosenlehre zu sprechen:

---

[80] *Wie verhält sich die Theosophie zur Astrologie?* In: *Lucifer-Gnosis, 1903-1908. Grundlegende Aufsätze zur Anthroposophie und Berichte aus der Zeitschrift ‚Luzifer' und ‚Lucifer-Gnosis'.* GA 34. Dornach 1987, S. 396-399.

„Es herrscht in der Gegenwart die größte Verwirrung über den Begriff der Intuition. Man sollte sich klarmachen, dass die heutige Wissenschaft den Begriff des Intuitiven überhaupt nur auf dem Felde der Mathematik kennt. Allein diese ist unter unseren Wissenschaften eine auf reiner innerer Anschauung beruhende Erkenntnis. Nun aber gibt es eine solche innere Anschauung nicht nur für Raumgrößen und Zahlen, sondern auch für alles andere. Goethe hat zum Beispiel auf dem Gebiete der Botanik eine solche intuitive Wissenschaft zu begründen versucht. Seine ‚Urpflanze' in ihren verschiedenen Metamorphosen beruht auf *innerer* Anschauung. Grund genug ist das dafür, dass die gegenwärtige Wissenschaft überhaupt keine Ahnung davon hat, worauf es bei Goethe in dieser Beziehung ankommt. Für viel höhere Gebiete bringt die Theosophie Erkenntnisse durch inneres Anschauen herbei. Auf solchem beruhen ihre Aussagen über Wiederverkörperung und Karma. Man darf sich nicht wundern, dass Menschen, die keine Ahnung haben von dem, worauf es bei Goethe ankommt, auch ganz außerstande sind, die Quellen der theosophischen Lehren zu verstehen. Gerade das Sichvertiefen in so wertvolle Schriften, wie zum Beispiel Goethes ‚Metamorphose der Pflanzen' eine ist, könnte als eine vortreffliche Vorbereitung für die Theosophie dienen. Dazu fehlt freilich auch vielen Theosophen die Geduld. Wenn man sich aber an solch einem lebensvollen intuitiven Werk, wie das genannte ist, hinaufgerungen hat zu einer Erfassung dessen, worauf es ankommt, dann wird man den Weg schon weiter finden." (34\399)

Über *Goethe und die Mathematik* schrieb Steiner auch noch einmal in einem Aufsatz von 1923.[81]

„Dadurch, dass man mit der Mathematik in dem Gebiete des frei schaffenden Geistes lebt, ist dessen Wesenheit an ihr am deutlichsten in innerer Selbsterkenntnis unmittelbar einzusehen. Lenkt man die Anschauung von den Gebilden, die man in mathematischer Betätigung ausarbeitet, zurück auf diese Betätigung selbst, wird man sich dessen voll bewusst, was man tut, dann lebt man in einer Art frei schaffender Geistigkeit. Man muss nur dann weiter die Beweglichkeit der Seele

---

[81] *Goethe und die Mathematik.* In: *Der Goetheanumgedanke inmitten der Kulturkrisis der Gegenwart.* GA 36. Dornach 1961, S. 150-153.

aufbringen, um dieselbe schöpferische Innentätigkeit, die man in der Mathematik entfaltet, auf andere Gebiete des inneren Erlebens auszudehnen. In dieser Beweglichkeit der Seele liegt die Kraft, zur imaginativen, inspirierten und intuitiven Erkenntnis aufzusteigen. ... In der Mathematik ist jeder Schritt, den man macht, innerlich durchsichtig. Man wendet sich mit der Seele nicht nach außen, um durch das Sein des Einen das des Andern festzustellen. Man bleibt dabei allerdings in einem Gebiete, das zwar innerlich geschaffen ist, aber sich durch sein eigenes Wesen auf die Außenwelt bezieht. Die Mathematik entsteht in der Seele, bezieht sich aber nur auf Außer-Seelisches. Beim Aufsteigen der frei schaffenden Geistestätigkeit zu den genannten Erkenntnisarten kommt man aber zum Erfassen des Seelischen selbst und des Weltgebietes, in dem die Seele lebt. Goethes Geisteswesen war nun ein solches, dass er die Mathematik selbst zu pflegen keine Veranlassung empfand. Aber sein Erkennen war von ganz mathematischer Art. Er nahm, was die äußere Natur betrifft, durch eine reine, geläuterte Beobachtung auf, verwandelte es aber dann im inneren Erleben so, dass es mit seinem Seelenwesen Eins wurde, wie das bei den freigeschaffenen mathematischen Formen der Fall ist. So wurde sein Denken über die Natur im schönsten Sinne ein dem mathematischen nachgebildetes. Goethe war als Naturdenker ein mathematischer Geist, ohne Mathematiker zu sein." (36\152)

* * *

Eine schöne Ergänzung des Dargestellten findet sich in einem frühen Aufsatz zu *Franz Brentano* aus dem Jahre 1893[82] (also noch vor der *Philosophie der Freiheit!*):

„In der reinen Mathematik haben wir ein Beispiel, wie wir wirklich zur Erkenntnis dieses Wesens [einer Sache] kommen können. Dies ist deshalb der Fall, weil wir hier mit Objekten zu tun haben, die wir nicht von außen anschauen, sondern die wir restlos selbst erzeugen. Die reine Mathematik kann im Gegensatz zu dem Erfahrungswissen als eine Erkenntnis des

---

[82] *Franz Brentano. Über die Zukunft der Philosophie.* In: *Methodische Grundlagen der Anthroposophie 1894-1901.* GA 30. Dornach 1989, S. 526.

Wesens ihrer Objekte gelten. Daher kann sie der Philosophie mit Recht als Vorbild dienen. Die letztere muss nur die Einseitigkeit des mathematischen Urteiles überwinden. Diese Einseitigkeit liegt in dem abstrakten Charakter der mathematischen Wahrheiten. Sie sind bloß formal. Sie bauen sich auf bloßen Verhältnisbegriffen auf. Sind wir imstande, Gebilde selbst zu erzeugen, die einen realen Inhalt haben, dann erhalten wir eine Wissenschaft nicht bloß von Formen, wie die Mathematik eine ist, sondern von Wesenheiten, wie es die Philosophie sein soll. Das oberste Gebilde dieser Art ist das ‚Ich'. Dies kann nicht durch Erfahrung gefunden, sondern nur durch freie Intuition erzeugt werden. Wer diese Intuition zu erzeugen vermag, der merkt alsbald, dass er damit nicht einen Akt seines einzelnen, zufälligen Bewusstseins vollzogen hat, sondern einen kosmischen Prozess: er hat den Gegensatz von Subjekt und Objekt überwunden; er hat die inhaltliche Welt in sich, aber auch sich in der Welt gefunden. Von da ab betrachtet er nicht mehr die Dinge wie ein Außenstehender, sondern wie einer, der innerhalb derselben steht. In diesem Augenblicke ist er Philosoph geworden. Die Philosophie will die Dinge erleben, nicht wie die Erfahrungswissenschaft bloß betrachten." (30\526)

Es ist erstaunlich, wie hier zentrale Motive der Anthroposophie aufleuchten, die bei Steiner eben schon deutlich vor der Jahrhundertwende vorhanden gewesen sind.

BEGRIFF, ERKENNTNIS UND STUFEN DER „WAHREN WIRKLICHKEIT"

Hier besprechen wir Rudolf Steiners Begriff der Wirklichkeit als einer immer wieder neu durch den Menschen entstehenden. Wir weisen auf die Selbstintuition des Ich hin, in der die „volle, wahre Wirklichkeit" erlebbar ist und betrachten das Verhältnis von Begriff und Wahrnehmung in den verschiedenen Naturreichen.

In der Einführung zu diesem Buch hatten wir darauf hingewiesen, dass man sich bei der Beschäftigung mit der Anthroposophie nicht nur neue Begriffe anzueignen, sondern auch die gewohnten neu zu bestimmen habe. Einer der hergebrachten und oft unreflektiert verwendeten Begriffe ist „Wirklichkeit". Was ist Wirklichkeit? Geht nicht das gewöhnliche Bewusstsein davon aus, dass die Wirklichkeit außerhalb seiner liegt? Dass sie eben fertig ist, dem Menschen gegenübertritt und er sie in seinem Bewusstsein bloß abbildet?

In seinem Buch *Die Rätsel der Philosophie*[83] (1900/²1914) geht Rudolf Steiner in dem Schlusskapitel *Skizzenhaft dargestellter Ausblick auf eine Anthroposophie* auf das angesprochene Problem genauer ein.

„Die Menschenseele kann ihre Erkenntnisse nur in sich *selbstschöpferisch erzeugen*. ... Dann aber, wenn man zu dieser Überzeugung sich bekennt, kommt man über eine gewisse Klippe der Erkenntnis so lange nicht hinweg, als man sich vorstellt: die Welt der Sinne enthielte die wahren Grundlagen ihres Daseins in sich; und man müsse mit dem, was man in der Seele selbst erzeugt, irgendwie etwas abbilden, was *außerhalb* der Seele liegt." (18\596)

---

[83] *Die Rätsel der Philosophie in ihrer Geschichte als Umriss dargestellt.* GA 18. Dornach 1985.

Die „wahre Grundlage" der Sinneswelt ist nach heutiger Auffassung eine Welt aus Atomen und Molekülen. Sind nicht die meisten Menschen davon überzeugt, dass „hinter" den Sinneswahrnehmungen Materie liegt, dass die Sinneserscheinungen *an* der Materie auftreten?[84] Die „Klippe" der Erkenntnis besteht darin, dass man mit dieser dualistischen Auffassung niemals wird verstehen können, wie das Bewusstsein mit der äußeren Wirklichkeit zusammenhängt.

„Nur eine Erkenntnis wird über diese Klippe hinwegführen können, welche ins geistige Auge fasst, dass alles, was die Sinne wahrnehmen, sich durch seine eigene Wesenheit nicht als eine fertige, in sich beschlossene Wirklichkeit darstellt, sondern als ein Unvollendetes, gewissermaßen als eine *halbe Wirklichkeit*." (18\596)

Oben hatten wir schon aus der *Philosophie der Freiheit* zitiert, dass die reinen Sinneswahrnehmungen nur „ein bloßes Nebeneinander im Raum und Nacheinander in der Zeit, ein Aggregat zusammenhangloser Einzelheiten" (4\94) darstellen. Das gewöhnliche Bewusstsein bemerkt diese Zusammenhanglosigkeit der reinen Sinneseindrücke aber nicht, weil es nicht beobachtet, wie es fortlaufend aktiv Zusammenhänge in sie hineinwebt. Es entsteht die schwerwiegende Täuschung, dass den Sinnen eine wirkliche Welt von außen gegenübertrete.

„Sobald man voraussetzt, man habe in den Wahrnehmungen der Sinnenwelt eine volle Wirklichkeit vor sich, wird man nie dazu kommen, der Frage Antwort zu finden: Was haben die selbstschöpferischen Erzeugnisse der Seele zu dieser Wirklichkeit erkennend hinzuzubringen? ... Liegt die Wirklichkeit *außerhalb* der Seele in ihrer Eigenart gestaltet, dann kann die

---

[84] Rudolf Steiner hat diesen Materiebegriff verworfen. Siehe dazu seinen grundlegenden Aufsatz in den *Einleitungen*: *Das Urphänomen*, der in der Aussage gipfelt: „*Das sinnenfällige Weltbild ist die Summe sich metamorphosierender Wahrnehmungsinhalte ohne eine zugrunde liegende Materie*" (1\274). Vgl. auch Fußnote 75, S. 162.

Seele nicht das hervorbringen, was dieser Wirklichkeit entspricht, sondern nur etwas, das aus ihrer eigenen Organisation fließt.

Anders wird alles, sobald erkannt wird, dass die Organisation der Menschenseele nicht mit dem, was sie in der Erkenntnis selbstschöpferisch erzeugt, sich von der Wirklichkeit entfernt, sondern dass sie in dem Leben, das sie *vor* allem Erkennen entfaltet, sich eine Welt vorzaubert, welche *nicht* die wirkliche ist. Die Menschenseele ist so in die Welt gestellt, dass sie wegen ihrer eigenen Wesenheit die Dinge anders macht, als sie in Wirklichkeit sind. ... Aber ihr *Schein* (oder ihre bloße Erscheinung) beruht darauf, dass die Seele ihnen erst weggenommen hat, was zu ihnen gehört [nämlich ihr Wesen und ihre Zusammenhänge, Anm. CH]. Indem der Mensch nun nicht bei dem ersten Anschauen der Dinge verbleibt, fügt er im Erkennen das zu ihnen hinzu, was ihre volle Wirklichkeit erst offenbart. ... Hält nun der Mensch das, was er zuerst wahrgenommen hat, für eine Wirklichkeit, so wird ihm das erkennend Erzeugte so erscheinen, als ob er es zu dieser Wirklichkeit hinzugebracht hätte. Erkennt er, dass er das nur scheinbar von ihm selbst Erzeugte in den Dingen zu suchen hat, und dass er es vorerst nur von seinem Anblick der Dinge ferngehalten hat, dann wird er empfinden, wie das Erkennen ein Wirklichkeitsprozess ist, durch den die Seele mit dem Weltensein fortschreitend zusammenwächst, durch den sie ihr inneres isoliertes Erleben zum Welterleben erweitert." (18\597)

Durch die Sinnesorgane zersplittert sich die Welt in eine Vielzahl unterschiedlicher Eindrücke, durch seine Intuitionen fügt der Mensch nach und nach alles wieder „in eins" zusammen. Nur dadurch erleben wir eine kontinuierliche Wirklichkeit, dass wir die zersplitterten Eindrücke fortwährend zu geordneten Ganzheiten verbinden. Solange man die welt- und wirklichkeitsgestaltende Tätigkeit des Denkens nicht erlebt, solange erscheint die Außenwelt als etwas in sich Abgeschlossenes und damit dem Ich Fremdes. Wer aber erwacht und das gestaltende, wirklichkeitsschaffende Denken beobachtet, der erlebt in sich die Kraft, durch die die Welt, wie sie um ihn herum als eine kontinuierliche und sinnvoll geordnete erscheint, in jedem

Moment von ihm selbst miterschaffen wird. So erlebt sich das Ich mit dem Sein und Werden der Welt wirklich (und in zunehmendem Maße) verwoben. Es fühlt innerlich, was in der Welt ist und geschieht, und durch dieses In-der-Welt-Sein erlebt es sich an ihr mitgestaltend, erlebt seinen eigenen Beitrag beim Entstehen der Dinge und Gelingen der Situationen. Es wird mehr und mehr zum frei erlebenden und handelnden Gestaltungswesen. (Man darf dabei nicht vergessen, dass sich die wirklichkeitsgestaltenden Intuitionen inhaltlich selbst bestimmen. Die Welt ist nicht ein Produkt subjektiver Willkür, wie es der Konstruktivismus behauptet, sondern geistiger Gesetzmäßigkeiten.)

Aus diesen Gedanken erhellt, warum die Ideen in der Welt wirken. In der Intuition erscheinen die wirklichen Zusammenhänge der Welterscheinungen. Dieselbe Kraft bringt die Ideen hervor und fügt die unzusammenhängenden Sinnesempfindungen zu Gestalten und Ereignissen zusammen. Dieses Zusammenfügen geschieht so, wie es durch die in sich selbst gegründeten Ideen gesetzmäßig bestimmt ist. Im intuitiv erlebten Denken lebt man unmittelbar *in* den weltgestaltenden Kräften und Gesetzen: „Man ist Du und Du mit aller Werdekraft" (6\84).

Die Dinge „da draußen" sind erst durch die gestaltende Kraft des Denkens zu dem geworden, als was sie erscheinen. Mir ist aber das Wirken dieser Gestaltungskraft nicht mehr bewusst, wenn ich sie als fertige Gegenstände betrachte. „Gott ist in der Welt verzaubert" (8\36). Erst dann aber, wenn ich die Kraft des weltgestaltenden Denkens vergesse und nur noch auf die Ergebnisse des Gestaltungsvorgangs blicke, werde ich mir meiner selbst in der Gegenüberstellung zur äußeren Welt voll bewusst. In dem lebendigen Gestaltungsprozess lebe ich darinnen, seinem Produkt kann ich mich gegenüberstellen. Das Ich sondert sich so von der Welt als einer Gewordenen und Erstorbenen ab. Will es dann aus seiner (selbstgeschaffenen) Einsamkeit zur Verbindung mit der ihm tot erscheinenden Welt zurückfinden, so muss es die lebendige, weltschöpferischer Kraft zunächst in sich selbst kennen lernen. „Du brauchst [Gottes] eigene Kraft, um ihn zu finden. Diese Kraft musst du in dir erwecken" (8\36).

Will man die lebendige Weltgestaltungskraft des Denkens bewusst erleben, so muss man sie in produktiver Hingabe an die Dinge bewusst und tätig verwenden, muss die Dinge innerlich nachschaffen und in ihrem Gestalt-Werden begleiten. Man muss vom Produkt zur Produktion aufsteigen.

* * *

Immer wieder wies Rudolf Steiner auf den Punkt hin, an dem die volle Wirklichkeit unmittelbar zu erleben ist. Im *Christentum* hatte er geschrieben: „Gott ... lebt im Menschen. Und der Mensch kann das Leben des Gottes in sich erfahren" (8\36). Oben hatten wir auch Steiners kurze Darstellung zum Gottesbegriff des Aristoteles erwähnt (S. 162):

„Für Aristoteles ist der Gottesbegriff eine reine Aktualität, ein reiner Akt, das heißt, ein solcher Akt, bei dem die Aktualität, also die Formgebung, zugleich die Kraft hat, ihre eigene Wirklichkeit hervorzubringen, nicht etwas zu sein, dem die Materie entgegensteht, sondern etwas, das in ihrer reinen Tätigkeit zugleich selbst die volle Wirklichkeit ist. Das Abbild dieser reinen Aktualität findet sich nun im Menschen selbst, wenn er aus dem reinen Denken heraus zu dem Begriff des ‚Ich' kommt." (35\101)

„Indem man im reinen Denken das wahre Ich als Erlebnis erfährt, lernt man kennen, was volle Wirklichkeit ist. Und man kann von diesem Erlebnis weiter vordringen zu anderen Gebieten der wahren Wirklichkeit." (35\103)

In *Goethes Weltanschauung* hatte Steiner für das Erkennen der Sinneswelt in entsprechender Weise geschrieben:

„Erst wenn aus dem Seelenleben heraus die Ideenwelt aufleuchtet und im Anschauen der Welt der Mensch Idee und

Sinnesbeobachtung als einheitliches Erkenntniserlebnis vor seinen Geist stellen kann, hat er wahre Wirklichkeit vor sich." (6\28)

Volle, wahre Wirklichkeit ist also gegeben, wenn die wahrnehmbare „Materie" (die Sinneswahrnehmungen) und die geistig produzierte „Form" (der Begriff oder die Idee) einer Sache vollkommen in eins zusammen fallen. In der Selbsterkenntnis des Ich gibt es keinen Unterschied zwischen Stoff und Form, das Ich bringt seinen Stoff als Form, seine Form als Stoff selbst hervor. Das bewusste Ich lebt innerhalb seiner Wirklichkeit, sie hervorbringend und zugleich empfangend, und nicht außerhalb derselben. Gott lebt im Menschen.

In seinem Buch *Vom Menschenrätsel* (1916) gab Steiner eine Besprechung von Fichtes Ich-Erkenntnis, in der er die tätige und damit wirkliche Natur der Selbsterkenntnis klar beschreibt:

„Nicht sich ergehen in einem Suchen. Sich erkraften aber in einem *Aufwachen*. Einem Aufwachen ähnlich muss sein, was die Seele erlebt, wenn sie aus dem Felde der gewöhnlichen in das der wahren Wirklichkeit dringen will. Das Denken verbürgt dem menschlichen Ich nicht das Sein. Aber in diesem Ich liegt die Kraft, sich selbst zum Sein zu erwecken. Jedesmal, wenn die Seele im Vollbewusstsein der inneren Kraft, die dabei lebendig wird, sich als ‚Ich' empfindet, tritt ein Vorgang ein, der sich darstellt als ein Sich-Erwecken der Seele. Dieses Sich-selbst-Erwecken ist die Grundwesenheit der Seele. Und in dieser sich selbst erweckenden Kraft liegt die Gewissheit des Seins der Menschenseele. ... In dem Gewahrwerden der selbsterweckenden Macht erfühlt Fichte die Ewigkeit der Menschenseele." (20\32)

Und wie Steiner hier die *Kraft* des sich selbst erweckenden Ich beschreibt, so in *Die Mystik* das *Licht*:

„Dem Menschen leuchtet in seinem Ich das höchste Licht. Aber dieses Licht gibt seiner Vorstellungswelt nur den rechten Widerschein, wenn er gewahr wird, dass es nicht sein Selbstlicht ist, sondern das allgemeine Weltlicht. Es gibt daher keine wichtigere Erkenntnis als die Selbsterkenntnis; und es gibt zugleich keine, die so vollkommen über sich selbst hinausführt. Wenn das ‚Ich' sich recht erkennt, so ist es schon kein ‚Ich' mehr." (7\71)

* * *

In der *Philosophie der Freiheit* heißt es allgemein: „Im Betrachten des Denkens selbst fallen in eines zusammen, was sonst immer getrennt auftreten *muss*: Begriff und Wahrnehmung" (4\146). Im sich selbst erfassenden, intuitiv erlebten Denken hat daher eine volle Wirklichkeit. „Wer dies [das Zusammenfallen von Begriff und Wahrnehmung im reinen Denken] nicht durchschaut, der wird in an Wahrnehmungen erarbeiteten Begriffen nur schattenhafte Nachbildungen dieser Wahrnehmungen sehen können, und die Wahrnehmungen werden ihm die wahre Wirklichkeit vergegenwärtigen. Er wird auch eine metaphysische Welt nach dem Muster der wahrgenommenen Welt sich auferbauen; er wird diese Welt Atomenwelt, Willenswelt, unbewusste Geistwelt und so weiter nennen, je nach seiner Vorstellungsart. Und es wird ihm entgehen, dass er sich mit alledem nur eine metaphysische Welt hypothetisch nach dem Muster *seiner* Wahrnehmungswelt auferbaut hat. Wer aber durchschaut, was bezüglich des Denkens vorliegt, der wird erkennen, dass in der Wahrnehmung nur ein Teil der Wirklichkeit vorliegt und dass der andere zu ihr gehörige Teil, der sie erst als volle Wirklichkeit erscheinen lässt, in der denkenden Durchsetzung der Wahrnehmung *erlebt* wird. Er wird in demjenigen, das als Denken im Bewusstsein auftritt, nicht ein schattenhaftes Nachbild einer Wirklichkeit sehen, sondern eine auf sich ruhende geistige Wesenhaftigkeit. Und von dieser kann er sagen, dass sie ihm durch *Intuition* im Bewusstsein gegenwärtig wird. *Intuition* ist das im rein Geistigen verlaufende bewusste Erleben eines rein geistigen Inhaltes. Nur durch eine Intuition kann die Wesenheit des Denkens erfasst werden." (4\146)

In seiner Autobiographie schrieb Rudolf Steiner dazu:

„Ich suchte in meinem Buche [der *Philosophie der Freiheit*] darzulegen, dass *nicht hinter* der Sinneswelt ein Unbekanntes liegt, sondern *in* ihr die geistige Welt. Und von der menschlichen Ideenwelt suchte ich zu zeigen, dass sie in dieser geistigen Welt ihren Bestand hat. Es ist also dem menschlichen

Bewusstsein das Wesenhafte der Sinneswelt nur *so lange* verborgen, als die Seele *nur* durch die Sinne wahrnimmt. Wenn zu den Sinneswahrnehmungen die Ideen hinzuerlebt werden, dann wird die Sinneswelt in ihrer objektiven Wesenhaftigkeit von dem Bewusstsein erlebt. Erkennen ist nicht ein Abbilden eines Wesenhaften, sondern ein Sich-hinein-Leben der Seele in dieses Wesenhafte. *Innerhalb* des Bewusstseins vollzieht sich das Fortschreiten von der noch unwesenhaften Sinnenwelt zu dem Wesenhaften derselben. So ist die Sinnenwelt nur so lange Erscheinung (Phänomen), als das Bewusstsein mit ihr noch nicht fertig geworden ist. In Wahrheit ist die Sinneswelt also geistige Welt; und mit dieser erkannten geistigen Welt lebt die Seele zusammen, indem sie das Bewusstsein über sie ausdehnt. Das Ziel des Erkenntnisvorganges ist das bewusste *Erleben* der geistigen Welt, vor deren Anblick sich alles in Geist auflöst." (28\245)

Und in der *Theosophie* heißt es:

„Die Seelen- und Geisteswelt sind nichts *neben* oder *außer* der physischen, sie sind nicht räumlich von dieser getrennt. Wie für den operierten Blindgeborenen die vorherige finstere Welt in Licht und Farben erstrahlt, so offenbaren dem seelisch und geistig Erweckten Dinge, die ihm vorher nur körperlich erschienen waren, ihre seelischen und geistigen Eigenschaften." (9\94)

Wirklichkeit ist nichts Fertiges. Sie entsteht immer neu und abhängig davon, wie wir sie gestalten. In der Intuition hat man ein unmittelbares Wirklichkeitserleben; man steht im Wirklichkeitsprozess lebendig und mitgestaltend darinnen. ‚Wirklichkeit' bedeutet, dass *gewirkt* werde, dass etwas geschaffen wird. Das Ich ist ein wirkendes Wesen, und in seinen welterkennenden Intuitionen vereinigt es sich mit den wirkenden, weltschaffenden Wesen.

* * *

Begriff und Wahrnehmung stehen auf den Stufen der Naturreiche in einem je unterschiedlichen Verhältnis zueinander. Bereits in den *Einleitungen* hatte Rudolf Steiner diese Zusammenhänge skizziert:

„Die Art nun, *wie* der Begriff (die Idee) in der Sinnenwelt sich auslebt, macht den Unterschied der Naturreiche. Gelangt das sinnenfällig wirkliche Wesen nur zu einem solchen Dasein, dass es völlig außerhalb des Begriffes steht, nur von ihm als einem *Gesetze* in seinen Veränderungen beherrscht wird, dann nennen wir dieses Wesen *unorganisch*." (1\282)

Für die organische Natur gilt, dass

„die beiden, Begriff und Wahrnehmung, zwar nicht identisch [sind], aber der Begriff erscheint nicht *außer* der sinnlichen Mannigfaltigkeit als Gesetz, sondern *in* derselben als Prinzip. Er liegt ihr als das sie Durchsetzende, nicht mehr sinnlich Wahrnehmbare zugrunde, das wir *Typus* nennen. ... Wo nun [der Begriff] nicht mehr bloß ... als durchsetzendes Prinzip, sondern in seiner Begriffsform selbst auftritt, da erscheint er als *Bewusstsein,* da kommt endlich das zur Erscheinung, was auf den unteren Stufen nur dem Wesen nach vorhanden ist. Der Begriff wird hier selbst zur Wahrnehmung. Wir haben es mit dem selbstbewussten Menschen zu tun.

Naturgesetz, Typus, Begriff sind die drei Formen, in denen sich das Ideelle auslebt. Das Naturgesetz ist abstrakt, über der sinnenfälligen Mannigfaltigkeit stehend... Der Typus vereinigt schon beide in einem Wesen. Das Geistige wird wirkendes Wesen, aber es ... ist nicht als solches da, sondern muss, wenn es seinem Dasein nach betrachtet werden will, als sinnenfälliges *angeschaut* werden. ... Im menschlichen Bewusstsein ist der Begriff selbst das Wahrnehmbare. Anschauung und Idee decken sich. Es ist eben das Ideelle, welches angeschaut wird. Deshalb können auf dieser Stufe auch die ideellen Daseinskerne der unteren Naturstufen zur Erscheinung kommen. Mit dem menschlichen Bewusstsein ist die Möglichkeit gegeben, dass das, was auf den unteren Stufen des Daseins bloß ist, aber nicht erscheint, nun auch erscheinende Wirklichkeit wird." (1\282)

Während in den *Einleitungen* das seelische Leben der Tiere nicht erwähnt wird, heißt es in der *Theosophie*:

„Der Gedanke, der in der Pflanze als Gestalt, im Tiere als seelische Kraft erscheint, tritt [beim Menschen] als Gedanke selbst, in seiner eigenen Form, auf. Das Tier ist Seele; der Mensch ist Geist." (9\152)

Wir können das Verhältnis von Begriff und Wahrnehmung, Form und Materie, Wesen und Erscheinung auf den verschiedenen Stufen der Naturreiche durch folgende Figuren veranschaulichen (die uns weiter unten bei der Beschreibung des meditativen Weges zur intuitiven Erkenntnis noch einmal begegnen werden).

Naturreich	Verhältnis Wahrnehmung - Begriff	Stufen des Erkennens
Mineral	○　○	gegenständliche Erkenntnis
Pflanze	∞	imaginative Erkenntnis
Tier	⬭	inspirative Erkenntnis
Mensch	○	intuitive Erkenntnis

MORALISCHE INTUITION –
FREIHEIT, LIEBE, INDIVIDUALITÄT

In diesem Kapitel besprechen wir die Intuition, die dem Handeln in Freiheit zugrunde liegt. Wir zeigen, wie für Rudolf Steiner die Ideen der Intuition, der Freiheit, der Liebe, der Güte und der menschlichen Individualität aufs Engste zusammenhängen und wie für ein geistig erwachtes Selbst der Widerspruch zwischen Ich und Welt überwunden wird. An der moralischen Intuition wird der esoterisch-christologische Charakter von Rudolf Steiners Freiheitsphilosophie ersichtlich.

Aus dem Verständnis der Intuition ergab sich für Rudolf Steiner auch eine tiefgreifende ethische Position. Ein Handeln, das von einer intuitiv erlebten Idee geleitet wird, ist frei. Denn mit einer so erlebten Idee ist man, wie wir oben ausführlich gezeigt haben, identisch, weil man sie selbst produziert. Nichts treibt zum Handeln als die Einsicht in die Bedeutung der Idee und der freie Entschluss, ihr zu folgen. In den *Grundlinien* heißt es dazu:
„Wenn daher ein sittliches Ideal zustande kommt, so ist es die innere Kraft, die im Inhalte desselben liegt, die unser Handeln lenkt. Nicht weil uns ein Ideal als Gesetz gegeben ist, handeln wir nach demselben, sondern weil das Ideal vermöge seines Inhaltes in uns tätig ist, uns leitet. Der Antrieb zum Handeln liegt nicht außer, sondern *in* uns." (2\124)

In der Natur sind alle Vorgänge durch (selbst nicht erscheinende) Gesetze bedingt. Im menschlichen Handeln erscheint die Idee selbst als wirkendes Gesetz. So schreibt Steiner in den *Einleitungen*:
„Indem die Intentionen der Natur, die hinter den Erscheinungen stehen und sie bedingen, in den Menschen einziehen, werden sie selbst zur Erscheinung; aber sie sind jetzt gleichsam rückenfrei. Wenn alle Naturprozesse nur Manifestationen der

Idee sind, so ist das menschliche Tun die agierende Idee selbst. Indem unsere Erkenntnistheorie zu dem Schlusse gekommen ist, dass der Inhalt unseres Bewusstseins nicht bloß ein Mittel sei, sich von dem Weltengrunde ein Abbild zu machen, sondern dass dieser Weltengrund selbst in seiner ureigensten Gestalt in unserem Denken zutage tritt, so können wir nicht anders, als im menschlichen Handeln auch unmittelbar das unbedingte Handeln jenes Urgrundes selbst erkennen. Einen Weltlenker, der außerhalb unserer selbst unseren Handlungen Ziel und Richtung setzte, kennen wir nicht. Der Weltlenker hat sich seiner Macht begeben, hat alles an den Menschen abgegeben, mit Vernichtung seines Sonderdaseins, und dem Menschen die Aufgabe zuerteilt: wirke weiter." (1\199)

Im Zusammenhang damit steht Rudolf Steiners Begriff der Liebe.

„Der Mensch vollbringt von diesem Gesichtspunkte aus nur deshalb eine Handlung, weil deren Wirklichkeit für ihn Bedürfnis ist. Er handelt, weil ein innerer (eigener) Drang, nicht eine äußere Macht, ihn treibt. Das Objekt seines Handelns, sobald er sich einen Begriff davon macht, erfüllt ihn so, dass er es zu verwirklichen strebt. In dem Bedürfnis nach Verwirklichung einer Idee, in dem Drange nach der Ausgestaltung einer Absicht soll auch der einzige Antrieb unseres Handelns sein. In der Idee soll sich alles ausleben, was uns zum Tun drängt. Wir handeln dann nicht aus Pflicht, wir handeln nicht einem Triebe folgend, wir handeln aus *Liebe zu dem Objekt*, auf das unsere Handlung sich erstrecken soll. Das Objekt, indem wir es vorstellen, ruft in uns den Drang nach einer ihm angemessenen Handlung hervor. Ein solches Handeln ist allein ein freies." (1\202)

Das Handeln, von dem Steiner hier spricht, geht ganz im Tun auf, es lebt allein in der hingebenden Liebe zur Handlung. Man handelt nicht um eines bestimmten Ergebnisses willen, das Handeln ist nicht Mittel zum Zweck, sondern Selbstzweck. Das macht Steiner an einem Gegenbeispiel klar, dem Handeln aus Egoismus:

„Da nehmen wir an der Handlung selbst kein Interesse; sie ist uns nicht Bedürfnis, wohl aber der Nutzen, den sie uns bringt. Dann aber empfinden wir es auch zugleich als Zwang, dass wir jene Handlung, nur dieses Zweckes willen, vollbringen müssen. Sie selbst ist uns nicht Bedürfnis; denn wir unterließen sie, wenn sie den Nutzen nicht im Gefolge hätte. Eine Handlung aber, die wir nicht um ihrer selbst willen vollbringen, ist eine unfreie. *Der Egoismus handelt unfrei.* Unfrei handelt überhaupt jeder Mensch, der eine Handlung aus einem Anlass vollbringt, der nicht aus dem objektiven Inhalt der Handlung selbst folgt. Eine Handlung um ihrer selbst willen ausführen, heißt aus *Liebe* handeln. *Nur derjenige, den die Liebe zum Tun, die Hingabe an die Objektivität leitet, handelt wahrhaft frei.* Wer dieser selbstlosen Hingabe nicht fähig ist, wird seine Tätigkeit nie als eine *freie* ansehen können." (1\202)

In der *Philosophie der Freiheit* schreibt Steiner entsprechend: „Während ich handle, bewegt mich die Sittlichkeitsmaxime, insoferne sie intuitiv in mir leben kann; sie ist verbunden mit der *Liebe* zu dem Objekt, das ich durch meine Handlung verwirklichen will. Ich frage keinen Menschen und auch keine Regel: soll ich diese Handlung ausführen? - sondern ich führe sie aus, sobald ich die Idee davon gefasst habe." (4\161)

Auch die Kriterien von „gut" und „böse" knüpft Steiner an das freie, in und aus Liebe vollzogene Handeln.

„Ich erkenne kein äußeres Prinzip meines Handelns an, weil ich in mir selbst den Grund des Handelns, die Liebe zur Handlung gefunden habe. Ich prüfe nicht verstandesmäßig, ob meine Handlung gut oder böse ist; ich vollziehe sie, weil ich sie *liebe.* Sie wird ‚gut', wenn meine in Liebe getauchte Intuition in der rechten Art in dem intuitiv zu erlebenden Weltzusammenhang drinnensteht; ‚böse', wenn das nicht der Fall ist." (4\162)

Ein einfaches Beispiel: Jemand macht einem anderen ein Geschenk. Tut er dies, um den anderen dazu zu bewegen, ihm wiederum gefällig zu sein, so handelt er um des gewünschten Ergebnisses, nicht um des Schenkens selbst willen. Würde er das Ergebnis nicht erzielen wollen, so würde er auch nicht handeln. Das gewünschte Ergebnis bestimmt das Ich des Handelnden wie eine von außen wirkende Macht. Nur ein zweckfreies Schenken ist wirkliches Schenken. – Trifft der Schenkende dann durch seine „in Liebe getauchte Intuition" auch wirklich die

Bedürfnisse des Beschenkten, so ist das Schenken nicht nur frei, sondern auch „gut".

Nur selbstlos handelt der Mensch aus seinem tiefsten, intuitiven Zentrum. Daher kann nur eine freie Handlung eine wahrhaft individuelle Handlung sein:

„Eigene Handlung ist, was man als solche aus sich entspringen lässt. Der Antrieb kann da nur ein ganz individueller sein. Und in Wahrheit kann nur eine aus der Intuition entspringende Willenshandlung eine individuelle sein." (4\163)

Intuition, Liebe, Individualität, Freiheit und Güte sind also in Rudolf Steiners Auffassung aufs Engste miteinander verbunden.

* * *

Beim freien Handeln geht es darum, gegenüber einer gegebenen Situation eine Idee davon zu erzeugen, was man tun sollte, um die Situation „ein Stück weiter" zu bringen. Es gilt zu erkennen, was die Situation „braucht", was sie sozusagen von einem will. Das wirkende Motiv einer entsprechenden Handlung ist die liebevolle Hingabe an das mir Entgegentretende.

„Zur Voraussetzung hat eine solche Handlung die Fähigkeit der moralischen Intuitionen. Wem die Fähigkeit fehlt, für den einzelnen Fall die besondere Sittlichkeitsmaxime zu erleben, der wird es auch nie zum wahrhaft individuellen Wollen bringen." (4\158)

Selbstverständlich sieht Steiner, dass es sich dabei um ein Ideal handelt, das dem Menschen aber als Ziel seiner (Selbst-)Entwicklung voranleuchten kann.

„Für diese höchste Potenz seines Daseins, die mehr Ideal als Wirklichkeit ist, gilt das hier Festgestellte. Des Menschen Lebensweg besteht darinnen, dass er sich vom Naturwesen zu einem solchen entwickelt, wie wir es hier kennengelernt haben; er soll sich frei machen von allen Naturgesetzen und sein eigener Gesetzgeber werden." (1\200)

In *Die Mystik* konkretisiert Steiner seine Anschauung des freien Handelns. Das Handeln nach Ideen ist dann frei, wenn diese Ideen in das „Licht der Selbsterkenntnis" aufgenommen werden (vgl. oben, S. 91 ff.)

„Als geistiger Inhalt kommt der innerste Kern der Welt in der Selbsterkenntnis zum Leben. Das Erleben der Selbsterkenntnis bedeutet für den Menschen Weben und Wirken innerhalb des Weltenkernes. Wer von Selbsterkenntnis durchdrungen ist, vollzieht natürlich auch sein eigenes Handeln im Lichte der Selbsterkenntnis." (7\35)

„Für alles Handeln, das nicht im Lichte der Selbsterkenntnis sich vollzieht, muss das Motiv, der Grund des Handelns als Zwang empfunden werden. Anders ist die Sache, wenn der Grund in die Selbsterkenntnis eingefasst wird. Dann ist dieser Grund ein Glied des Selbst geworden. Das Wollen wird nicht mehr bestimmt; es bestimmt sich selbst. Die Gesetzmäßigkeit, die Motive des Wollens herrschen nun nicht mehr *über* dem Wollenden, sondern sind ein und dasselbe mit diesem Wollen. Die Gesetze seines Handelns mit dem Lichte der Selbstbeobachtung beleuchten, heißt, allen Zwang der Motive überwinden. Dadurch versetzt sich das Wollen in das Gebiet der *Freiheit*." (7\36)

„Der Mensch, der die Gesetzmäßigkeit seines Handelns als seine eigene durchdrungen hat, hat den Zwang dieser Gesetzmäßigkeit, und damit die Unfreiheit überwunden. Die Freiheit ist nicht *von vornherein* eine Tatsache des Menschendaseins, sondern ein *Ziel*." (7\37)

Dass Rudolf Steiner hier von einem erleuchteten Zustand spricht, in welchem das Selbst und die Inhalte der Welt als identisch erlebt werden, macht das folgende Zitat deutlich:

„Mit dem freien Handeln löst der Mensch einen Widerspruch zwischen der Welt und sich. Seine eigenen Taten werden Taten des allgemeinen Seins. Er empfindet sich in vollem Einklange mit diesem allgemeinen Sein. Jeden Missklang zwischen sich und einem anderen fühlt er als Ergebnis eines noch nicht völlig erwachten Selbst. Das aber ist das Schicksal des Selbst, dass es nur in seiner Trennung vom All den Anschluss an dieses All finden kann. Der Mensch wäre nicht Mensch, wenn er nicht abgeschlossen wäre als Ich von allem anderen; aber er wäre auch nicht im höchsten Sinne Mensch, wenn er nicht als solch abgeschlossenes Ich aus sich heraus wieder sich zum All-Ich erweiterte. Es gehört durchaus zum menschlichen Wesen, dass es einen ursprünglich in ihm gelegenen Widerspruch überwinde." (7\37)

Nur in der sinnlichen Welt können Widersprüche zwischen mir und der Welt empfunden werden. Sie bringen mich zu meinem Eigensein. Ohne solche Widersprüche könnte ich mich nicht als Persönlichkeit konstituieren. Doch ist mein abgegrenztes Selbst nicht wirklich, denn es könnte ohne das Gegenüber der Welt gar nicht existieren. Es gehört zur Welt, die Welt zu ihm, aber es kann diese Zugehörigkeit in der sinnlichen Welt nicht erfahren. Erwacht es für die Tatsache, dass es im Denken nicht mehr außer-, sondern innerhalb des Weltwesens lebt, so erlebt es sich mit allem anderen verbunden: *Tat tvam asi* – das bist du. Ein völlig erwachtes Selbst erkennt, dass das, was ihm von außen wie eine scheinbar fremde Macht entgegentritt, in Wirklichkeit mit ihm eins ist. Hier liegt der Grund dafür, dass Rudolf Steiner in *Die Geheimwissenschaft im Umriss* (siehe unten, S. 190 ff.) schrieb, dass die Zusammenhänge von Reinkarnation und Karma (dass also die mich von außen treffenden biographischen Ereignisse zu mir gehören) nur durch Intuition zu erkennen sind.

Im VIII. Kapitel seiner Autobiographie *Mein Lebensgang* fasst Steiner seine Auffassung des freien Handelns noch einmal zusammen:

„In der menschlichen Persönlichkeit musste ich einen Mittelpunkt sehen, in dem diese ganz unmittelbar mit dem ursprünglichsten Wesen der Welt zusammenhängt. Aus diesem Mittelpunkt heraus quillt das Wollen. Und wirkt in dem Mittelpunkt das klare Licht des Geistes, so wird das Wollen frei. Der Mensch handelt dann in Übereinstimmung mit der Geistigkeit der Welt, die nicht aus einer Notwendigkeit, sondern nur in der Verwirklichung des eigenen Wesens schöpferisch wird. In diesem Mittelpunkte des Menschen werden nicht aus dunklen Antrieben heraus, sondern aus

‚moralischen Intuitionen' Tatenziele geboren, aus Intuitionen, die in sich so durchsichtig sind wie die durchsichtigsten Gedanken. So wollte ich durch das Anschauen des freien Wollens den Geist finden, durch den der Mensch als Individualität in der Welt ist." (28\142)

Und im X. Kapitel heißt es:

„Handelt der Mensch aus seinen Instinkten, Trieben, Leidenschaften usw., so ist er unfrei. Impulse, die ihm so bewusst werden wie die Eindrücke der Sinneswelt, bestimmen dann sein Handeln. Aber es handelt da auch nicht sein wahres Wesen. Er handelt auf einer Stufe, auf der sein wahres Wesen sich noch gar nicht offenbart. Er enthüllt sich als Mensch da ebensowenig, wie die Sinneswelt ihr Wesen für die bloß sinnenfällige Beobachtung enthüllt. Nun ist die Sinneswelt nicht in Wirklichkeit eine Illusion, sondern wird dazu nur von dem Menschen gemacht. Der Mensch in seinem Handeln kann aber die sinnlichkeitsähnlichen Triebe, Begierden usw. als Illusionen wirklich machen; er lässt dann an sich ein Illusionäres handeln; es ist nicht *er selbst*, der handelt. Er lässt das Ungeistige handeln. Sein Geistiges handelt erst, wenn er die Impulse seines Handelns in dem Gebiete seines sinnlichkeitsfreien Denkens als moralische Intuitionen findet. Da handelt er selbst, nichts anderes. Da ist er ein freies, ein aus sich selbst handelndes Wesen." (28\166)

* * *

Rudolf Steiner spricht in seinen philosophischen Schriften nirgends aus, und es erscheint doch evident, dass das so verstandene freie Handeln in tiefem Zusammenhang mit einem lebendig gelebten Christentum steht. In einem Vortrag vom 30. März 1906[85] sagte er in diesem Sinne:

„Das [alte, mosaische; Anm. CH] Gesetz wirkte von außen als ein Zwangsgesetz. Das, was Christus der Erde brachte, wirkt von innen. Es ist das zur Liebe heraufgeholte Licht, das Gesetz, das in der Seele selbst geboren wird, das Paulus die

---

[85] Nach Hörernotizen. *Luzifer, der Träger des Lichtes; Christus, der Bringer der Liebe*. In: *Das christliche Mysterium*. GA 97. Dornach 1998, S. 157-164.

Gnade nennt. Das Gesetz, das aus der innersten Natur heraus wiedergeboren war, das war zugleich Liebe und Licht, und das hat den Anfang gegeben zu einer neuen Evolution auf der Erde." (97\163)

Man wird bei der Intuition auch an ein Zitat Christi aus dem Johannesevangelium erinnert: *Wer mich gesehen hat, der hat den Vater auch gesehen* (Joh. 14:9). Christus spricht aber auch über das Handeln aus Intuition: *Der Vater, der in mir lebt, vollbringt durch mich seine Werke* (Joh. 14:10). Denn: *Ich und der Vater sind eins* (Joh. 10:30).

III. GEISTWESEN, LEIBESWESEN, WILLENSÜBUNGEN

Dieser Abschnitt behandelt die anthroposophische Vertiefung des Intuitionsverständnisses. Wir blicken noch einmal ausführlich auf die Selbstintuition des „Ich-bin" und ihren Zusammenhang mit einer (irrtumsfreien) Erkenntnis der geistigen Welt und beschreiben die Bedingungen, menschenkundlichen Zusammenhänge und philosophischen Implikationen des intuitiven Erlebens (Abschnitt über Die Geheimwissenschaft im Umriss, *den* Bologna-Vortrag *und* Die Rätsel der Philosophie). *Wir schildern einen meditativen Weg zur Intuition sowie Übungen zum intuitiven Erkennen* (Kosmologie, Religion *und* Philosophie) *und beleuchten wichtige Aspekte des intuitiven Erlebens* (Ein Weg zur Selbsterkenntnis *und* Die Schwelle der geistigen Welt). *Die Widerstände, die auf dem Weg zum intuitiven Erkennen auftreten, werden in Form der Begegnung mit dem „Hüter der Schwelle" besprochen. Ausführlich kommt noch einmal das Thema des produktiven Denkens und der Hingabe an die Weltinhalte durch einen vergeistigten Willen zur Sprache* (Vom Menschenrätsel *sowie anhand einiger* Aufsätze), *das Rudolf Steiner in den* Leitsätzen *bis zu wesenhaften Darstellungen des Michael und Christus verdichtete. Anhand von* Von Seelenrätseln *besprechen wir den Zusammenhang der Intuition mit den beiden anderen Stufen des geistigen Erkennens, mit den drei Seelenfähigkeiten in ihren unterschiedlichen Wachheitsgraden und mit der dreigliedrigen Struktur des Leibes. Schließlich zeigen wir, wie durch die höheren Erkenntnisstufen die verschiedenen Reiche der Natur und die Wesensglieder des Menschen erkannt werden können* (Grundlegendes zur Erweiterung der Heilkunst).

Die Geheimwissenschaft im Umriss (1910) – Selbsterkenntnis, Welterkenntnis und der Weg zur Intuition

In diesem Kapitel beschäftigen wir uns zunächst mit einer Darstellung, die den Weg zeigt, auf dem das geistige Ich und – von dort ausgehend – das Geistige in der Welt gefunden werden können. Wir deuten auf einen Zusammenhang mit dem Johannes Evangelium. Außerdem beschäftigen wir uns mit dem Schulungsweg zu den höheren Erkenntnisstufen und ihren menschenkundlichen Grundlagen.

In seinem anthroposophischen Hauptwerk *Die Geheimwissenschaft im Umriss*[86] stellt Rudolf Steiner die Intuition als die höchste von drei geistigen Erkenntnisstufen in einem systematischen, menschenkundlich begründeten Zusammenhang. Ähnlich wie schon in den *Stufen der höheren Erkenntnis* beschreibt er die Intuition als geistige Wesenserkenntnis von „höchster, lichtvollster Klarheit":

„Intuition ist ein Wort, das im gewöhnlichen Leben missbraucht wird für eine unklare, unbestimmte Einsicht in eine Sache, ... Mit dieser Art ‚Intuition' hat das hier Gemeinte natürlich nichts zu tun. Intuition bezeichnet hier eine Erkenntnis von höchster, lichtvollster Klarheit, deren Berechtigung man sich, wenn man sie hat, in vollstem Sinne bewusst ist. - Ein Sinneswesen erkennen, heißt *außerhalb* desselben stehen und es nach dem äußeren Eindruck beurteilen. Ein Geisteswesen durch Intuition erkennen, heißt völlig eins mit ihm geworden sein, sich mit seinem Innern vereinigt haben." (13\357)

In der Intuition fließen Subjekt und Objekt in eins zusammen. In den *Stufen* hatte es geheißen: „Das Ich hat

---

[86] *Die Geheimwissenschaft im Umriss*. GA 13. Dornach 1989.

sich ergossen über alle Wesen, es ist mit ihnen zusammengeflossen", und: „Das Leben der Dinge in der Seele ist nun die Intuition" (12\22). Die intuitive Erkenntnis ist daher immer auch Selbsterkenntnis:

„Er lernt dadurch sich selbst in derjenigen Gestalt kennen, die er als geistiges Wesen in der seelisch-geistigen Welt hat." (13\394)

Durch intuitive Erkenntnis wird das eigene Wesen gefunden, das sich von Leben zu Leben erhält.

„Will der Mensch sich selbst seiner inneren Wesenheit nach erkennen, so kann er dies nur durch Intuition. Durch sie nimmt er wahr, was sich in ihm von Erdenleben zu Erdenleben fortbewegt. ... Nur die intuitive Erkenntnis macht ... eine sachgemäße Erforschung von den wiederholten Erdenleben und vom Karma möglich. Alles, was als Wahrheit über diese Vorgänge mitgeteilt werden soll, muss der Forschung durch intuitive Erkenntnis entstammen." (13\359)

Wenn das Ich mit der es umgebenden Welt bewusst zusammenfließt, dann erfährt es sie als Teil seiner selbst. Es erlebt Menschen und Ereignisse, die ihm biographisch begegnen, als zu sich gehörend. In seinem Karma tritt es sich – nicht nur theoretisch, sondern als reale Erfahrung – selbst entgegen.[87]

* * *

In der *Geheimwissenschaft* findet sich eine ausführliche Darstellung zur Erkenntnis der „inneren Wesenheit" des

---

[87] Wie von der Erkenntnis dieses Zusammenhangs innerhalb eines Lebens zur Anschauung *früherer* Erdenleben vorgedrungen werden kann, wurde von Rudolf Steiner in seinem Vortragswerk dargestellt. Eine Reinkarnationserinnerung kann durch aktive und intensive Identifikation mit den eigenen karmischen Schicksalsgegebenheiten erweckt werden. Siehe z.B. Vortrag vom 30.1.1912 in: *Wiederverkörperung und Karma.* GA 135. Dornach 1989; oder Vortrag vom 9.5.1924 in: *Esoterische Betrachtungen karmischer Zusammenhänge. Zweiter Band.* GA 236. Dornach 1977.

Menschen, des Ich, die wichtige methodische und menschenkundliche Gesichtspunkte enthält. Wir besprechen sie daher ausführlich.

Steiner führt den Leser in einem Stufenweg vom Blick auf die Außenwelt über den Blick in die eigene Seele zur Anschauung des Selbst. Im gewöhnlichen, gegenständlichen Bewusstsein ist der Mensch zunächst nicht auf sich, sondern auf anderes hin orientiert:

„Sowohl der Empfindungsseele wie der Verstandesseele ist es eigen, dass sie mit dem arbeiten, was sie durch die Eindrücke der von den Sinnen wahrgenommenen Gegenstände erhalten und davon in der Erinnerung bewahren. Die Seele ist da ganz hingegeben an das, was für sie ein Äußeres ist. Auch dies hat sie ja von außen empfangen, was sie durch die Erinnerung zu ihrem eigenen Besitz macht." (13\66)

Die Seele „kann aber über all das hinausgehen. Sie ist nicht allein Empfindungs- und Verstandesseele. Die übersinnliche Anschauung vermag am leichtesten eine Vorstellung von diesem Hinausgehen zu bilden, wenn sie auf eine einfache Tatsache hinweist, die nur in ihrer umfassenden Bedeutung gewürdigt werden muss. Es ist diejenige, dass es im ganzen Umfange der Sprache einen einzigen Namen gibt, der seiner Wesenheit nach sich von allen andern Namen unterscheidet. Dies ist eben der Name ‚Ich'. Jeden andern Namen kann dem Dinge oder Wesen, denen er zukommt, *jeder* Mensch geben. Das ‚Ich' als Bezeichnung für ein Wesen hat nur dann einen Sinn, wenn dieses Wesen sich diese Bezeichnung selbst beilegt. Niemals kann von außen an eines Menschen Ohr der Name ‚Ich' als seine Bezeichnung dringen; nur das Wesen selbst kann ihn auf sich anwenden. ‚Ich bin ein Ich nur für mich; für jeden andern bin ich ein Du; und jeder andere ist für mich ein Du'." (13\66)

Dann würdigt Steiner diese „einfache Tatsache" in ihrer „umfassenden Bedeutung":

„Diese Tatsache ist der äußere Ausdruck einer tief bedeutsamen Wahrheit. Das eigentliche Wesen des ‚Ich' ist von allem Äußeren unabhängig; *deshalb* kann ihm sein Name auch von keinem Äußeren zugerufen werden. Jene religiösen Bekenntnisse, welche mit Bewusstsein ihren Zusammenhang mit der übersinnlichen Anschauung aufrechterhalten haben, nennen daher die Bezeichnung ‚Ich' den ‚unaussprechlichen Namen Gottes'. Denn gerade auf das Angedeutete wird gewiesen, wenn dieser Ausdruck gebraucht wird. Kein Äußeres hat Zugang zu jenem Teile der menschlichen Seele, der hiermit ins Auge gefasst ist. Hier ist das ‚verborgene Heiligtum' der Seele. Nur ein Wesen kann da Einlass gewinnen, mit dem die Seele gleicher Art ist. ‚Der Gott, der im Menschen wohnt, spricht, wenn die Seele sich als Ich erkennt'." (13\67)

Schrittweise führt diese Darstellung zum „Ich-bin". Vollziehen wir diese Schritte einmal nach. Der erste besteht in einer äußeren Beobachtung: „Im ganzen Umfange der Sprache…". Daran knüpft sich die Beschreibung einer Tätigkeit, die gedanklich durchdrungen wird: „Jeden andern Namen kann … *jeder* Mensch geben. Die Bezeichnung als ‚Ich' hat nur dann einen Sinn, wenn…". Dann folgt die Beschreibung einer Erfahrung: „Niemals kann von außen… an mein Ohr dringen". Und schließlich die vom Ich ausgehende Formulierung, die nicht nur Gedanke ist, sondern auch *Tat*: „Ich bin ein Ich…".

Zu den vier hinweisenden Schritten kommen dann drei weitere der Würdigung hinzu. Die im dritten Schritt beschriebene Erfahrung wird im fünften in eine geistige Einsicht transformiert: „Das eigentliche Wesen des ‚Ich' ist von allem Äußeren unabhängig, deshalb….". Der sechste Schritt transzendiert den zweiten in religiöser Perspektive: der „unaussprechliche Namen Gottes"[88], und der siebte den ersten: „Der Gott, der im Menschen wohnt…".

---

[88] „Unaussprechlich" ist der Name, weil er unveräußerlich ist, weil das Ich, wenn es sich äußert, schon aus sich heraustritt. „Warum kann der lebendige Geist dem Geist nicht erscheinen? *Spricht* die Seele, so spricht, ach, schon die *Seele* nicht mehr", heißt es bei Schiller.

I. *Hinweis auf eine äußere Tatsache* Die einfache Tatsache, … dass es im ganzen Umfange der Sprache einen einzigen Namen gibt, der seiner Wesenheit nach sich von allen andern Namen unterscheidet. Dies ist eben der Name ‚Ich'.	**VII.** *geistige Innenseite des Äußeren* Kein Äußeres hat Zugang zu jenem Teile der menschlichen Seele, der hiermit ins Auge gefasst ist. Hier ist das ‚verborgene Heiligtum' der Seele. … ‚Der Gott, der im Menschen wohnt, spricht, wenn die Seele sich als Ich erkennt'.
II. *gedankliche Aktivität* Jeden andern Namen kann dem Dinge oder Wesen, denen er zukommt, *jeder* Mensch geben. Das ‚Ich' als Bezeichnung für ein Wesen hat nur dann einen Sinn, wenn dieses Wesen sich diese Bezeichnung selbst beilegt.	**VI.** *geistig-spirituelles Leben* Jene religiösen Bekenntnisse, welche mit Bewusstsein ihren Zusammenhang mit der übersinnlichen Anschauung aufrechterhalten haben, nennen daher die Bezeichnung ‚Ich' den ‚unaussprechlichen Namen Gottes'.
III. *Beschreibung einer Erfahrung* Niemals kann von außen an eines Menschen Ohr der Name ‚Ich' als seine Bezeichnung dringen; nur das Wesen selbst kann ihn auf sich anwenden.	**V.** *geistige Würdigung* Das eigentliche Wesen des ‚Ich' ist von allem Äußeren unabhängig; *deshalb* kann ihm sein Name auch von keinem Äußeren zugerufen werden.

IV. *Selbstaussage als Tat*

‚Ich bin ein Ich nur für mich; für jeden andern bin ich ein Du; und jeder andere ist für mich ein Du'.

Der Leser durchläuft einen stufenweise geführten Einweihungsweg *en miniature*.[89]/[90]

Steiner betont, dass damit keine Gleichsetzung von Gott und Seele gemeint ist:

„Leicht kann demgegenüber das Missverständnis entstehen, als ob solche Anschauungen das Ich mit Gott für *Eins* erklärten. Aber sie sagen durchaus nicht, dass das Ich Gott sei, sondern nur, dass es mit dem Göttlichen von einerlei Art und Wesenheit ist. Behauptet denn jemand, der Tropfen Wasser, der dem Meere entnommen ist, sei das Meer, wenn er sagt: der Tropfen sei derselben Wesenheit oder Substanz wie das Meer? Will man durchaus einen Vergleich gebrauchen, so kann man sagen: wie der Tropfen sich zu dem Meere verhält, so verhält sich das ‚Ich' zum Göttlichen. Der Mensch kann in sich ein Göttliches finden, weil sein ureigenstes Wesen dem Göttlichen entnommen ist." (13\67)

Menschenkundlich bezeichnet er den Seelenbereich, der die Ich-Intuition erlebt, als *Bewusstseinsseele*.

---

[89] Diese Schritte entsprechen qualitativ den sieben Gliedern des menschlichen Wesens, wie sie in der *Theosophie* beschrieben werden: dem physischen Leib, dem ätherischen Leib, Astralleib, Ich, Geistselbst, Lebensgeist und Geistesmensch.

[90] Im Einführungskapitel der *Geheimwissenschaft* hatte Rudolf Steiner eine wichtige methodische Bemerkung gemacht, die auch mit diesem Weg zusammen hängt:

„Man lebt im Lesen von geisteswissenschaftlichen Erkenntnissen auf andere Art, als in demjenigen der Mitteilungen sinnenfälliger Tatsachen. Liest man Mitteilungen aus der sinnenfälligen Welt, so liest man eben *über* sie. Liest man aber Mitteilungen über übersinnliche Tatsachen im rechten Sinne, so lebt man sich ein in den Strom geistigen Daseins. Im Aufnehmen der Ergebnisse nimmt man zugleich den eigenen Innenweg dazu auf. Es ist richtig, dass dies hier Gemeinte von dem Leser zunächst oft gar nicht bemerkt wird. Man stellt sich den Eintritt in die geistige Welt viel zu ähnlich einem sinnenfälligen Erlebnis vor, und so findet man, dass, was man beim Lesen von dieser Welt erlebt, viel zu gedankenmäßig ist. Aber in dem *wahren* gedankenmäßigen Aufnehmen steht man in dieser Welt schon drinnen und hat sich nur noch klar darüber zu werden, dass man schon unvermerkt erlebt hat, was man vermeinte, bloß als Gedankenmitteilung erhalten zu haben." (13\50)

„Wie die Empfindungsseele und die Verstandesseele in der äußeren Welt leben, so taucht ein drittes Glied der Seele in das Göttliche ein, wenn diese zur Wahrnehmung ihrer eigenen Wesenheit gelangt. ... So also erlangt der Mensch durch dieses sein drittes Seelenglied, ein inneres Wissen von sich selbst, wie er durch den Astralleib ein Wissen von der Außenwelt erhält. Deshalb kann die Geheimwissenschaft dieses dritte Seelenglied auch die *Bewusstseinsseele* nennen. Und in ihrem Sinne besteht das Seelische aus drei Gliedern: der Empfindungsseele, Verstandesseele und Bewusstseinsseele, wie das Leibliche aus drei Gliedern besteht, dem physischen Leib, dem Ätherleib und dem Astralleib." (13\67)

Oben hatten wir Steiners Diktum referiert, dass Fichtes geistige Tathandlung durch eine aristotelische Empirie zu ergänzen sei (siehe S. 162). Hier finden wir beides verbunden, das fichtesche ‚Ich-bin' und die aristotelisch unterscheidende Bestimmung des Seelenfeldes, auf dem sich die Selbsterkenntnis ereignet.

Steiner beschreibt dann wiederum das Charakteristische, dass in der Ich-Intuition etwas beobachtet wird, das man selbst zum Vorschein bringt:

„In der Bewusstseinsseele enthüllt sich erst die wirkliche Natur des ‚Ich'. Denn während sich die Seele in Empfindung und Verstand an anderes verliert, ergreift sie als Bewusstseinsseele ihre eigene Wesenheit. Daher kann dieses ‚Ich' durch die Bewusstseinsseele auch nicht anders als durch eine gewisse innere Tätigkeit wahrgenommen werden. ... Soll das ‚Ich' sich selbst wahrnehmen, so kann es nicht bloß sich *hingeben*; es muss durch innere Tätigkeit seine Wesenheit aus den eigenen Tiefen erst heraufholen, um ein Bewusstsein davon zu haben. Mit der Wahrnehmung des ‚Ich' - mit der *Selbstbesinnung* - beginnt eine innere Tätigkeit des ‚Ich'. Durch diese Tätigkeit hat die Wahrnehmung des Ich in der Bewusstseinsseele für den Menschen eine ganz andere Bedeutung als die Beobachtung alles dessen, was durch die drei Leibesglieder und durch die beiden andern Glieder der Seele an ihn herandringt." (13\69)

In einer merkwürdigen Formulierung weist Steiner dann auf die „Kraft" hin, die in der Selbstbesinnung wirke, sich aber auch „in aller übrigen Welt" kundgebe:

„Die Kraft, welche in der Bewusstseinsseele das Ich offenbar macht, ist ja dieselbe wie diejenige, welche sich in aller übrigen Welt kundgibt. Nur tritt sie in dem Leibe und in den niederen Seelengliedern nicht unmittelbar hervor, sondern offenbart sich stufenweise in ihren Wirkungen. Die unterste Offenbarung ist diejenige durch den physischen Leib; dann geht es stufenweise hinauf bis zu dem, was die Verstandesseele erfüllt. Man könnte sagen, mit dem Hinansteigen über jede Stufe fällt einer der Schleier, mit denen das Verborgene umhüllt ist. In dem, was die Bewusstseinsseele erfüllt, tritt dieses Verborgene hüllenlos in den innersten Seelentempel. Doch zeigt es sich da eben nur wie ein Tropfen aus dem Meere der alles durchdringenden Geistigkeit. Aber der Mensch muss diese Geistigkeit hier zunächst ergreifen. Er muss sie in sich selbst erkennen; dann kann er sie auch in ihren Offenbarungen finden." (13\69)[91]

Die „Kraft, welche das Ich offenbar macht", das ist Fichte; „sich in aller übrigen Welt kundgibt", das ist Aristoteles. Doch welche Kraft ist gemeint?

Steiner spricht von einem „Verborgenen", das sich in den Welterscheinungen „offenbare", und das in der Selbsterkenntnis „hüllenlos in den innersten Seelentempel" trete. In der *Geheimwissenschaft* finden sich immer wieder Hinweise auf dieses Verborgene:

„Man kann sich klar darüber werden, dass die Betrachtung der sichtbaren Welt dem Menschen Rätsel vorlegt, die niemals aus

---

[91] Es ist immer wieder erstaunlich, dass Rudolf Steiner solche anthroposophischen Zusammenhänge schon unter Verwendung ähnlicher Begriffe, ja ähnlicher Worte, in seinen frühen Schriften entwickelte. So hatten wir oben eine Darstellung aus den *Einleitungen* zur Wirksamkeit der Ideen in den verschiedenen Naturreichen referiert:
„Im menschlichen Bewusstsein ist der Begriff selbst das Wahrnehmbare. ... Es ist eben das Ideelle, welches angeschaut wird. Deshalb können auf dieser Stufe auch die ideellen Daseinskerne der unteren Naturstufen zur Erscheinung kommen. Mit dem menschlichen Bewusstsein ist die Möglichkeit gegeben, dass das, was auf den unteren Stufen des Daseins bloß ist, aber nicht erscheint, nun auch erscheinende Wirklichkeit wird." (1\282)

den Tatsachen dieser Welt selbst gelöst werden können. Sie werden auch dann auf diese Art nicht gelöst werden, wenn die Wissenschaft dieser Tatsachen so weit wie nur irgend möglich fortgeschritten sein wird. Denn die sichtbaren Tatsachen weisen deutlich durch ihre eigene innere Wesenheit auf eine verborgene Welt hin." (13\42)

In der Selbsterkenntnis zeige sich dieses Verborgene hüllenlos „wie ein Tropfen aus dem Meere der alles durchdringenden Geistigkeit". In der Ich-Intuition ist der Geist, der in der Welt wirkt, direkt zugänglich. Wenn man nicht lediglich bei Gedanken *über* den Geist stehen bleibt, sondern ihn real erleben will, dann muss man ihn dort aufsuchen, wo er zunächst tatsächlich zu fassen ist. Mit dem Bewusstsein der damit erlebten und erkannten Qualität kann man ihn dann auch in der Welt finden. Rudolf Steiner kommt so zu einer fast definitionsartigen Formulierung:

„Was da wie ein Tropfen hereindringt in die Bewusstseinsseele, das nennt die Geheimwissenschaft den *Geist*. So ist die Bewusstseinsseele mit dem Geiste verbunden, der das Verborgene in allem Offenbaren ist. Wenn der Mensch nun den Geist in aller Offenbarung ergreifen will, so muss er dies auf dieselbe Art tun, wie er das Ich in der Bewusstseinsseele ergreift. Er muss die Tätigkeit, welche ihn zum Wahrnehmen dieses Ich geführt hat, auf die offenbare Welt hinwenden." (13\70)

Damit haben wir eine präzise Formulierung des erkenntnistheoretischen Grundprinzips der Anthroposophie. Zum Wahrnehmen des Ich hat eine innere, bewusste Willenstätigkeit geführt, ein reiner, lebendiger Gedanke, der zugleich wirklich ist, weil und indem er bewusster Willensausdruck des sich äußernden Wesens ist. So wie die Ich-Intuition müssen also die Welt-Intuitionen auch bewusste, wesenhafte Willenshandlungen sein. Man kommt zu dem in der Welt verborgenen Geist, indem man die Welterscheinungen mit Willen durchdringt, nicht über sie denkt, sondern sich ihnen innerlich anverwandelt, sie zu eigenen Willenshandlungen macht, d.h. sie innerlich (für das innere Miterleben) nachschafft. Das ist wahre Phänomenologie, wahre Naturanschauung im Sinne Goethes, die zur Geist-Erfahrung wird. Kein passives Anschauen, sondern aktives Nachvollziehen. So, wie man das Ich intuitiv hervorbringt, so muss man die Welterscheinungen (wieder) hervorbringen, gleichsam in der eigenen inneren Tätigkeit auferstehen lassen. Geistige Anschauungen sind nur dann vorhanden, wenn und insofern sie erzeugt werden, sie beruhen auf der produktiven Tätigkeit des Erkennenden. Aber es ist kein willkürliches Schaffen, denn es lässt sich, seinem Inhalt nach, durch die Welterscheinungen bestimmen. Dass ich tue, liegt an mir, was ich tue, bestimmt die Welt.

In diesem Sinne hatte Rudolf Steiner bereits 1893 (!) in dem oben (S. 169) zitierten Aufsatz zu Franz Brentano geschrieben:

„Sind wir imstande, Gebilde selbst zu erzeugen, die einen realen Inhalt haben, dann erhalten wir eine Wissenschaft ... von Wesenheiten, wie es die Philosophie sein soll. Das oberste Gebilde dieser Art ist das ‚Ich'. Dies kann nicht durch Erfahrung gefunden, sondern nur durch freie Intuition erzeugt werden. Wer diese Intuition zu erzeugen vermag, der merkt alsbald, dass er damit nicht einen Akt seines einzelnen, zufälligen Bewusstseins vollzogen hat, sondern einen kosmischen Prozess: er hat den Gegensatz von Subjekt und Objekt überwunden; er hat die inhaltliche Welt in sich, aber auch sich in der Welt gefunden. Von da ab betrachtet er nicht mehr die Dinge wie ein Außenstehender, sondern wie einer, der innerhalb derselben steht. In diesem Augenblicke ist er Philosoph geworden. Die Philosophie will die Dinge erleben, nicht wie die Erfahrungswissenschaft bloß betrachten." (30\526)

Und ähnlich schrieb er im *Christentum* von der schaffenden Erlösung Gottes in der Erkenntnis:

„Gott ist in der Welt verzaubert. ... Er lebt im Menschen. Und der Mensch kann das Leben des Gottes in sich erfahren. Soll er ihn in die Erkenntnis kommen lassen, muss er diese Erkenntnis *schaffend* [kursiv CH] erlösen." (8\36)

Mit der Formulierung, dass „die Kraft, welche in der Bewusstseinsseele das Ich offenbar macht", dieselbe sei wie diejenige, „welche sich in aller übrigen Welt kundgibt", zeigt Rudolf Steiner eine Brücke zwischen Erkennen und Sein; die epistemologische Darstellung geht in eine ontologische über. In der Seele und in der Welt wirkt dieselbe Kraft. In der Seele treibt sie das Bewusstsein des Ich hervor, in der Welt die verschiedenen Erscheinungen. Und sie enthüllt sich Schritt für Schritt, je weiter man vom physischen Leib bis zur Bewusstseinsseele aufsteigt.

„Man könnte sagen, mit dem Hinansteigen über jede Stufe fällt einer der Schleier, mit denen das Verborgene umhüllt ist. In dem, was die Bewusstseinsseele erfüllt, tritt dieses Verborgene hüllenlos in den innersten Seelentempel." (13\69)

Vollziehen wir diesen Weg einmal nach. Richten wir die Aufmerksamkeit zunächst auf die unmittelbaren Sinneseindrücke, z.B. auf das Empfindungserlebnis ‚rot'. Blickt man nicht auf die ‚rote Rose' als Gegenstand, sondern auf dieses Erlebnis, so erlebt man sich selbst darin seelisch-geistig anwesend. Zugleich wird das Erlebnis belebter, strömender, gleichsam wie von einer feinen Tätigkeit durchvibriert. Man erlebt die Wahrnehmungs*tätigkeit*, die zuvor in den Gegenstandsvorstellungen erstorben war. Wir haben es wieder mit dem Doppelstromprinzip zu tun: Von mir strömt eine feine innere Willenstätigkeit aus, die den von außen einströmenden Weltinhalten begegnet und sich von ihnen durchtränken und gestalten lässt.[92]

---

[92] In einem Vortrag vom 30.11.1919 (in: *Die Sendung Michaels*. GA 194. Dornach 1994) schilderte Rudolf Steiner diese gegenseitige Durchdringung von Menschenwille und Weltinhalt, die uns hier immer wieder für die Intuition beschäftigt, auch für den sinnlichen Wahrnehmungsvorgang:
„Wenn wir das Beseeltsein unserer Sinnesempfindungen wieder haben werden, dann werden wir wiederum einen Kreuzungspunkt haben, und in diesem Punkt werden wir den menschlichen Willen ... erfassen. Da werden wir zu gleicher Zeit etwas Subjektiv-Objektives

Auf dieser Stufe gilt die scharfe Trennung zwischen dem erkennenden Ich und dem erkannten Gegenstand schon nicht mehr. Der in den Dingen erstorbene und zerstückelte Gott beginnt, aus seinem Zaubergrab zu *erwachen*.

Im nächsten Schritt wenden wir und dem Werden und Vergehen der Sinneseindrücke zu, zum Beispiel den Verwandlungen einer Rose. Ihr Wachstum, ihre Entwicklung kann ich nur nachvollziehen, indem ich meine gegenwärtigen Eindrücke mit Erinnerungen ihrer vorangegangenen Zustände verbinde, kommende vorausdenke, und diese Bilder ineinander übergehen lasse. Scheinbar bin ich dabei im Bereich meiner eigenen Vorstellungen, aber in den Vorstellungen lebt Weltinhalt. Subjekt und Objekt rücken näher zusammen. Die göttliche Kraft zeigt sich um einen Schritt weniger verhüllt: Das *Leben* in den Vorstellungen ist zugleich das Leben in der Welt. Die voneinander getrennten Eindrücke werden verbunden, sie erscheinen als auseinander hervorgehende Metamorphosen. In ihnen ist Gott *lebendig*.

Ein weiterer Entschleierungsschritt ist möglich, wenn diese Verwandlungen nicht nur in Bildern erlebt, sondern empfunden werden. Man schlüpft gleichsam in die

---

haben, wonach Goethe so lechzte. Da werden wir wiederum die Möglichkeit haben, in feiner Art zuerst zu erfassen, wie merkwürdig eigentlich dieser Sinnes-prozess des Menschen im Verhältnis zur Außenwelt ist. Das sind ja alles grobe Vorstellungen, als wenn die Außenwelt auf uns bloß wirkte und wir dann bloß reagierten darauf. … Die Wirklichkeit ist vielmehr diese, dass ein seelischer Prozess vor sich geht von außen nach innen, der erfasst wird durch den tief unterbewussten, inneren seelischen Prozess, so dass die Prozesse sich übergreifen. Von außen wirken die Weltgedanken in uns herein, von innen wirkt der Menschheitswille hinaus. Und es durchkreuzen sich Menschheitswille und Weltengedanken in diesem Kreuzungspunkte, wie sich im Atem das Objektive mit dem Subjektiven einstmals überkreuzt hat. Wir müssen fühlen lernen, wie durch unsere Augen unser Wille wirkt, und wie in der Tat die Aktivität der Sinne leise sich hineinmischt in die Passivität, wodurch sich Weltengedanken mit Menschheitswille kreuzen." (194\111)

Erscheinungen hinein und erfühlt sie von innen. Seelisch erlebt spricht im Rot der Rose eine Kraft, die dem Erleben der Liebe verwandt ist, im Weiß der Lilie etwas, in dem Unschuld und reine Tugend anklingen (ein lebendiges, sprechendes Gefühl und keine bloß gedachte Metapher). Ich empfinde mich *in* der Welt, die Welt in mir. Gott tritt mir in der Innerlichkeit der Dinge *entgegen*.

Schließlich kann ich mich vollständig mit dem identifizieren, was ich beobachte, indem ich es in mir nachschaffe, mich durch hervorbringende Geist-Tätigkeit gleichsam in es hineinversetze. Ich kann so für die Erfahrung der geistigen Innenseite der Welterscheinungen erwachen, wie ich dies für die geistige Innenseite des ‚Ich' getan habe. Subjekt und Objekt verschmelzen, das Ich fließt mit den Wesen der Welt zusammen, die Dinge denken sich in mir. Wir sind in der Intuition. Der göttliche Geist ist *eins* mit mir im Erkennen. Es ist dieser Punkt der Einheit, über den Steiner in den *Einleitungen* schrieb:

„Wir gelangen, indem wir uns der Idee bemächtigen, in den Kern der Welt. Was wir hier erfassen, ist dasjenige, aus dem alles hervorgeht. Wir werden mit diesem Prinzipe eine Einheit; deshalb erscheint uns die Idee, die das Objektivste ist, zugleich als das Subjektivste." (1\163)

Die geheimnisvolle „Kraft", die in der Bewusstseinsseele „das Ich offenbar macht" und „sich in aller übrigen Welt kundgibt", ist also eine geistige, von hellem Bewusstsein durchzogene Willenswirksamkeit, die sich allem anverwandeln, alles in sich und durch sich neu erstehen lassen kann. Obwohl sie die ureigene Kraft des Ich ist, lässt sie sich ihrem Inhalte nach von der Welt bestimmen. *„Nicht mein, sondern dein Wille geschehe."*

* * *

In der Anthroposophie gibt es eine mystisch-esoterische Christologie. Die Kraft, welche das Ich in der Bewusstseinsseele offenbar macht, wird als die Logoskraft des

Christus angesehen.[93] Im Prolog des Johannes Evangeliums ist beschrieben, dass aus dieser Kraft die Welt hervorging. *„Durch es sind alle Dinge geworden, und nichts von allem Entstandenem ist anders als durch das Wort geworden."* Das göttliche Wort kam zu den Menschen, es wurde jedoch nicht von allen aufgenommen. *„Allen aber, die es aufnahmen, gab es die freie Kraft, Gotteskinder zu werden. Das sind die, die vertrauensvoll seine Kraft in sich aufnehmen. Sie empfangen ihr Leben nicht aus dem Blute, und nicht aus dem Willen des Fleisches und nicht aus menschlichem Willen; denn sie sind aus Gott geboren."*[94]

In den Abschiedsreden Jesu (Joh. 14:1-14) findet sich ebenfalls eine Stelle, die im Zusammenhang mit den Darstellungen aus der *Geheimwissenschaft* gelesen werden kann. Jesus spricht: *„Nicht schwach soll werden euer Herz. Vertrauet auf die Kraft, die euch zum Vatergott und die euch zu mir führt."*[95] Man kann vielleicht sagen, dass damit die Kraft gemeint ist, welche sowohl das Ich in der Bewusstseinsseele offenbar macht, als auch sich in aller übrigen Welt kundgibt. Ihr zu „vertrauen" kann bedeuten, der sich selbst erzeugenden Ich-Intuition, die von nichts Äußerem abhängig ist, sich aber auch auf nichts Äußeres stützen kann, als etwas Wirklichem zu vertrauen. Philippus tritt an Christus heran mit der Frage: *„Herr, zeige uns den Vater, das ist alles, was wir brauchen."* Das ist die Ur-Frage des Erkenntnis suchenden Menschen: Zeige uns,

---

[93] „Gott sprach zu Moses: Ich bin der ‚Ich bin!' Da ruft der Logos seinen Namen, da ruft er dasjenige, was man durch den Verstand, durch den Intellekt zunächst von ihm begreifen kann. Was da gerufen wird, das erscheint im Fleische als der verkörperte Logos in dem Christus Jesus."

Das Johannes-Evangelium (1908). GA 103. Dornach 1975, Seite 124.

[94] In der Übersetzung von Emil Bock: *Das Neue Testament.* Stuttgart 1985.

[95] ebd.

wie die Welt und wir, die wir getrennt voneinander sind, doch aus dem einen Vater hervorgehen. Christus antwortet: *„So lange bin ich nun schon bei euch, und du hast mich nicht erkannt? Wer mich gesehen hat, der hat auch den Vater gesehen."* Wer die Kraft gesehen hat, welche in der Bewusstseinsseele den Geist enthüllt, der hat auch die Kraft gesehen, welche in aller übrigen Welt schafft und wirkt. Wir haben diese Kraft, sie ist *bei uns*, aber haben wir sie erkannt? *„Der Vater, der in mir lebt, vollbringt durch mich seine Werke."*

Es war also bereits im Sinne der esoterischen Christologie, als Rudolf Steiner zur Diskussion von Fichtes Wissenschaftslehre in seiner Dissertation *Wahrheit und Wissenschaft* schrieb:

„Alle Bestimmung vom Ich aus bliebe leer und inhaltlos, wenn das Ich nicht etwas Inhaltsvolles, durch und durch Bestimmtes findet, was ihm die Bestimmung des Gegebenen möglich macht... Dieses durch und durch Inhaltsvolle ist aber die Welt des Denkens. ... Was also als Wesen der Welt vom Ich gesetzt wird, das wird nicht ohne das Ich, sondern durch dasselbe gesetzt." (3\79)

* * *

In dem Kapitel *Die Erkenntnis der höheren Welten* entwickelt Rudolf Steiner ausführlich den *Weg, der zur intuitiven Erkenntnis führt.* Er besteht aus drei Schritten, die aus unseren bisherigen Darstellungen verständlich sind. Zunächst muss die innere, vorstellende Tätigkeit so verstärkt werden, dass sie innerlich erlebbar wird. Das gewöhnliche Bewusstsein merkt ja nichts von seinem tätigen Vor-stellen, weil es auf dessen Ergebnisse, auf die fertigen Vorstellungen fixiert ist. Es ist aber eine ganz andere innere Tätigkeit, ob ich einen ruhenden Stein, eine wachsende Pflanze oder ein sich bewegendes und empfindendes Tier vorstelle. Bei konzentriertem Vorstellen werden diese Tätigkeiten auch von ganz unterschiedlichen inneren Erlebnissen begleitet. Diese Erlebnisse kann man in Bildern (Imaginationen) ausdrücken.

In einem zweiten Schritt müssen die so erzeugten Bilder dann wieder aus dem Bewusstsein verdrängt werden, sodass tatsächlich nur die innere Tätigkeit aufrechterhalten wird, durch welche die Bilder entstanden sind. Diese Tätigkeit gestaltet sich wie eine lebendige, aber leere Schale, in die die geistige Wirklichkeit dessen, was man vorher im Bild ausgedrückt hatte, einströmen kann (Inspiration). Wie die Stufe der Imagination auf konzentriert-verstärkter geistiger Produktivität beruht (dem zweiten Aspekt des intuitiven Erkennens, s. S. 150 ff.), so die Stufe der Inspiration auf dem alleinigen Geltenlassen des sich selbst bestimmenden geistigen Inhalts. Die vollständige Vereinigung mit dem geistigen Inhalt ist die Intuition.

„Die Übungen zur Intuition erfordern, dass der Geistesschüler aus seinem Bewusstsein nicht nur die Bilder verschwinden lässt, welchen er sich zur Erlangung der Imagination hingegeben hat, sondern auch das Leben in der eigenen Seelentätigkeit, in welche er sich für die Erwerbung der Inspiration versenkt hat. Er soll also dann buchstäblich nichts von vorher gekanntem äußeren oder inneren Erleben in seiner Seele haben. Würde … ihm das Bewusstsein überhaupt dahinschwinden und er in Bewusstlosigkeit versinken, so könnte er daran erkennen, dass er sich noch nicht reif gemacht hat, Übungen für die Intuition vorzunehmen; und er müsste dann die Übungen für die Imagination und Inspiration fortsetzen. Es kommt schon einmal die Zeit, in welcher das Bewusstsein nicht leer ist, wenn die Seele die inneren und äußeren Erlebnisse abgeworfen hat, sondern wo nach diesem Abwerfen als Wirkung etwas im Bewusstsein zurückbleibt, dem man sich dann in Versenkung ebenso hingeben kann, wie man sich vorher dem hingegeben hat, was äußerlichen oder inneren Eindrücken sein Dasein verdankt. Es ist dieses ‚Etwas' aber von ganz besonderer Art. Es ist gegenüber allen vorhergehenden Erfahrungen etwas wirklich Neues. Man weiß, wenn man es erlebt: Dies habe ich vorher nicht gekannt. Dies ist eine Wahrnehmung, wie der wirkliche Ton eine Wahrnehmung ist, welchen das Ohr hört; aber es kann dieses Etwas nur in mein Bewusstsein treten durch die Intuition, wie der Ton nur ins

Bewusstsein treten kann durch das Ohr. Durch die Intuition ist der letzte Rest des Sinnlich-Physischen von des Menschen Eindrücken abgestreift; die geistige Welt beginnt für die Erkenntnis offen zu liegen in einer Form, die nichts mehr gemein hat mit den Eigenschaften der physisch-sinnlichen Welt." (13\368)

„Die Imagination führt ihn dazu, die Wahrnehmungen nicht mehr als äußere Eigenschaften von Wesen zu empfinden, sondern in ihnen Ausflüsse von Seelisch-Geistigem zu erkennen; die Inspiration führt ihn weiter in das Innere der Wesen: Er lernt durch sie verstehen, was diese Wesenheiten für einander sind; in der Intuition dringt er in die Wesen selbst ein." (13\357)

* * *

Im Schulungskapitel der *Geheimwissenschaft* beschreibt Rudolf Steiner auch die Wirkung der meditativen Übungen auf die verschiedenen Wesensglieder des Menschen.

„Das Ziel der Versenkung (Meditation) in die oben charakterisierten symbolischen Vorstellungen und Empfindungen ist, genau gesprochen, die Heranbildung der höheren Wahrnehmungsorgane innerhalb des astralischen Leibes des Menschen. Sie werden aus der Substanz dieses astralischen Leibes heraus zunächst geschaffen. Diese neuen Beobachtungsorgane vermitteln eine neue Welt, und in dieser neuen Welt lernt sich der Mensch als ein neues Ich kennen. Von den Beobachtungsorganen der sinnlich-physischen Welt unterscheiden sich jene neuen schon dadurch, dass sie *tätige* Organe sind. ... [Es] kann von den geistig-seelischen Wahrnehmungsorganen gesagt werden, dass sie in fortwährender Tätigkeit sind, während sie wahrnehmen, und dass sie ihre Gegenstände und Tatsachen gewissermaßen in vollem Bewusstsein *ergreifen*. Dadurch ergibt sich das Gefühl, dass geistig-seelisches Erkennen ein Vereinigen mit den entsprechenden Tatsachen ist, ein ‚in ihnen leben'." (13\344)

Die höheren Wahrnehmungsorgane sind tätige Organe, in fortwährender Tätigkeit begriffen. Schon bei der Selbsterkenntnis haben wir immer wieder betont, dass sie auf innerer Tätigkeit beruht. Sie bestehen aus Bewusstseins-Substanz, aus Denken (man könnte hier auch von seelischem Licht sprechen), Fühlen (seelische Wärme- und Kälteströmungen) und Wollen (seelische Kraftwirkungen). Um „Organe" werden zu können, müssen diese drei Tätigkeiten aus ihrem von den Eindrücken der Außenwelt bestimmten, flüchtig-chaotischen in ein geregeltes und gesetzmäßiges Zusammenwirken gebracht werden, welches dann innerlich beobachtet werden muss. In einem ähnlichen Sinne hatte Steiner schon in *Goethes Weltanschauung* über das „Sehen mit geistigen Augen" geschrieben:

„Das Sehen mit den Augen des Leibes vermittelt die Erkenntnis des Sinnlichen und Materiellen; das Sehen mit Geistesaugen führt zur Anschauung der Vorgänge im menschlichen Bewusstsein, zur Beobachtung der Gedanken-, Gefühls- und Willenswelt." (6\155)

In der *Theosophie* hatte er allerdings davor gewarnt, sich diese „Organe" als zu ähnlich den physischen vorzustellen. Man könne sonst „zu keiner klaren Vorstellung von dem kommen, was mit ‚höheren Welten' eigentlich gemeint" sei. Auch in der *Geheimwissenschaft* heißt es:

„Es sollte, nach allem in diesem Buche Ausgeführten, überflüssig sein, zu betonen, dass man sich diese ‚Beobachtungsorgane' nicht wie etwas vorzustellen hat, das in der Vorstellung seines sinnlichen Bildes ein Abdruck seiner Wirklichkeit ist. Diese ‚Organe' sind eben übersinnlich und bestehen in einer bestimmt geformten Seelenbetätigung; und sie bestehen nur insofern und so lange, als diese Seelenbetätigung geübt wird. Etwas, was sich als Sinnenfälliges anschauen lässt, ist mit diesen Organen so wenig am Menschen, als irgendein ‚Dunst' um ihn ist, wenn er denkt." (13\345)

Wie die imaginative Erkenntnis durch Entwicklung seelischer Beobachtungsorgane des Astralleibes erreicht wird, so die inspirative durch Organe („Bewegungen, Gestaltungen und Strömungen") des Ätherleibes. Die Übungen für die Intuition wirken noch tiefer:

„Wenn die Übungen für die Intuition gemacht werden, so wirken sie nicht allein auf den Ätherleib, sondern bis in die übersinnlichen Kräfte des physischen Leibes hinein. Man sollte sich allerdings nicht vorstellen, dass auf diese Art Wirkungen im physischen Leibe vor sich gehen, welche der gewöhnlichen Sinnenbeobachtung zugänglich sind. Es sind Wirkungen, welche nur das übersinnliche Erkennen beurteilen kann. Sie haben mit aller *äußeren* Erkenntnis nichts zu tun. Sie stellen sich ein als Erfolg der Reife des Bewusstseins, wenn dieses in der Intuition Erlebnisse haben kann, trotzdem es alle vorher gekannten äußeren und inneren Erlebnisse aus sich herausgesondert hat. - Nun sind aber die Erfahrungen der Intuition zart, intim und fein; und der physische Menschenleib ist auf der gegenwärtigen Stufe seiner Entwickelung im Verhältnisse zu ihnen grob. Er bietet deshalb ein stark wirkendes Hindernis für den Erfolg der Intuitionsübungen. Werden diese mit Energie und Ausdauer und in der notwendigen inneren Ruhe fortgesetzt, so überwinden sie zuletzt die gewaltigen Hindernisse des physischen Leibes. Der Geistesschüler bemerkt das daran, dass er allmählich gewisse Äußerungen des physischen Leibes, die vorher ganz ohne sein Bewusstsein erfolgten, in seine Gewalt bekommt. Er bemerkt es auch daran, dass er für kurze Zeit das Bedürfnis empfindet, z.B. das Atmen (oder dergleichen) so einzurichten, dass es in eine Art Einklang oder Harmonie mit dem kommt, was in den Übungen oder sonst in der inneren Versenkung die Seele verrichtet. Das Ideal der Entwickelung ist, dass durch den physischen Leib selbst gar keine Übungen, auch nicht solche Atemübungen gemacht würden, sondern dass alles, was mit ihm zu geschehen hat, sich *nur* als eine Folge der reinen Intuitionsübungen einstellte." (13\371)

* * *

Auch in der *Geheimwissenschaft* finden sich aufschlussreiche Ausführungen über die inhaltliche Selbstbestimmung (einer der Aspekte des intuitiven Erkennens) des geistig Geschauten. Die Darstellung verdeutlicht sehr schön, wie im sich selbst bestimmenden Denken inspirative und intuitive Elemente zusammenwirken und erlebt werden.

„Dadurch, dass man sich unablässig zum Eigentum macht, was die Geistesforschung sagt, gewöhnt man sich an ein Denken, das nicht aus den sinnlichen Beobachtungen schöpft. Man lernt erkennen, wie im Innern der Seele Gedanke sich an Gedanke webt, wie Gedanke den Gedanken sucht, auch wenn die Gedankenverbindungen nicht durch die Macht der Sinnenbeobachtung bewirkt werden. Das Wesentliche dabei ist, dass man so gewahr wird, wie die Gedankenwelt inneres Leben hat, wie man sich, indem man wirklich denkt, im Bereiche einer übersinnlichen lebendigen Welt schon befindet. Man sagt sich: Es ist etwas in mir, was einen Gedanken-Organismus ausbildet; aber ich bin doch eines mit diesem ‚Etwas'. Man erlebt so in der Hingabe an sinnlichkeitsfreies Denken, dass etwas Wesenhaftes besteht, was einfließt in unser Innenleben, wie die Eigenschaften der Sinnendinge durch unsere physischen Organe in uns einfließen, wenn wir sinnlich beobachten. ... Der [sinnliche] Beobachter fühlt sich der Rose gegenüber außenstehend, derjenige, welcher dem sinnlichkeitsfreien Denken hingegeben ist, fühlt das in ihm sich ankündigende Wesenhafte wie *in sich*, er fühlt sich mit ihm eins. Wer mehr oder weniger bewusst nur das als wesenhaft gelten lassen will, was ihm wie ein äußerer Gegenstand gegenübertritt, der wird allerdings nicht das Gefühl erhalten können: was ein Wesenhaftes für sich ist, das kann sich mir auch dadurch ankündigen, dass ich mit ihm wie in eins vereinigt bin. Um in dieser Beziehung richtig zu sehen, muss man folgendes innere Erlebnis haben können. Man muss unterscheiden lernen zwischen den Gedankenverbindungen, die man durch eigene Willkür schafft, und denjenigen, welche man in sich erlebt, wenn man solche eigene Willkür in sich schweigen lässt. In dem letzteren Falle kann man dann sagen: Ich bleibe in mir ganz still; ich führe keine Gedankenverbindungen herbei; ich gebe mich dem hin, was ‚in mir denkt'. Dann ist es vollberechtigt, zu sagen: in mir wirkt ein für sich Wesenhaftes, wie es berechtigt ist zu sagen: auf mich wirkt die Rose, wenn ich ein bestimmtes Rot sehe, einen bestimmten Geruch wahrnehme." (13\341)

Schon in den *Grundlinien* hieß es entsprechend:

„Wir produzieren einen Gedankeninhalt durchaus nicht so, dass wir in dieser Produktion bestimmten, welche Verbindungen unsere Gedanken einzugehen haben. Wir geben nur die Gelegenheitsursache her, dass sich der Gedankeninhalt seiner eigenen Natur gemäß entfalten kann. ... Unser Geist vollzieht die Zusammensetzung der Gedankenmassen nur nach

Maßgabe ihres Inhaltes." (2\49) ... Wir müssen uns zweierlei vorstellen: einmal, dass wir die ideelle Welt *tätig* zur Erscheinung bringen, und zugleich, dass das, was wir tätig ins Dasein rufen, *auf seinen eigenen Gesetzen beruht*." (2\52)[96]

* * *

Auch *was* durch Intuition erkannt wird, stellte Rudolf Steiner in der *Geheimwissenschaft* dar. Es sind insbesondere die Tatsachen von Reinkarnation und Karma und die Erkenntnis des Christuswesens. Schließlich ist es bedeutungsvoll, dass Steiner auch eine Erkenntnis andeutet, die noch über die Intuition hinausgeht.

„Es gibt eine Zeit der menschlichen Entwickelung zwischen dem Tode und einer neuen Geburt, wo das menschliche Wesen nur der Intuition zugänglich ist. - Dieser Teil der menschlichen Wesenheit ist aber *immer* in dem Menschen; und will man ihn, seiner wahren Innerlichkeit nach, verstehen, so muss man ihn auch in der Zeit zwischen der Geburt und dem Tode durch die Intuition aufsuchen. Wer den Menschen nur mit den Mitteln der Imagination und Inspiration erkennen wollte, dem entzögen sich gerade die Vorgänge des innersten Wesens desselben, die von Verkörperung zu Verkörperung sich abspielen. Nur die intuitive Erkenntnis macht daher eine sachgemäße Erforschung von den wiederholten Erdenleben und vom Karma möglich. Alles, was als Wahrheit über diese Vorgänge mitgeteilt werden soll, muss der Forschung durch intuitive Erkenntnis entstammen. - Und will der Mensch sich selbst seiner inneren Wesenheit nach erkennen, so kann er dies nur durch Intuition. Durch sie nimmt er wahr, was sich in ihm von Erdenleben zu Erdenleben fortbewegt." (13\358)

„Der Geistesschüler wird ... in das erhabene Geheimnis selbst eingeweiht, das mit dem Christus-Namen verknüpft ist. Der Christus zeigt sich ihm als das ‚große menschliche Erdenvorbild'. - Ist auf solche Art durch Intuition der Christus in der geistigen Welt erkannt, dann wird auch verständlich, was sich

---

[96] Vgl. dazu auch die Darstellung über *Paul Asmus' Weltanschauung* und die Schule Hegels als „Schule der Gedankenkontrolle" oben, S. 166.

auf der Erde geschichtlich abgespielt hat in der vierten nachatlantischen Entwickelungsperiode der Erde (in der griechisch-lateinischen Zeit). Wie zu dieser Zeit das hohe Sonnenwesen, das Christus-Wesen, in die Erdenentwickelung eingegriffen hat und wie es nun weiter wirkt innerhalb dieser Erdenentwickelung, das wird für den Geistesschüler eine selbsterlebte Erkenntnis. Es ist also ein Aufschluss über den Sinn und die Bedeutung der Erdenentwickelung, welchen der Geistesschüler erhält durch die Intuition." (13\395)

„Wenn sich die übersinnliche Erkenntnis bis zur Intuition erhoben hat, dann lebt sie in einer Welt geistiger Wesen. Auch diese machen Entwickelungen durch. Was Angelegenheit der gegenwärtigen Menschheit ist, das erstreckt sich gewissermaßen bis in die Welt der Intuition hinauf. Allerdings empfängt der Mensch auch Einflüsse aus noch höheren Welten im Laufe seiner Entwickelung zwischen dem Tode und einer neuen Geburt; aber diese Einflüsse erfährt er nicht direkt; die Wesen der geistigen Welt führen sie ihm zu. Und werden diese betrachtet, so ergibt sich alles, was an dem Menschen geschieht. Die eigenen Angelegenheiten aber dieser Wesen, dasjenige, was sie für sich brauchen, um die menschliche Entwickelung zu führen, können nur durch eine Erkenntnis beobachtet werden, welche über die Intuition hinaufgeht. Es ergibt sich damit der Hinweis auf Welten, welche so vorzustellen sind, dass geistige Angelegenheiten, welche auf der Erde die höchsten sind, dort zu den niedrigeren gehören. ... Über dem Gebiete der Intuition liegt die Region, in welcher aus geistigen Ursachen heraus der Weltenplan gesponnen wird." (13\427)

Intuition als irrtumsfreie Erkenntnis – Wahrheitskriterien der Anthroposophie

Hier besprechen wir, dass die produktive Selbsterkenntnis eine unumstößlich sichere Erfahrung vermittelt und daher der Typus für eine irrtumsfreie intuitive Erkenntnis ist, dass dazu aber auch ein inhaltlich sich selbst bestimmendes Denken entwickelt werden muss. Wir weisen vier Kriterien für die Wahrheit geisteswissenschaftlicher Forschungsergebnisse auf.

Eine naheliegende Frage an Rudolf Steiners Geistesforschung ist die nach der Möglichkeit von Irrtümern. Wie können Wahrheit und Irrtum in der Geistesforschung, in der keine äußere Wirklichkeit das Erkennen korrigiert, unterschieden werden? Hierzu findet sich ein wesentlicher Hinweis im Schulungskapitel der *Geheimwissenschaft*. Steiner schreibt dort als Zusammenfassung der Übungen, „welche bei einer regelrechten Geistesschulung verwendet werden":

„Diese müssen so eingerichtet sein, dass das Bewusstsein des Geistesschülers während der inneren Versenkung genau alles überschaut, was in der Seele vorgeht. Zuerst wird für die Herbeiführung der Imagination ein Sinnbild geformt. In diesem sind noch Vorstellungen von äußeren Wahrnehmungen. Der Mensch ist nicht allein an ihrem Inhalte beteiligt; er macht ihn nicht selbst. Also kann er sich einer Täuschung darüber hingeben, wie er zustande kommt; er kann seinen Ursprung falsch deuten. Aber der Geistesschüler entfernt diesen Inhalt aus seinem Bewusstsein, wenn er zu den Übungen für die Inspiration aufsteigt. Da versenkt er sich nur noch in seine eigene Seelentätigkeit, welche das Sinnbild gestaltet hat. Auch da ist noch Irrtum möglich. Der Mensch hat sich durch Erziehung, Lernen usw. die Art seiner Seelentätigkeit angeeignet. Er kann nicht alles über ihren Ursprung wissen. Nun aber entfernt der Geistesschüler auch noch diese eigene Seelentätigkeit aus dem Bewusstsein. Wenn nun etwas bleibt, so haftet an diesem *nichts*, was nicht zu überschauen ist. In dieses kann sich nichts einmischen, was nicht in Bezug auf seinen ganzen Inhalt zu beurteilen ist. In seiner Intuition hat also der Geistesschüler etwas, was ihm zeigt, wie eine ganz klare Wirklichkeit der geistig-seelischen Welt beschaffen ist. Wenn er nun die also erkannten Kennzeichen der geistig-seelischen Wirklichkeit auf alles anwendet, was an seine Beobachtung herantritt, dann kann er Schein von Wirklichkeit unterscheiden." (13\385)

Man könne, so Steiner, „an der *Beschaffenheit* einer Tatsache der übersinnlichen Welt erkennen, ob sie Wirklichkeit oder Täuschung (13\384)" sei. Gehen wir noch einmal zur Selbsterkenntnis zurück, dem „Vorbild für alle intuitive Erkenntnis" (10\22) und „Typus aller okkulten Erlebnisse" (35\57). In dem Aufsatz *Philosophie und Anthroposophie* (1908) hatte Steiner den Begriff der „wahren" oder „vollen Wirklichkeit" mit der intuitiven Selbsterkenntnis in Zusammenhang gebracht (vgl. S. 157 ff.):

„Indem man im reinen Denken das wahre Ich als Erlebnis erfährt, lernt man kennen, was volle Wirklichkeit ist. Und man kann von diesem Erlebnis weiter vordringen zu anderen Gebieten der wahren Wirklichkeit." (35\103)

Und in *Mein Lebensgang* heißt es: „Mir war [das] ‚Ich' innerlich überschaubares Erlebnis von einer in ihm selbst vorhandenen *Wirklichkeit*. … Ich wusste: an dem ‚Ich' kann nicht gerüttelt werden" (28\97).

Im „Ich-bin" weiß man ganz genau, dass an diesem Gedanken nichts ist, was man ihm nicht selbst beilegt und was damit nicht vollständig zu überschauen wäre. Der Gedanke ist gar nicht vorhanden, wenn er nicht von mir gemacht wird. Zugleich weiß ich mit unumstößlicher Sicherheit, dass ich in diesem Gedanken eine tatsächliche Wirklichkeit ausdrücke; er ist eben eine Tat-Sache. Er ist, wie wir oben bereits ausführten, Theorie und Fakt, wahr und wirklich zugleich. Bewusstsein und Sein fallen hier in eins zusammen. Alles, was in genau dieser Art vom

Bewusstsein erlebt werden kann, was also vollständig durch eigene Aktivität auftritt und doch inhaltlich vollkommen selbstbestimmt ist, wäre dann irrtumsfreie Erkenntnis der wahren Wirklichkeit. – Wir sehen hier einmal mehr, dass geistige Erkenntnis im anthroposophischen Sinn die Trennung zwischen dem erkennenden Subjekt und dem erkannten Objekt überwindet, indem jenes dieses durch seine eigene, von ihm überschaubare Tätigkeit hervorbringt. In den *Einleitungen* hieß es: „Ein Prozess der Welt erscheint nur dann als von uns ganz durchdrungen, wenn er unsere eigene Tätigkeit [geworden] ist" (1\162); in *Wahrheit und Wissenschaft*: „Was ich hervorbringe, dem *erteile* ich seine Bestimmungen; ich brauche also nach ihrer Berechtigung nicht erst zu fragen" (3\57); und in der *Philosophie der Freiheit*: „Eben weil wir es selbst hervorbringen, kennen wir das Charakteristische seines Verlaufs, die Art, wie sich das dabei in Betracht kommende Geschehen vollzieht" (4\44).

Entscheidend für die Irrtumsfreiheit ist aber auch die inhaltliche Selbstbestimmung des produktiv Hervorgebrachten. Nur, wenn sich der Erkennende ganz an den erkannten Inhalt hinzugeben und sich aller subjektiven Einflüsse (Wünsche, Gewohnheiten, etc.) zu enthalten vermag, ist objektive Erkenntnis möglich. Hier liegt eine bedeutende Schulungsaufgabe, von der Steiner z.B. im Zusammenhang mit Hegels Art des Philosophierens geschrieben hatte (für das vollständige Zitat siehe oben, S. 166 ff.):

„Das Denken muss produktiv, intuitiv sein. Wenn es dann nicht willkürlich in phantastischen Gebilden lebt, sondern in der hellen Klarheit des inneren Anschauens, dann lebt und webt in ihm das Weltgesetz selbst. Man könnte von einem solchen Denken ganz gut sagen: die Welt denkt sich in den Gedanken des Menschen. Notwendig ist aber dazu, dass der Mensch in sich die ewigen Gesetze erlebt, die sich das Denken selbst gibt. Was die Menschen gewöhnlich ‚Denken' nennen, ist ja nur ein wirres Vorstellen. ... Der Philosoph kennt die

Selbstlosigkeit im Denken; er weiß, was es heißt: *in sich denken lassen*. ... Die Theosophie verlangt von ihren Zöglingen strenge Kontrolle des Denkens, so dass sie alle Willkür, alles Irrlichtelierende vom Denken abstreifen, dass nicht mehr *sie*, dass vielmehr die Dinge *durch sie* sprechen." (34\493)

Gerade das Zusammenfallen von produktivem Erzeugen und inhaltlicher Selbstbestimmung des Erkannten ermöglicht die wirkliche geistige Anschauung. Ideen, die nicht nur gedacht, sondern als Wesen geistig angeschaut werden, sind ebenso unbezweifelbar wirklich wie die Erscheinungen der Sinneswelt.[97]

---

[97] Das klarste Beispiel für eine in diesem Sinne sichere Wahrheit bietet die Geometrie. Steiner berichtet von sich als Schuljungen:
„Bald nach meinem Eintreten in die Neudörfler Schule entdeckte ich ... ein Geometriebuch. ... Mit Enthusiasmus machte ich mich darüber her. Wochenlang war meine Seele ganz erfüllt von der Kongruenz, der Ähnlichkeit von Dreiecken, Vierecken, Vielecken; ich zergrübelte mein Denken mit der Frage, wo sich eigentlich die Parallelen schneiden; der pythagoreische Lehrsatz bezauberte mich. Dass man seelisch in der Ausbildung rein innerlich angeschauter Formen leben könne, ohne Eindrücke der äußeren Sinne, das gereichte mir zur höchsten Befriedigung. ... Ich weiß, dass ich an der Geometrie das Glück zuerst kennen gelernt habe. In meinem Verhältnisse zur Geometrie muss ich das erste Aufkeimen einer Anschauung sehen, die sich allmählich bei mir entwickelt hat. Sie lebte schon mehr oder weniger unbewusst in mir während der Kindheit und nahm um das zwanzigste Lebensjahr herum eine bestimmte, vollbewusste Gestalt an. Ich sagte mir: die Gegenstände und Vorgänge, welche die Sinne wahrnehmen, sind im Räume. Aber ebenso wie dieser Raum außer dem Menschen ist, so befindet sich im Innern eine Art Seelenraum, der der Schauplatz geistiger Wesenheiten und Vorgänge ist. In den Gedanken konnte ich nicht etwas sehen wie Bilder, die sich der Mensch von den Dingen macht, sondern Offenbarungen einer geistigen Welt auf diesem Seelen-Schauplatz. Als ein Wissen, das scheinbar von dem Menschen selbst erzeugt wird, das aber trotzdem eine von ihm ganz unabhängige Bedeutung hat, erschien mir die Geometrie. Ich sagte mir als Kind natürlich nicht deutlich, aber ich fühlte, so wie Geometrie muss man das Wissen von der geistigen Welt in sich tragen." (28\20)

Nun mag der Geistesforscher Rudolf Steiner solche irrtumsfreie, intuitive Erkenntnis für sich in Anspruch nehmen – dem kritischen Leser bleibt der Zweifel trotzdem erhalten. Daher gab Steiner auch immer wieder Kriterien an, nach denen die Wahrheit des von ihm Mitgeteilten geprüft werden kann. Zunächst ist es die Logizität der Darstellung:

„Obwohl das Buch sich mit Forschungen befasst, welche dem an die Sinnenwelt gebundenen Verstand nicht erforschbar sind, so ist doch nichts vorgebracht, was nicht verständlich sein kann unbefangener Vernunft und gesundem Wahrheitssinn einer jeden Persönlichkeit, welche diese Gaben des Menschen anwenden will. Der Verfasser sagt es unumwunden: er möchte vor allem Leser, welche nicht gewillt sind, auf blinden Glauben hin die vorgebrachten Dinge anzunehmen, sondern welche sich bemühen, das Mitgeteilte an den Erkenntnissen der eigenen Seele und an den Erfahrungen des eigenen Lebens zu prüfen. Er möchte vor allem *vorsichtige* Leser, welche nur das logisch zu Rechtfertigende gelten lassen. Der Verfasser weiß, sein Buch wäre *nichts* wert, wenn es nur auf blinden Glauben angewiesen wäre; es ist nur in dem Maße tauglich, als es sich vor der unbefangenen Vernunft rechtfertigen kann." (13\14)

Ein zweites, von Steiner immer wieder betontes Kriterium ist das Erklärlichwerden der Welterscheinungen, wenn man sie mit geisteswissenschaftlichen Wahrheiten beleuchtet.

„Wer diese Voraussetzungen macht und mit ihnen unbefangen das Leben betrachtet, dem wird sich zeigen, dass durch sie alles Sinnlich-Tatsächliche in seiner vollen Bedeutung und Wahrheit anerkannt werden kann, dass aber zugleich alles das begreiflich wird, was bei einem bloßen Bauen auf die sinnlichen Tatsachen für denjenigen immer unbegreiflich bleiben muss, dessen Gesinnung [nicht?] nach der geistigen Welt hin gerichtet ist. ... Das Leben wird logisch begreiflich durch die von der Geisteswissenschaft ermittelten übersinnlichen Tatsachen." (13\128)

„Es ist vielmehr dies die Meinung, dass auf Schritt und Tritt alles lichtvoll und begreiflich für den Menschen werden *kann,* was ihm entgegentritt, wenn er die offenbaren Vorgänge sich in die Beleuchtung rückt, welche ihm durch die Geheimwissenschaft ermöglicht wird." (13\145)

Schließlich betont Steiner die Fruchtbarkeit geisteswissenschaftlicher Mitteilungen:

„Es kann nämlich geltend gemacht werden, dass es unzulässig sei, einfach aus dem Grunde das Dasein irgendwelcher Tatsachen anzunehmen, weil man sich dadurch etwas erklären könne, was sonst unerklärlich ist. ... Aber in dem Falle mit den angeführten geistigen Tatsachen liegt die Sache doch noch anders. Wenn man sie annimmt, so hat das nicht nur die intellektuelle Folge, dass man durch sie das Leben begreiflich findet, sondern man erlebt durch die Aufnahme dieser Voraussetzungen in seine Gedanken noch etwas ganz anderes." (13\129)

Steiner erläutert diese Wirkung an einem Beispiel im Zusammenhang mit der Darstellung von Reinkarnation und Karma. Man kann sich ein Ereignis, das einen im Leben trifft, als karmisch selbst in einem letzten Leben verursacht vorstellen.

„Diese bloße Vorstellung regt in ihm eine wirkliche Kraft an, durch die er in einer ganz andern Art dem Ereignis begegnen kann, als wenn er diese Vorstellung nicht hegt. Es geht ihm dadurch ein Licht auf über die notwendige Wesenheit dieses Ereignisses, das er sonst nur als einen Zufall anerkennen könnte. Und er wird unmittelbar einsehen: ich habe den rechten Gedanken gehabt, denn dieser Gedanke hatte die Kraft, die Tatsache mir zu enthüllen. Wiederholt jemand solche innere Vorgänge, so werden sie fortgesetzt zu einem Mittel innerer Kraftzufuhr, und sie erweisen so ihre Richtigkeit durch ihre Fruchtbarkeit. Und diese Richtigkeit zeigt sich, nach und nach, kräftig genug. In geistiger, seelischer und auch physischer Beziehung wirken solche Vorgänge gesundend, ja in jeder Beziehung fördernd auf das Leben ein. Der Mensch wird gewahr, dass er sich dadurch in einer richtigen Art in den Lebenszusammenhang hineinstellt. ... Der Mensch wird seelisch stärker durch das gekennzeichnete Wissen. - Einen solchen rein inneren Beweis von der geistigen Verursachung kann sich ein jeder allerdings nur selbst in seinem Innenleben verschaffen. Aber es kann ihn auch ein jeder haben. Wer ihn sich nicht verschafft hat, kann seine Beweiskraft allerdings nicht beurteilen. Wer ihn sich verschafft hat, der kann ihn aber auch kaum mehr anzweifeln. Man braucht sich auch gar nicht zu verwundern, dass dies so ist. Denn was so ganz und gar mit demjenigen zusammenhängt, was des Menschen innerste Wesenheit, seine Persönlichkeit ausmacht, von dem ist es nur natürlich, dass es auch nur im innersten Erleben genügend bewiesen werden kann." (13\131)[98]

Logizität, Welterklärung, Fruchtbarkeit und gesundende Wirkung sind vier Kriterien, die Rudolf Steiner in der *Geheimwissenschaft* für die Wahrheit des von ihm durch Imagination, Inspiration und Intuition Erforschten darstellt.

---

[98] In diesem Sinne heißt es im Einführungskapitel der *Geheimwissenschaft* über das Beweisen:
„Im geisteswissenschaftlichen Denken liegt ... die Betätigung, welche die Seele beim naturwissenschaftlichen Denken auf den Beweis wendet, schon in dem Suchen nach den Tatsachen. Man kann diese nicht finden, wenn nicht der Weg zu ihnen schon ein *beweisender* ist. Wer diesen Weg wirklich durchschreitet, hat auch schon das Beweisende erlebt; es kann nichts durch einen von außen hinzugefügten Beweis geleistet werden. Dass man dieses im Charakter der Geheimwissenschaft verkennt, ruft viele Missverständnisse hervor." (13\40)

Der Bologna-Vortrag (1911) –
Das Ich in den Weltgesetzen, der Leib als Spiegelungsapparat

In diesem Kapitel stellen wir dar, dass das wahre Ich nicht im Leib, sondern in den Welterscheinungen und ihren Gesetzten unbewusst lebt. Durch Spiegelung am Leib wird es sich im gewöhnlichen Bewusstsein seiner selbst und der Welt bewusst. Der Vortrag enthält methodisch prägnante Schilderungen der drei höheren Erkenntnisstufen. Außerdem beschreiben wir eine Meditation, die zum Erleben des Geistigen in der Sinneswelt führen kann.

Denken ist nur dadurch möglich, dass das denkende Ich von den Denkinhalten bereits auf eine vorbewusste oder zumindest vorsprachliche Weise weiß, bevor sie gedacht werden. Man kennt ja den Inhalt schon, bevor man ihn denkend realisiert, in Worte gefasst hat. Wie würde man sonst wissen, wie man im Denken weiterschreiten soll? Man müsste alle möglichen Gedanken produzieren und dann jeweils im Nachhinein ausprobieren, ob sie zu dem vorher Gedachten passen.

Im Gegensatz zu dem zeitlichen Prozess des Denkens stehen die Inhalte der sinnlichen Wahrnehmung dem Ich räumlich gegenüber. Durch seinen Leib erlebt sich der Mensch als Mittelpunkt einer umgebenden Sinneswelt. Aber ganz analog zum Denken, bei dem das Ich schon in dem Inhalt lebt, bevor es ihn denkend realisiert, ist er – für das gewöhnliche Bewusstsein wiederum unbewusst – mit einem Teil seines Wesens in dem Wahrgenommenen darinnen. Wenn ich rot sehe, bin ich rot und bin doch auch sein von ihm getrennter Betrachter. (Das kann auch gar nicht anders sein, denn ein ‚Rot', das keine gemeinsame Grundlage mit dem wahrnehmenden Ich hätte, könnte überhaupt nicht wahrgenommen werden. Wie sollte es in das Ich hereinkommen? ‚Rot' ist von derselben Substanz wie ‚Ich', nur ist es spezialisierte, qualifizierte Ich-Substanz, während sich das Ich dem speziellen ‚Rot' als das Allgemeine, Universelle gegenüberstellt.)

In dem bekannten *Bologna-Vortrag* von 1911[99] hat Rudolf Steiner dieses Verhältnis des Ich zur Welt in erkenntnistheoretischer Weise dargestellt, zunächst am Beispiel mathematischer Gesetzmäßigkeiten:

„Es soll der Einfachheit halber zunächst hier auf den Inhalt der Weltgesetzlichkeit verwiesen werden, insofern dieser in mathematischen Begriffen und Formeln ausdrückbar ist. Der innere gesetzmäßige Zusammenhang der mathematischen Formeln wird innerhalb des Bewusstseins gewonnen und dann auf die empirischen Tatbestände angewendet. ... Das heißt aber doch nichts anderes als: das Ich steht mit seiner mathematischen Vorstellung nicht außerhalb der transzendent mathematischen Gesetzmäßigkeit der Dinge, sondern innerhalb." (35\139)

Ein Beispiel: Im 3. Jahrhundert v. Chr. fand Apollonius von Perge die geometrischen Gesetze der Kegelschnitte rein aus innerer Anschauung; fast 2000 Jahre später wurden sie von Johannes Kepler in den Bahnen der Planeten wiederentdeckt. Im Erkennen lebt man innerhalb der Gesetzmäßigkeit, die auch *in den Dingen* wirkt. Wir berühren hier den oben (S. 45) dargestellten ersten und vierten Aspekt der Intuition: (1) Das intuitiv zu Erfassende wirkt gesetzmäßig als reale Kraft in den Welterscheinungen, und (4) im menschlichen Innern kommt der intuitiv zu erfassende Weltinhalt zur (selbst-)bewussten Erscheinung.

Im Bologna-Vortrag folgt dann wie *en passant* die oft zitierte Darstellung über den geistigen ‚Ort' des Ich:

---

[99] *Die psychologischen Grundlagen und die erkenntnistheoretische Stellung der Anthroposophie.* In: *Philosophie und Anthroposophie. Gesammelte Aufsätze 1904-1913.* GA35. Dornach 1984, S. 111-144.

„Und man wird deshalb zu einer besseren Vorstellung über das ‚Ich' erkenntnistheoretisch gelangen, wenn man es nicht innerhalb der Leibesorganisation befindlich vorstellt, und die Eindrücke ihm ‚von außen' geben lässt; sondern wenn man das ‚Ich' in die Gesetzmäßigkeit der Dinge selbst verlegt, und in der Leibesorganisation nur etwas wie einen Spiegel sieht, welcher das außer dem Leibe liegende Weben des Ich im Transzendenten dem Ich durch die organische Leibestätigkeit zurückspiegelt." (35\139)

Inhaltlich ist das nur wenig Anderes, als wir bereits vielfach darzustellen versuchten. Und doch bringt Rudolf Steiner das Ganze in eine einprägsame Imagination: Das Ich nicht im Leib, sondern in der Gesetzmäßigkeit der Dinge, und der Leib eine Art Spiegel. Mit derselben Beiläufigkeit erweitert er den Gedanken dann auf alle Bewusstseinsinhalte:

„Hat man sich einmal für das mathematische Denken mit dem Gedanken vertraut gemacht, dass das ‚Ich' nicht im Leibe ist, sondern außerhalb desselben und die organische Leibestätigkeit nur den lebendigen Spiegel vorstellt, aus dem das im Transzendenten liegende Leben des ‚Ich' gespiegelt wird, so kann man diesen Gedanken auch erkenntnistheoretisch begreiflich finden für alles, was im Bewusstseinshorizonte auftritt." (35\139)

Das Wesen des Ich lebt „im Transzendenten", in der Sphäre des intuitiv zu erfassenden Geistigen. Es weiß aber von dem, was es dort erlebt, nur durch die Spiegelung am Leib, so, wie man sein Gesicht nur im Spiegel betrachten kann. Damit wird nun auch die wahrnehmliche Seite der Welt als intuitiv zu erfassende dargestellt, eben „alles, was im Bewusstseinshorizonte auftritt": Der ganze gewöhnliche Bewusstseinsinhalt als Spiegelbild eines Realen, in dem das Ich geistig „lebt" und „webt".

„Man müsste einsehen, dass sich der gewöhnliche empirische Bewusstseinsinhalt zu dem vom menschlichen Wesenskern wahrhaft innerlich durchlebten, wie das Spiegelbild sich zu dem Wesen dessen verhält, der sich in dem Spiegel beschaut." (35\140)

„Dieser Wesenskern aber ist nicht in das Innere des physischen Organismus, sondern in das Transzendente zu verlegen. Und Geistesforschung wäre dann als der Weg zu denken, sich in das Wesen dessen einzuleben, was sich spiegelt." (35\141)

Die Spiegelmetapher wurde von Rudolf Steiner öfter für das Verhältnis der Geist-Seele zum Leib verwendet, z.B. in einer ausführlichen Darstellung aus dem 1916 erschienenen Buch *Vom Menschenrätsel*:

„Zunächst ist das seelische Erleben des Menschen, wie es sich im Denken, Fühlen und Wollen offenbart, an die leiblichen Werkzeuge gebunden. Und es gestaltet sich so, wie es durch diese Werkzeuge bedingt ist. Wer aber meint, er sehe das *wirkliche* Seelenleben, wenn er die Äußerungen der Seele durch den Leib beobachtet, der ist in demselben Fehler befangen wie einer, der glaubt, *seine Gestalt* werde von dem Spiegel hervorgebracht, vor dem er steht, weil der Spiegel die notwendigen Bedingungen enthalte, durch die sein *Bild* erscheint. Dieses Bild ist sogar in gewissen Grenzen als Bild von der Form des Spiegels und so weiter abhängig; *was es aber darstellt*, das hat mit dem Spiegel nichts zu tun. Das menschliche Seelenleben muss, um innerhalb der Sinneswelt sein Wesen voll zu erfüllen, ein *Bild* seines Wesens haben. Dieses Bild muss es im *Bewusstsein* haben, sonst würde es zwar ein Dasein haben, aber von diesem Dasein keine Vorstellung, kein Wissen. Dieses *Bild*, das im gewöhnlichen Bewusstsein der Seele lebt, ist nun völlig bedingt durch die leiblichen Werkzeuge. Ohne diese würde es nicht da sein, wie das Spiegelbild nicht ohne den Spiegel. *Was aber durch dieses Bild erscheint*, das Seelische selbst, ist seinem Wesen nach von den Leibeswerkzeugen nicht abhängiger als der vor dem Spiegel stehende Beschauer von dem Spiegel. Nicht die Seele ist von den Leibeswerkzeugen abhängig, sondern allein das *gewöhnliche Bewusstsein* der Seele. ... Das Wesen der Seele fließt so wenig in dieses gewöhnliche Bewusstsein hinein, wie mein Wesen in ein Spiegelbild hineinfließt. *Dieses Wesen der Seele* kann also auch nicht in dem gewöhnlichen Bewusstsein gefunden werden; es muss *außerhalb* dieses Bewusstseins *erlebt* werden. Und es kann erlebt werden, denn der Mensch kann noch ein anderes Bewusstsein in sich entwickeln als dasjenige, das durch die Leibeswerkzeuge bedingt ist." (20\156)

Steiner spricht meist vom Denken oder vom reinen Denken als dem intuitiv zu Erlebenden. Aber man kann auch die Wahrnehmungen so erleben, dass sich das Ich mit ihnen intuitiv eins erlebt. Das Ich kann auch in den Stein, in das Rot oder in das Cis hinein, wie es in „Ursächlichkeit" oder in „Spezialisierung" hinein kann.[100]

In *Wie erlangt man Erkenntnisse...?* beschreibt Rudolf Steiner Meditationsübungen, die nicht von Gedanken, sondern von Wahrnehmungen ausgehen, und durch die man in das Geistige der Sinneswelt eintauchen kann. So werden im

---

[100] In einem öffentlichen Vortrag vom 12.02.1914 (in: *Geisteswissenschaft als Lebensgut.* GA 63. Dornach 1959) beschrieb Rudolf Steiner explizit, dass er sich mit der Spiegelungsmetapher auch auf wahrgenommene Bewusstseinsinhalte bezieht:
„Sobald man in die geistige Welt eintaucht, findet man konkrete Tatsachen und Wesenheiten; und was man in der Sinneswelt beobachtet, das nimmt sich wirklich so aus, dass man in Wahrheit drinnen lebt in der übersinnlichen, unsichtbaren, geistigen Welt, aber, wenn wir im Leibe eingeschlossen sind, durch die Tätigkeit des Leibes diese übersinnliche Welt uns ihr Spiegelbild entgegenwirft. In der Tat wird es zu einer konkreten Tatsache, dass die ganze äußere Welt, die man ringsherum um sich sieht, ein Spiegelbild der geistigen Welt ist, jener geistigen Welt, von der ich auseinandergesetzt habe, dass sie zuerst die Gehirnprozesse hervorruft, welche den Spiegelapparat herstellen, durch den die äußeren Vorgänge wahrgenommen werden, und der selbst nicht wahrzunehmen ist. Wie der Mensch sich nicht selbst wahrnimmt, wenn er einem Spiegel entgegengeht, sondern das Spiegelbild wahrnimmt, so sieht er, wenn er in die physische Welt untertaucht, das Spiegelbild der geistigen Welt, indem sich durch die Vorgänge des Leibes die geistige Welt an dem Spiegelapparat spiegelt. Und nun merkt man, dass es sich mit der physischen Wahrnehmungswelt gegenüber der geistigen Welt so verhält, wie mit dem Spiegelbilde zu dem Beschauer. Es ist in der Tat so: wie das Spiegelbild nur eine Bedeutung für den Beschauer hat, wenn er in den Spiegel hineinblickt und das Bild in seine Seele aufnimmt, so hat das Spiegelbild der geistigen Welt, die ganze physische Wahrnehmungswelt, die wir um uns herum haben, eine Bedeutung als ‚Bild' - abgesehen von dem physikalischen Vorgange, der dahintersteht. Das wird man gewahr, wenn man in die geistige Welt eintritt:" (63\275)

inneren Nachvollzug des Wachstums und der Entwicklung einer Pflanze die Kräfte erlebt, die die Pflanze wachsen lassen. Dieses Erleben kann sich zu bildähnlichen Eindrücken, zu Imaginationen verdichten.

Kommt man durch solche Übungen zu einem Erleben der Vorstellungskräfte, dann soll man anschließend den Inhalt der imaginativen Bilder wieder aus dem Bewusstsein verdrängen. Das Selbsterleben dehne sich dann immer mehr über die Inhalte des Bewusstseins aus.

„Das auf solche Art erlangte Weben in dem Seeleninhalte kann reale Selbstanschauung genannt werden. Es lernt sich dabei das menschliche Innere kennen, nicht bloß durch Reflexion auf sich selbst als den Träger der Sinneseindrücke und des gedanklichen Verarbeiters dieser Sinneseindrücke, sondern es lernt sich das Selbst kennen, wie es ist, ohne Beziehung auf einen sinnenfälligen Inhalt; es erlebt sich in sich selber als übersinnliche Realität. Es ist dieses Erleben nicht so, wie dasjenige des Ich, wenn in der gewöhnlichen Selbstbeobachtung die Aufmerksamkeit von dem Erkannten der Umwelt abgezogen und auf das erkennende Selbst reflektiert wird. In diesem Falle schrumpft gewissermaßen der Inhalt des Bewusstseins immer mehr zu dem Punkte des ‚Ich' zusammen. Dies ist bei der realen Selbstanschauung des Geistesforschers nicht der Fall. Bei ihr wird der Seeleninhalt im Verlaufe der Übungen immer reicher. Und er besteht in einem Leben in gesetzmäßigen Zusammenhängen, und das Selbst fühlt sich nicht wie bei den Naturgesetzen, welche aus den Erscheinungen der Umwelt abstrahiert werden, *außerhalb* des Gewebes von Gesetzen; sondern es empfindet sich *innerhalb* dieses Gewebes; es erlebt sich als *Eins* mit demselben." (35\124)

Wenn das Ich nicht mehr auf die von ihm vorgestellten Bilder blickt, sondern – gleichsam vor der Spiegelung – in seinen Vorstellungskräften und -inhalten „webt", dann erlebt es sich selbst als tätiges Wesen, das aber in seiner Tätigkeit vom jeweiligen Inhalt bestimmt wird. Es vollführt innerlich andere Bewegungen, wenn es einen Kreis vorstellt oder ein Dreieck, eine Pflanze oder einen Stein. Lebt man sich in diese Bewegungen ein, dann erlebt man in ihnen; man erfährt sich selbst als denjenigen, der den Inhalt gestaltet und der zugleich durch ihn gestaltet wird. Rudolf Steiner bezeichnet dies als „reale Selbstanschauung". Real, weil man wirkliche Kräfte erlebt; Anschauung, weil man sich dieser Kräfte auch bewusst wird. „Der Seeleninhalt" – also das, was in einem lebt, nicht das, worauf man als ein Äußeres blickt, „wird immer reicher."

Dieses sich hingebende Leben in dem Seeleninhalt entspricht der Erkenntnisstufe der *Inspiration*. Wir hatten davon zumeist als einem Aspekt der Intuition gesprochen, nämlich demjenigen der inhaltlichen Selbstbestimmung. Doch wird ja das, was bei Rudolf Steiner zunächst im Intuitionsbegriff enthalten war, von ihm in die drei höheren Erkenntnisstufen Imagination, Inspiration und Intuition auseinandergelegt (vgl. oben, S. 150).

Im Weiteren beschreibt Steiner dann geistige Erlebnisse bis zur völligen Auslöschung des Ich-Bewusstseins in der eigentlichen *Intuition*.

„Wenn die inspirierte Erkenntnis auch schon ein unmittelbares Verhältnis des Selbst zur übersinnlichen Welt herstellt, so kann das reine Anschauen dieses Verhältnisses doch noch weiter getrieben werden. Das geschieht durch energisches Unterdrücken der erlangten Selbstschau. Das Selbst wird nach dieser Unterdrückung entweder dem Leeren gegenüber sich finden. In diesem Falle müssen die Übungen fortgesetzt werden. Oder aber es wird sich dem Wesenhaften der übersinnlichen Welt noch unmittelbarer gegenübergestellt finden als bei der inspirierten Erkenntnis. Bei dieser erscheint nur das *Verhältnis* einer übersinnlichen Welt zum Selbst; bei der hier charakterisierten Erkenntnisart ist das Selbst vollständig ausgeschaltet. Will man einen dem gewöhnlichen Bewusstsein angepassten Ausdruck haben für diese Seelenverfassung, dann kann man sagen: das Bewusstsein erlebe sich nunmehr als Schauplatz, auf dem ein wesenhafter übersinnlicher Inhalt nicht vorgestellt wird, sondern sich selbst vorstellt." (35\129)

Durch solche Meditation wird allmählich das Geistige bewusst, das in der Sinneswelt wirkt.

„Alles beruht schließlich darauf, dass der Mensch fortwährend Leib, Seele und Geist mit sich herumträgt, dass er sich aber nur seines Leibes im ausgesprochenen Sinne *bewusst* ist, nicht seiner Seele und seines Geistes. Und der Geheimschüler wird sich der Seele und des Geistes bewusst, wie sich der gewöhnliche Mensch seines Leibes bewusst ist." (10\60)

Im Bologna-Vortrag erläuterte Rudolf Steiner dann noch einige Aspekte der Spiegelmetapher.

Diese Erwägungen „führen dazu, ... dass die Meinung des gewöhnlichen Bewusstseins, das Ich sei als absolut innerhalb des Leibes gelegene Wesenheit zu betrachten, als eine *notwendige* Illusion des unmittelbaren Seelenlebens zu gelten habe. Das Ich - mit dem ganzen menschlichen Wesenskern - kann angesehen werden als eine Wesenheit, welche ihre Beziehung zu der objektiven Welt innerhalb dieser selbst erlebt, und die ihre Erlebnisse als Spiegelbilder des Vorstellungslebens aus der Leibesorganisation empfängt." (35\142)

Geistig lebt der Mensch innerhalb der Dinge, ja der ganzen Welt. In der Intuition wird dieses Einssein von Ich und Welt voll bewusst.

„Die Absonderung des menschlichen Wesenskernes von der Leibesorganisation darf naturgemäß nicht räumlich gedacht werden, sondern muss als relatives dynamisches Losgelöstsein gelten. ... In wachem Zustande ist der menschliche Wesenskern der physischen Organisation so eingefügt, dass er durch sein dynamisches Verhältnis zu dieser sich in ihr spiegelt; im Schlafzustande ist die Spiegelung aufgehoben. Da nun das gewöhnliche Bewusstsein im Sinne der hier gemachten erkenntnistheoretischen Erwägungen nur durch die Spiegelung (durch die gespiegelten Vorstellungen) ermöglicht ist, so hört es während des Schlafzustandes auf. Die Seelenverfassung des Geistesforschers kann nun so verstanden werden, dass in ihr die Illusion des gewöhnlichen Bewusstseins überwunden ist, und dass ein Ausgangspunkt des Seelenlebens gewonnen wird, der den menschlichen Wesenskern real in freier Loslösung von der Leibesorganisation erlebt. Alles weitere, was dann durch Übungen erreicht wird, ist nur ein tieferes Hineingraben in das

Transzendente, in welchem das Ich des gewöhnlichen Bewusstseins wirklich ist, obgleich es sich als solches nicht in demselben weiß." (35\142)

Der Bologna-Vortrag fasst das Verhältnis zwischen dem Menschen und der Welt in ein großartiges Bild. Wie ein Mikrokosmos steht das Ich des Alltagsmenschen dem makrokosmischen Welten-Ich gegenüber; doch ist ihm dieses Welten-Ich nicht fremd. In Wahrheit ist das kleine Ich *in* dem makrokosmischen Ich, ja, es ist seinem tiefsten Wesen nach das Weltenselbst, ist eins mit der geistigen Welt, die der Sinneswelt zugrunde liegt. Das Menschen-Ich stammt aus dem Welten-Ich; doch könnte es nicht von sich wissen, wenn es sich nicht aus der umfassenden Gesamtheit aussonderte und in die mikrokosmische Leiblichkeit zusammenzöge, um sich am Widerstand des Leibes zu spiegeln.[101]

* * *

Das Ich stammt aus dem Geist der Welt und lebt, seinem tiefsten Wesen nach, in ihm. Woher aber stammt der Leib? Haben wir es auch in der Anthroposophie immer noch mit dem alten Dualismus zwischen Leib und Geist zu tun? Steiner gibt im Bologna-Vortrag nur eine kurze Andeutung einer Antwort.

„Es ist festzuhalten, dass man es in der physischen Organisation nicht mit einem von dem Übersinnlichen unabhängigen Spiegelungsapparat im *absoluten Sinne* zu tun hat. Der Spiegelungsapparat muss eben doch als das Ergebnis der sich in ihm spiegelnden übersinnlichen Wesenheit gelten." (35\142)

Auch der Leib ist, wie die ganze Natur, aus dem Geist hervorgegangen. Naturforschung untersucht die Gesetze des Spiegels, Geistesforschung dringt in das Wesen

---

[101] Mit dem Gedanken der Herausgliederung des Ich aus dem Makrokosmos hin zur Eingliederung in den menschlichen Leib ist auch die Grundlage von Rudolf Steiners Evolutionsverständnis angedeutet.

dessen, was sich spiegelt. Man braucht aber auch eine noch weiter in die Tiefe gehende Betrachtungsweise,

„welche die Synthesis des Sinnlichen und Übersinnlichen anzuschauen in der Lage ist. Der Zusammenschluss der beiden Strömungen kann als gegeben gedacht werden durch eine mögliche Fortentwickelung des Seelenlebens zu der charakterisierten intuitiven Erkenntnis. Erst innerhalb *dieser* ist die Möglichkeit gegeben, den Gegensatz zu überwinden." (35\142)

Wir erkennen hier den ersten und vierten Aspekt des intuitiven Erkennens, die Anschauung der Einheit von Geist und Materie.

EXKURS: EIN VIERSTUFIGER, MEDITATIVER WEG ZUR INTUITION

In diesem Kapitel skizzieren wir vier Stufen der Meditation, die für Gedanken, für Vorstellungsbilder oder auch für Naturgegenstände möglich sind und zeigen, wie sie mit dem gewöhnlichen Erkennen, mit des Seelenfähigkeiten des Vorstellens, Fühlens und Wollens in ihren unterschiedlichen Bewusstheitsgraden und mit den höheren Erkenntnisstufen zusammenhängen.

Das gewöhnliche Erkennen lässt sich, wie wir oben (S. 141 ff.) gesehen haben, in vier Aspekte untergliedern: 1.) der *Gegenstand*, der sinnlich wahrgenommen wird; 2.) das *Bild*, das man sich vom Gegenstand während des Wahrnehmens macht und das man später erinnern kann; 3.) der *Begriff*, der die Gesetzmäßigkeit des Wahrgenommenen bedeutet und verständlich macht; und 4.) das *Ich*, ohne dessen wahrnehmende, bildschaffende, erinnernde und beurteilende Tätigkeit kein Erkennen zustande käme.

Im gewöhnlichen Alltagsbewusstsein werden diese vier Aspekte nicht mit der gleichen Wachheit erlebt. Nur der sinnliche Gegenstand wird vollbewusst wahrgenommen. Im Vergleich dazu achtet man normalerweise wenig auf die innere Tätigkeit, durch die man sich ein erinnerbares Bild gestaltet, noch weniger auf das Erleben, das mit dem Verstehen einhergeht, und das erkennend tätige Ich wird meist ganz übersehen.

Man kann sich aber auf die einzelnen Aspekte des Erkennens meditativ konzentrieren und sie dadurch bewusster erleben. Dann zeigen sich gleichsam ‚in' ihnen die höheren Erkenntnisstufen der Imagination, Inspiration und Intuition.

Eine kleine Übung soll das verdeutlichen. Man zeichne sich ein Dreieck auf ein Blatt Papier. Es hat bestimmte Winkel, seine Seiten haben eine bestimmte Länge. Man befindet sich auf der Stufe des sinnlichen Wahrnehmens. Nun schließe man die Augen und stelle sich das Dreieck vor. Um die bildgestaltende Tätigkeit dieser zweiten Stufe vollbewusst zu erleben, bringe man die Vorstellung des Dreiecks nun in Bewegung, indem man erst einen, dann einen anderen Winkel vergrößert oder verkleinert; eine, dann eine andere Seite nach außen wandern lässt und wieder zurück, und schließlich mehrere zugleich, bis man das ganze Dreieck gleichsam verflüssigt (es bleibe aber immer ein Dreieck!). Je langsamer, bewusster und konzentrierter die Bewegungen vollzogen werden, umso besser für das Erleben der bildgestaltenden Willenstätigkeit. Hat man das eine Zeitlang getan, dann gehe man zur dritten Stufe über, indem man nun jede bildliche Vorstellung des Dreiecks beiseiteschiebt, aber immer noch an das „Dreieck" denkt. Die Konzentration ist jetzt schwieriger aufrecht zu erhalten. Um den Inhalt nicht zu verlieren, sprechen viele Menschen das Wort „Dreieck" nun wiederholt innerlich vor sich hin. Man mache sich klar, dass man weiß, was mit dem Wort gemeint ist. Kann man erleben, wie man das weiß (ohne sich erneut ein Bild zu machen)? Was hat mich geleitet, als ich das Bild des Dreiecks formte? Woher wusste ich, was ich zu tun hatte? Ein Hinweis Rudolf Steiners: Auf dieser Stufe ist das Erkennen vergleichbar einem geistigen Hören. Man könnte auch von einem inneren Vernehmen oder einem Erfühlen der Bedeutung sprechen. Man mache sich selbst ganz leer und lausche fühlend auf den geistigen Inhalt. – Schließlich gehe man noch den letzten Schritt und lasse auch den Gedanken an das „Dreieck" weg, spreche ihn nicht mehr aus, sondern tauche ganz ein in das bild- und wortlose Wesen. Diese Stufe ist nur für kurze Momente zu erleben.

Auf dieser vierten Stufe ist man in der Intuition. Man ist mit dem Wesen des Dreiecks geistig zusammengeflossen. Alles Äußere fällt ab; man fühlt sich außerhalb von Raum und Zeit, eins mit der Sache, überall. So wie das Wesen des Dreiecks keinen Ort und keine Zeit hat, so hat auch das Ich weder Ort noch Augenblick – und es existiert doch. Es gibt auf dieser Stufe nichts mehr, woran man sich festhalten könnte. Deshalb ist es auch so schwer, sie bewusst zu erleben. Dringt man zu ihr vor, dann erlebt man die innere Einheit des alles durchdringenden geistigen Seins. Rudolf Steiner bezeichnete deshalb das menschliche „Ich" als einen „Tropfen aus dem Meere des Geistigen, das die ganze Welt durchdringt" (13\69). Auf der vierten Stufe wird das zum Erlebnis.

Die dritte Stufe entspricht der Inspiration. Man weiß den Inhalt des Geistigen, mit dem man sich tätig verbindet, und dieses Wissen ist ein erlebendes Fühlen, ein fühlendes Erleben, ein lauschendes Vernehmen und vernehmendes Lauschen. Man macht sich selbst ganz leer, und in diese Leere kann das andere Wesen einströmen, sich gleichsam in ihr „aussprechen".

Imaginationen schließlich sind Verbildlichungen solcher geistigen und seelischen Erlebnisse. Man hat an einem Dreieck andere gefühlsartige Erlebnisse als an einem Kreis oder einem Quadrat. Wirkliche, geistige Imaginationen (also keine gewöhnlichen Vorstellungen, die sich auf Äußeres beziehen, obwohl auch diese durch imaginative Kräfte gebildet werden), drücken solche seelisch-geistigen Erlebnisse aus und machen sie dadurch anschaubar. Man kann z.B. fragen, welche Farbeindrücke durch das Wesen des Dreiecks, des Quadrats oder des Kreises hervorgerufen werden. Dabei sind solche Imaginationen mehr oder weniger subjektiv gefärbt, aber es kommt nicht so sehr auf die Objektivität dieser Bilder an, als auf diejenige des geistigen Wesens, das dahinter erlebt wird und sich in den Bildern nur ausdrückt.

Auf dieselbe Art und Weise lässt sich auch ein natürlicher Gegenstand meditieren, beispielsweise ein Bergkristall. Die erste Stufe ist das die intensive, detailgetreue Beobachten des Kristalls, seiner Formen, Flächen, Kanten und Spitzen, seiner oberflächlichen und inneren Lichtverhältnisse, seiner sich von unten nach oben aufhellenden Durchsichtigkeit, seiner Kühle, seiner Härte, seines Gewichts usw. Auf der zweiten Stufe schafft man die äußere Gestalt in der Vorstellung (ohne auf die physische Vorlage zu blicken) so anschaulich und lebensecht wie möglich nach. In diesem Nachbilden hat man dieselbe gestaltende Tätigkeit, die in der Dreiecksübung der Verwandlungstätigkeit entspricht. Auf der dritten Stufe lässt man die Bilder und Vorstellungen weg und fühlt nur noch, was der Kristall ist, und auf der vierten eliminiert man auch noch das Wort bzw. den Gedanken an den Kristall. Dann wird man mit ihm in der Intuition geistig eins. Dort, wo sonst das eigene Ich lebt, waltet jetzt das Wesen des Kristalls: Er denkt sich in mir.

Schließlich kann eine reine Gedankenmeditation demselben Weg folgen, wobei man hier natürlich nicht von der sinnlichen Anschauung oder einer bildhaften Vorstellung ausgehen kann, sondern vom Bedenken der Bedeutung. Das Denken umkreist zunächst den Gedankeninhalt. Dann verlangsamt man es und verweilt schließlich nur noch beim Wort oder Begriff, dessen Bedeutung man zu erfühlen versucht, um schließlich wiederum Inhalt und Wort zu tilgen und doch bei der Sache zu bleiben.

Auf der ersten Stufe des *sinnlichen Anschauens* stehen sich der Betrachter und der Gegenstand als Subjekt und Objekt getrennt gegenüber. Auf der zweiten Stufe verhält sich das Subjekt in seiner Vorstellungstätigkeit nicht nur betrachtend, sondern auch erzeugend. Es stellt etwas vor (sich hin). Aus der *vorstellenden* Tätigkeit entsteht ein vorgestelltes Bild, das immer wieder erneuert bzw. verändert werden kann und muss. Subjekt und Objekt schwingen in einem Wechselspiel von Gestalt und Gestaltungskräften ineinander. Auf der dritten Stufe lebe ich in einem *wissenden Fühlen* der Bedeutung des Erkannten. Ich weiß eben, noch vor allem Ausdruck in Worten und Bildern, was gemeint ist. Es ist mein Fühlen, aber was ich (er)fühle, ist nicht subjektiv. Subjekt und Objekt leben wie in einen gemeinsamen Innenraum. Dennoch ist es ein Wissen *von* einem anderen, noch nicht dieses andere in aller Unmittelbarkeit selbst. Rudolf Steiner nannte dieses Wissen eine „Offenbarung" des anderen Wesens. Erst auf der vierten Stufe der Intuition wird man mit diesem anderen ganz eins. Das kann nur so geschehen, dass das Ich dieses Andere *willentlich* hervorbringt. Indem ich einen Gedanken hervorbringe, bin ich am Ursprungsort dieses Hervorbringens mit ihm in allen Winkeln und Fasern eins.

Alle vier Stufen stecken im gewöhnlichen, gegenständlichen Erkennen ineinander, wobei nur die erste Stufe voll bewusst ist. Wenn es in der Meditation gelingt, durch langsam und bewusst vollzogene Vorstellungstätigkeit die Stufe des gegenständlichen Wahrnehmens auszublenden, dann sind im Bilden der Vorstellungen die dritte Stufe des wissenden Verstehens und die vierte des intuitiven Einsseins noch enthalten. Gelingt es, die Vorstellungsbilder wegzuschieben und dennoch bei der Sache zu bleiben, also die dritte Stufe bewusst zu erleben, so enthält sie noch die vierte. Die oberste Stufe ist der letzte, tiefste Grund allen Erkennens; es gibt kein Erkennen ohne sie.

Schritte der Meditation	Das Wesenhafte des Meditationsinhalts…	Erkenntnisstufe	Verhältnis Subjekt-Objekt	Bewusstseinsstufe im gewöhnlichen Erkennen
1. Genaues Beobachten bzw. umfassendes Bedenken des Meditationsinhalts	*erscheint* in den Einzelheiten	gegenständliches Vorstellen	○ ○	wach
2. Vorstellen des Beobachteten bzw. Zusammenschau in einem Bild oder Wort	*wirkt* gestaltend in der Zusammenschau	imaginative Bildgestaltung	∞	erwachend
3. Erfühlen der Bedeutung (durch konzentriertes Ruhen auf dem Bild oder Wort)	*offenbart* sich in der Bedeutung	inspiratives Verstehen	⬭	träumend
4. Willenshaftes Einssein mit dem Wesenhaften des Inhaltes	*lebt* (west) in sich selbst	intuitives Einssein	○	schlafend

Durch Meditation werden die Stufen nach und nach immer bewusster erlebt. Man erwacht für den geistigen Anteil, der unbemerkt im gewöhnlichen Erkennen lebt. In diesem Sinne heißt es in der *Theosophie*:
„Wie für den operierten Blindgeborenen die vorherige finstere Welt in Licht und Farben erstrahlt, so offenbaren dem seelisch und geistig Erweckten Dinge, die ihm vorher nur körperlich erschienen waren, ihre seelischen und geistigen Eigenschaften." (9\94)[102]

---

[102] An dieser Stelle sei eine Bemerkung über das Fernsehen und seine Wirkungen eingefügt. Im Meditieren geht es darum, allein aus innerer Aktivität Bilder und Gedanken in sich zu erzeugen und festzuhalten, um dann immer tiefer in ihren Sinn einzutauchen und sie schließlich als Ausdruck von geistig Wesenhaftem erlebend zu schauen. Das Fernsehen bewirkt *genau das Gegenteil*, und zwar auf allen Ebenen. Es präsentiert Bilder und Gedanken in einer Art und Weise, die alle Eigenaktivität abschaltet und verhindert sowohl durch die Passivität des Zuschauers als auch durch die Zerrissenheit der Bilder und Fülle der Information jedes tiefere Eintauchen in sie. Schließlich suggeriert es wie kein anderes Medium, dass die in den Bildern präsentierte Welt die wirkliche sei; es kommt explizit als ein „abbildendes" Medium daher und vermittelt dem Zuschauer das Gefühl, einerseits etwas von der wahren Wirklichkeit mitgeteilt zu bekommen, andererseits aber doch existentiell von ihr getrennt zu sein. Es ist also voll verständlich, warum Rudolf Steiner sagte, dass Menschen durch das Kino zu Materialisten erzogen würden, denn der Materialismus ist im weitesten Sinne durch die Überzeugung charakterisiert, dass die Wirklichkeit außerhalb dessen liegt, was im erkennenden Ich erfahren werden kann. Durch meditative Arbeit wird diese Wirkung des Fernsehens deutlich erlebbar.

Ein Weg zur Selbsterkenntnis des Menschen (1912) und *Die Schwelle der geistigen Welt* (1913) – einige Charakteristika der erlebten Intuition

In diesem Abschnitt besprechen wir drei wichtige Eigenschaften des übersinnlichen Schauens. Wir referieren eine Beschreibung übersinnlichen Erlebens durch Verwandlung in ein anderes Wesen sowie einige Bemerkungen Steiners über die Liebe.

1912 und 1913 veröffentlichte Rudolf Steiner zwei kleine Schriften[103], in denen er in kurzen Abschnitten eine erlebnismäßige Vertiefung des in der *Theosophie* und *Geheimwissenschaft* Dargestellten schilderte. Sie sollen den Leser „wie zu einer Art Selbstgespräch" (16\7) anregen. Wir greifen hier nur einige Gesichtspunkte heraus.

In *Ein Weg zur Selbsterkenntnis* schildert Steiner drei wichtige und vielleicht überraschende Charakteristika der geistigen (intuitiven) Erfahrung: Das übersinnlich Geschaute ist nicht in der gewöhnlichen Art erinnerbar, eine geistige Schauung ist schwer reproduzierbar, und die Schauung selbst tritt nur für ganz kurze Momente auf.

„Ein Bedeutsames im Schauen [ist] gerade dies, dass während dessen Tätigkeit die Kraft der Erinnerung in der Seele gar nicht wirksam ist. Was man einmal *vorgestellt* hat, daran kann man sich erinnern, auch wenn die Vorstellung ein bloßes Phantasiegebilde ist. Was man in hellseherischem Schauen erfahren hat: das ist in dem Augenblicke dem Bewusstsein entschwunden, in dem die Schauung aufhört, wenn man nicht zu der seelischen Kraft des Schauens auch noch die andere hinzuentwickelt hat,

---

[103] *Ein Weg zur Selbsterkenntnis des Menschen in acht Meditationen*. GA 16. Dornach 1982. *Die Schwelle der geistigen Welt. Aphoristische Ausführungen*. GA 17. Dornach 1987.

in der Seele wieder dieselben Bedingungen des Schauens herzustellen, welche zu dieser Schauung geführt haben. Man kann sich an diese Bedingungen erinnern und kann dadurch die Schauung wiederholen; aber man kann sich nicht unmittelbar an die Schauung erinnern." (16\86)

Im intuitiven geistigen Erleben ist die Seele *in* dem geschauten Inhalt, sie lebt darinnen. Beim Vorstellen sondert sie sich von dem ab, was sie erlebt; sie stellt es (wie der Name schon sagt) *vor* sich hin, um es in solcher Gegenüberstellung anschauen zu können. Tritt also überhaupt intuitives Erleben als geistiges Schauen ein, dann kann dies nur so lange dauern, als die Seele ihre Erlebnisse gerade nicht vorstellt. Die Erinnerungsmöglichkeit hängt aber, wie Rudolf Steiner ausführt, mit der Vorstellungsbildung zusammen, die durch die leibliche Organisation (als Spiegelungsvorgang) vermittelt wird, sodass wirkliche übersinnliche Schauungen eben als solche nicht erinnerbar sein können. Steiner schreibt sogar, dass man in der Nicht-Erinnerbarkeit ein Kriterium für die geistige Wirklichkeit des Geschauten habe:

„Wer sich die notwendige Einsicht in diese Dinge verschafft hat, der hat gerade an dieser Einsicht ein Mittel, die Wirklichkeit, welche seiner Schauung entspricht, als solche zu erkennen. Wie man sich an eine Wahrnehmung, an ein Erlebnis erinnern kann, mit dieser Erinnerung aber das Erlebnis, die Wahrnehmung nicht selbst durchgemacht werden, so ist mit dem, was bei der Schauung für die Erinnerung verbleibt, nicht der wirkliche Inhalt dieser Schauung enthalten. Man kann daran erkennen, dass ebensowenig, wie die wirkliche Wahrnehmung eine bloße Illusion im Sinnesgebiet ist, so auch die der Schauung entsprechende übersinnliche Wirklichkeit dies nicht ist." (16\87)

Ein weiteres Charakteristikum übersinnlicher Erfahrungen ist ihre Nichtwiederholbarkeit:

„Wer eine übersinnliche Erfahrung gemacht hat, der ist dadurch nicht geschickter geworden, sie ein zweites Mal zu machen. Hat er sie einmal gehabt, so ist dies ein Grund, dass sie von ihm fortstrebt. Sie sucht ihn gewissermaßen zu fliehen.

Und er muss zu besonderen Seelenverrichtungen seine Zuflucht nehmen, die für ein wiederholtes Erfahren seine Seele mit einer stärkeren Kraft ausstatten als diejenige war, die ihn das erste Mal in den Stand gesetzt hat, die Erfahrung zu machen. Für Anfänger auf dem übersinnlichen Seelenweg liegt in dieser Tatsache oft eine Quelle schwerer Enttäuschungen. Man kann bei entsprechenden Übungen … verhältnismäßig leicht erste übersinnliche Erfahrungen machen. Man ist dann erst erfreut über den gemachten Fortschritt. Allein man wird bald bemerken, dass sich die gleichen Erfahrungen nicht wiederholen. Man fühlt sich dann in der Seele dem Übersinnlichen gegenüber wie leer. Was in Betracht kommt, ist, dass man sich klar darüber sein muss: dieselben Anstrengungen, die zum erstenmal zu dem Ergebnis geführt haben, wirken nicht ein zweites Mal, sondern stärkere, oft ganz andere." (16\87)

Hat die Seele einmal eine übersinnliche Erfahrung gemacht, so bildet sie sich eben doch eine Vorstellung von diesem Erlebnis. Und die Vorstellung steht der wiederholten intuitiven Vereinigung mit der beobachteten geistigen Tatsache im Weg. Das Ich ist nicht mehr unbefangen, es hat eine bestimmte Erwartung oder möchte sogar die übersinnliche Erfahrung ein zweites Mal haben; aber in der intuitiven Hingabe an einen geistigen Inhalt handelt es sich nicht um Haben, sondern um Sein.

Schließlich schildert Steiner ein drittes Charakteristikum übersinnlicher Erfahrung, dass jedem anthroposophisch Meditierenden bewusst sein sollte:

„Ein drittes Kennzeichen des übersinnlichen Erfahrens ist dieses, dass die Schauungen kaum einen bemessbaren Zeitinhalt hindurch vor dem hellseherischen Bewusstsein aufleuchten. Man kann sagen: in dem Augenblicke, in dem sie auftreten, sind sie auch schon wieder entflohen. Das bewirkt, dass nur rasche Besinnung, rasche Einstellung der Aufmerksamkeit zum Bemerken wahrer Schauungen führt. Wer solche rasche Besinnung und Aufmerksamkeitseinstellung nicht unter seinen Seelenfähigkeiten entwickelt, der mag Schauungen haben; er erlangt kein Wissen davon. Darin liegt der Grund, warum von den Menschen die übersinnliche Welt in einem so großen Umfange verleugnet wird, als es der Fall ist. Das übersinnliche

Erleben ist wirklich viel verbreiteter, als man gewöhnlich denkt. Der Verkehr des Menschen mit der geistigen Welt ist im Grunde etwas ganz Allgemein-Menschliches. Aber die Fähigkeit, mit rasch wirkender Bewusstseinskraft diesen Verkehr erkennend zu verfolgen, muss mühsam erworben werden." (16\89)

Es wäre also ganz falsch, sich das übersinnliche Wahrnehmen so vorzustellen, als ob ein Vorhang hinweggezogen würde und man dann in aller Ruhe eine Art geistigen Panoramas betrachten könnte. Nein, die übersinnlichen Erfahrungen leben im tätigen Ich, sie erscheinen nicht ihm gegenüber. Und das Ich kann sich eben doch nur für kurze Momente in ein anderes hinein wirklich verlieren. Dann möchte es sich das dort Erlebte zum Bewusstsein bringen und tritt damit aus dem Anderen (aus der Intuition) schon wieder heraus.

* * *

In *Die Schwelle der geistigen Welt* schildert Rudolf Steiner die Umwandlung des eigenen Selbst in ein anderes Wesen, auf der „alles Erleben" in den übersinnlichen Welten beruhe.[104]

„Um in diesen Welten bewusst zu leben, ist nämlich ein Trieb der Seele notwendig, welcher in der Sinneswelt nicht in der Stärke zur Entfaltung kommen kann, in welcher er in den übersinnlichen Welten auftritt. Es ist der Trieb der *Hingabe* an dasjenige, was man erlebt. Man muss in dem Erlebnis untertauchen, man muss *eins* mit ihm werden können; man muss dies bis zu einem solchen Grade können, dass man sich außerhalb seiner eigenen Wesenheit erschaut und in der

---

[104] Wir greifen hier nur diesen einen Aspekt heraus, der aber im Zusammenhang umfassender Darstellungen über das Erleben in übersinnlichen Welten steht, deren genaueres Studium zu empfehlen ist. Gerade auf der Grundlage des hier über die Intuition Dargestellten können die Ausführungen in *Ein Weg zur Selbsterkenntnis des Menschen* und *Die Schwelle der geistigen Welt* verständlich werden.

anderen Wesenheit drinnen fühlt. Es findet eine *Verwandlung* der eigenen Wesenheit in die andere statt, mit welcher man das Erlebnis hat. Wenn man diese Verwandlungsfähigkeit nicht hat, so kann man in den übersinnlichen Welten nichts Wahrhaftiges erleben. Denn alles Erleben beruht darauf, dass man sich zum Bewusstsein bringt: jetzt bist du in ‚dieser bestimmten Art' verwandelt, also bist du lebensvoll mit einem Wesen zusammen, das durch seine Natur die deinige in ‚dieser' Weise umwandelt. Dieses Sich-Umwandeln, dieses Einfühlen in andere Wesenheiten ist das Leben in den übersinnlichen Welten. Durch dieses Einleben lernt man die Wesenheiten und Vorgänge dieser Welten kennen." (17\53)

Damit sich der Mensch nicht ganz verliere, müsse der Umwandlung in ein anderes Wesen aber ein „starkes Ich-Gefühl" (17\57) gegenüberstehen. Zwischen beiden pendele die Seele hin und her wie zwischen Wachen und Schlaf. Und wiederum finden wir hier die beiden Aspekte des Intuitiven: Eigene Tätigkeit, die durch ein anderes Wesen geführt wird.

In *Mein Lebensgang* finden wir noch eine wichtige Ergänzung dieses Gedankens:

„Ich sah im Mittelpunkt des menschlichen Seelenlebens ein vollkommenes Zusammensein der Seele mit der Geistwelt. Ich versuchte die Sache so darzustellen, dass sich eine vermeintliche Schwierigkeit, die Viele stört, in Nichts auflöst. Man meint nämlich, um zu erkennen, müsse die Seele - oder das ‚Ich' - sich von dem Erkannten unterscheiden, dürfe also nicht mit ihm in eins zusammenfließen. Doch ist diese Unterscheidung ja auch dann möglich, wenn die Seele gewissermaßen pendelartig sich zwischen dem Eins-Sein mit dem geistig Wesenhaften und der Besinnung auf sich selbst hin- und herbewegt. Sie wird dann ‚unbewusst' im Untertauchen in den objektiven Geist, bringt aber das vollkommen Wesenhafte bei der Selbstbesinnung in das Bewusstsein herein." (28\246)

* * *

In *Die Schwelle der geistigen Welt* findet sich eine kleine Ausführung über die Liebe, die hier nicht unterschlagen werden soll. Denn in der Liebe, wie sie in der Sinneswelt wirkt, spiegelt sich das Leben in der geistigen Intuition. Für ein bewusstes Erleben innerhalb der geistigen Welt ist ein „starkes Ich-Gefühl" notwendig, weil sich die Seele sonst innerhalb dieses Erlebens verlieren könnte. Das Ich-Gefühl entsteht aber nicht in der geistigen Welt, sondern durch das Leben der Seele im physischen Leib, bzw., wie oben (S. 219 ff.) dargestellt, durch ihre Spiegelung am Leib. Doch darf das Ich-Gefühl in der physischen Welt auch wiederum nicht zu stark ausgebildet sein.

„Es ist dem menschlichen Bewusstsein innerhalb der Sinneswelt wesentlich, dass das Selbstgefühl der Seele (ihr Ich-Erleben), trotzdem es vorhanden sein muss, abgedämpft ist. Dadurch hat die Seele die Möglichkeit, innerhalb der Sinneswelt die Schulung für die edelste sittliche Kraft, für das *Mitgefühl* zu erleben. Ragte das starke Ich-Gefühl in die bewussten Erlebnisse der Seele innerhalb der Sinneswelt hinein, so könnten sich die sittlichen Triebe und Vorstellungen nicht in der richtigen Weise entwickeln. Sie könnten nicht die Frucht der *Liebe* hervorbringen. Die Hingabe, dieser naturgemäße Trieb der elementarischen [geistigen] Welt, ist nicht dem gleich zu achten, was man im menschlichen Erleben als Liebe bezeichnet. Die elementarische Hingabe [also die geistigen Anschauung, Anm. CH] beruht auf einem *Sich-Erleben* in dem anderen Wesen oder Vorgang; die *Liebe* ist ein Erleben des andern in der eigenen Seele. Um dies Erleben zur Entfaltung zu bringen, muss in der Seele über das in ihren Tiefen vorhandene Selbstgefühl (Ich-Erlebnis) gewissermaßen ein Schleier gezogen sein; und in der Seele, welche in Bezug auf ihre eigenen Kräfte abgedämpft ist, ersteht dadurch das In-sich-Fühlen der Leiden und Freuden des anderen Wesens; es erkeimt die Liebe, aus der echte Sittlichkeit im Menschenleben erwächst. Die Liebe ist für den Menschen die bedeutsamste Frucht des Erlebens in der Sinneswelt. Durchdringt man das Wesen der Liebe, des Mitgefühls, so findet man in diesen die Art, wie das Geistige in der Sinneswelt sich in seiner Wahrheit auslebt. Es ist hier gesagt worden, dass es zum Wesen des Übersinnlichen gehört, sich in ein anderes zu verwandeln. Wenn das Geistige im sinnlich-physisch lebenden Menschen sich so verwandelt, dass es das Ich-Gefühl abdämpft und als Liebe auflebt, so bleibt dieses Geistige seinen eigenen elementarischen Gesetzen treu. Man kann sagen, dass mit dem übersinnlichen Bewusstsein die Menschenseele in der geistigen Welt aufwacht; man muss aber ebenso sagen, *dass in der Liebe das Geistige innerhalb der Sinneswelt aufwacht.* Wo Liebe, wo Mitgefühl sich regen im Leben, vernimmt man den Zauberhauch des die Sinneswelt durchdringenden Geistes. - Deshalb kann niemals die richtig entwickelte Hellsichtigkeit das Mitgefühl, die Liebe abstumpfen. Je richtiger die Seele sich in die geistigen Welten einlebt, desto mehr empfindet sie die Lieblosigkeit, den Mangel an Mitgefühl als eine Verleugnung des Geistes selbst." (17\58)

Rudolf Steiner behandelt aber auch den Fall, dass sich das „starke Ich-Gefühl" zu sehr im sinnlichen Leben auswirkt.

„Das starke Ichgefühl darf nicht in das Leben der Seele innerhalb der Sinneswelt so hereinragen, wie sie der elementarischen Welt angemessen ist. Wenn [es dies] doch tut, so wird [es] in der Sinneswelt zum Quell der unsittlichen Neigungen, insoferne diese mit dem Egoismus zusammenhängen. ... Geht das starke Ich-Gefühl von dem ätherischen Leib in den physischen über, so bewirkt dies nicht nur eine Verstärkung des Egoismus, sondern auch eine *Schwächung* des ätherischen Leibes. Das übersinnliche Bewusstsein muss die Entdeckung machen, dass beim Eintritt in die übersinnliche Welt das notwendige Ich-Gefühl um so schwächer ist, je stärker der Egoismus im Erleben innerhalb der Sinneswelt ist. Der Egoismus macht den Menschen in seinen Seelentiefen nicht stark, sondern schwach." (17\64)

DIE BEGEGNUNG MIT DEM EIGENEN „DOPPELGÄNGER" DURCH DEN „HÜTER DER SCHWELLE"

In diesem Abschnitt besprechen wir Hindernisse für die intuitive Vereinigung mit einem anderen Wesen, die durch den eigensüchtigen Seelenanteil gegeben sind, und beleuchten die Begegnung mit dem eigenen „Doppelgänger" im sozialen Leben.

Am Ende von *Wie erlangt man Erkenntnisse...?* und im Schulungskapitel der *Geheimwissenschaft* beschreibt Rudolf Steiner die Erlebnisse, die man beim Übertritt in die voll entwickelte intuitive Erkenntnis durchzumachen hat. Diese dramatischen Erfahrungen gehören zu einem tieferen Verständnis der Intuition, obwohl sie weit über Intuition *als Erkenntnisform* hinausgehen. Rudolf Steiner beschreibt sie als erschütternde, existentiell wirksame Einsichten in die tieferen Schichten der eigenen Persönlichkeit, durch die die ungeläuterten Wesensanteile erkannt werden. Das eigensüchtige Schattenwesen wird dann bewusst und gemahnt von da an daran, dass es zu einer „in sich vollkommenen, herrlichen Wesenheit" (10\195) umgearbeitet werden muss. Für eine detaillierte Beschreibung dieser Begegnung mit dem „Hüter der Schwelle" sei auf die Originaltexte verwiesen. Hier sei nur die Struktur des Erlebnisses charakterisiert.

Es gehört zum Wesen der Intuition, dass das eigene Ich mit dem Geistigen eines anderen Wesens verschmilzt. Intuition ist das „Leben der Dinge in der Seele" (12\22).

„Um so in die Dinge hineinzukommen, muss man allerdings erst aus sich selbst heraustreten. Man muss ‚selbstlos' werden, um mit dem ‚Selbst', dem ‚Ich', einer anderen Wesenheit zu verschmelzen." (12\23)

Aus sich selbst herauszutreten heißt, die Identifikation mit den persönlichen Gefühlen, Sichtweisen und Bestrebungen aufzulösen, auf eine seelische Weise loslassen, ja sterben zu können, um geistig in einem anderen Wesen aufzuerstehen. Solange ich nicht bereit bin, mich ganz an das Sein eines anderen Wesens hinzugeben, mich so in es einzuleben, als ob ich es selbst wäre, so lange bleibt mir die wirkliche Vereinigung mit ihm versagt.

Die Wesensintuition erfordert daher ein Höchstmaß an seelisch-geistiger Selbstlosigkeit. Und Selbstlosigkeit erfordert wiederum ein Höchstmaß an Selbstvertrauen und Selbstverantwortung. Denn nur, wenn ich mich ganz gefunden habe und mich aus mir selbst bestimmen kann, kann ich mich auch ganz hingeben. Rudolf Steiner spricht davon, dass der Erkenntnissuchende von dem „Hüter der Schwelle" gleichsam aufgefordert werde, die volle Verantwortung für sich zu übernehmen:

„Meine Schwelle aber ist gezimmert aus einem jeglichen Furchtgefühl, das noch in dir ist, und aus einer jeglichen Scheu vor der Kraft, die volle Verantwortung für all dein Tun und Denken selbst zu übernehmen. Solange du noch irgendeine Furcht vor der selbsteigenen Lenkung deines Geschickes hast, so lange ist in diese Schwelle nicht alles hineingebaut, was sie erhalten muss. Und solange ihr ein einziger Baustein noch fehlt, so lange müsstest du wie gebannt an dieser Schwelle stehenbleiben oder stolpern. Versuche nicht früher diese Schwelle zu überschreiten, bis du ganz frei von Furcht und bereit zu höchster Verantwortlichkeit dich fühlst." (10\196)

So lange ich andere Umstände für mein Leben und Befinden verantwortlich mache habe ich mich noch nicht selbst ganz ergriffen. Ich lebe noch in der Dualität. Ich spalte etwas von mir ab, was eigentlich zu mir gehört. Anzuerkennen, dass es zu mir gehört, volle Verantwortung dafür zu übernehmen und mich dann allmählich so zu verändern, dass ich den Aufforderungen nachkomme, die die Welt an mich stellt (d.h. die ich selbst an mich stelle), schafft die Voraussetzung der Intuition.

„Der ‚Weise' eignet sich schon während des Erdenlebens das an, was der andere nach dem Tode erlebt, nämlich den Gedanken zu fassen, dass er selbst mit allen Dingen verwandt ist, den Gedanken: Das bist du." (9\134)

* * *

In dem eigensüchtigen Seelenteil liegt eine wesentliche Ursache für verzerrte geistige (imaginative) Wahrnehmungen. In der *Geheimwissenschaft* geht Rudolf Steiner ausführlich auf dieses Problem ein.

„Sobald [der Geistesschüler] die übersinnliche Welt betritt, nimmt er Dinge wahr, welche nicht Sinnlich-Physisches ausdrücken, sondern Seelisch-Geistiges. Hinter den von ihm wahrgenommenen Eigenschaften der neuen Welt stehen jetzt seelisch-geistige Wesenheiten. Und diese bieten sich ihm jetzt so dar als eine Außenwelt, wie sich ihm im physisch-sinnlichen Gebiet Steine, Pflanzen und Tiere vor die Sinne gestellt haben. Es kann nun der Geistesschüler einen bedeutsamen Unterschied wahrnehmen zwischen der sich ihm erschließenden seelisch-geistigen Welt und derjenigen, welche er gewohnt war, durch seine physischen Sinne wahrzunehmen. Eine Pflanze der sinnlichen Welt bleibt, wie sie ist, was auch des Menschen Seele über sie fühlt oder denkt. Das ist bei den Bildern der seelisch-geistigen Welt zunächst nicht der Fall. Sie ändern sich, je nachdem der Mensch dieses oder jenes empfindet oder denkt. Dadurch gibt ihnen der Mensch ein Gepräge, das von seinem eigenen Wesen abhängt. … Die Bilder drücken somit zunächst nicht nur etwas aus, was selbständig außerhalb des Menschen ist, sondern sie spiegeln auch dasjenige, was der Mensch selbst ist. Sie sind ganz und gar durchsetzt von des Menschen eigener Wesenheit. Diese legt sich wie ein Schleier über die Wesenheiten hin. Der Mensch sieht dann, wenn auch eine wirkliche Wesenheit ihm gegenübersteht, nicht diese, sondern sein eigenes Erzeugnis. So kann er zwar durchaus Wahres vor sich haben und doch Falsches sehen." (13\375)

Hier kommen vor allem auch unbewusste Wirkungen in Betracht:

„Ja, das ist nicht nur der Fall mit Bezug auf das, was der Mensch als seine Wesenheit selbst an sich bemerkt; sondern alles, was an ihm ist, wirkt auf diese Welt ein. Es kann z.B. der Mensch verborgene Neigungen haben, die im Leben durch Erziehung und Charakter nicht zum Vorschein kommen; auf die geistig-seelische Welt wirken sie; und diese bekommt die eigenartige Färbung durch das ganze Wesen des Menschen, gleichgültig, wieviel er von diesem Wesen selbst weiß oder nicht weiß." (13\375)

Das einzige Gegenmittel liege darinnen, dass man sein eigenes verborgenes Wesen kennenlerne.

„Um weiter fortschreiten zu können von dieser Stufe der Entwickelung aus, ist es notwendig, dass der Mensch unterscheiden lerne zwischen sich und der geistigen Außenwelt. Es wird nötig, dass er alle Wirkungen des eigenen Selbstes auf die um ihn befindliche seelisch-geistige Welt ausschalten lerne. Man kann das nicht anders, als wenn man sich eine Erkenntnis erwirbt von dem, was man selbst in die neue Welt hineinträgt. Es handelt sich also darum, dass man zuerst wahre, durchgreifende Selbsterkenntnis habe, um dann die umliegende geistig-seelische Welt rein wahrnehmen zu können." (13\376)

„Wenn der Geistesschüler die beschriebenen Erlebnisse gehabt hat, dann ist er fähig, in der seelisch-geistigen Umwelt dasjenige, was er selbst ist, von dem, was außer ihm ist, zu unterscheiden." (13\391)

Durch die Begegnung mit dem „Hüter der Schwelle" wird derjenige Teil in mir, der mich an der Hingabe an ein anderes Wesen hindert, mir die Angst vor dem Selbstverlust einflüstert, ja, der wohl diese Angst vor dem seelischen Sterben tatsächlich *ist*, bewusst.

* * *

Der „Hüter" ruft also gleichsam meine Schattenseiten, meinen „Doppelgänger" ins Licht. Die Struktur solcher Begegnungen kann sich in sozialen Beziehungen zeigen. Ein großer Teil dessen, was heute als Schulung sozialer Fähigkeiten praktiziert wird, beruht auf der Notwendigkeit, das Denken, Reden und Handeln aus bloß persönlicher Perspektive zu überwinden. Der eigene Standpunkt muss verlassen werden und in dem freiwerdenden Raum der Standpunkt des Anderen so lebendig aufleben können, als ob es der eigene wäre. Im Dialog gilt es aber zugleich, auch die eigene Position so klar wie möglich und in voller Selbstverantwortung zu vertreten. Gerade eine Konfliktsituation kann daher zu einer „Doppelgänger"-Begegnung werden. Nehmen wir an, mein Gesprächspartner äußert etwas, wodurch ich mich in irgendeiner Weise angegriffen fühle. Gehe ich nun zum Gegenangriff über, so reagiere ich auf meine eigenen Gefühle, nicht auf die Äußerung des anderen. Ich projiziere die Ursache meiner Verletzung in den anderen und gehe dann gegen meine eigene Projektion vor, also letztlich gegen mich selbst. Zunächst bin ich ja mit meinen negativen Gefühlen identifiziert – ich *bin* verletzt. Wegen dieser Verwechslung heißt der Träger solcher Gefühle eben der *Doppelgänger* des Ich. Dieses Wesen agiert blitzschnell und oft hochintelligent: Gerade in ebenbürtigen Konfliktsituationen „weiß" es oftmals genau, an welcher Stelle das Gegenüber (bzw. dessen Doppelgänger) zu verletzen ist, und bald bekriegen sich die beiden Schattenwesen in einem Kampf, den keiner gewinnen kann. Außer Humor, Verzeihen und dem Willen, immer wieder neu aus der Gegenwartskraft des Ich zu beginnen, hilft hier nur die Bereitschaft, das eigene Schattenwesen kennenzulernen und mehr und mehr Verantwortung dafür zu übernehmen. Wenn ich erkennen kann, in wie weit meine negativen Gefühle, die der andere in mir auslöst, aus meiner persönlichen Psychologie, Geschichte etc. herrühren, kann sich der Blick öffnen für dasjenige, was mein Gesprächspartner tatsächlich sagte und sagen wollte. Sonst erblicke ich den anderen immer nur als Spiegelbild meiner eigenen Projektionen, das heißt aber: gar nicht. Die Erkenntnis des eigenen „Doppelgängers" ist gerade auch im sozialen Leben eine Voraussetzung für die tiefere Erkenntnis eines anderen Wesens.

DIE RÄTSEL DER PHILOSOPHIE (1914) – DIE FRAGE NACH DER VERWURZELUNG DES ICH IN DER WIRKLICHKEIT

In diesem Kapitel blicken wir auf die philosophiegeschichtliche Frage, wie das Denken zur Wirklichkeit stehe. Wir besprechen, wie es an seinem tätigen Quellpunkt „aus der wahren Wirklichkeit hervorsprudelt" und damit zur intuitiven Verbindung von Ich und Welt führt. Schließlich referieren wir eine weitere Darstellung Rudolf Steiners zur Meditation.

In *Die Rätsel der Philosophie*[105] (1900/²1914) richtet Rudolf Steiner einmal mehr den Blick auf das Erleben des Denkens und dessen Bedeutung für die Entwicklung der menschlichen Seele, diesmal unter dem Gesichtspunkt des Fortgangs der Weltanschauungen von der griechischen Antike bis zum Beginn des 20. Jahrhunderts, „insofern dieser aus dem Gedanken*erleben* [kursiv CH] als solchem sich ergibt" (18\85). Die zentrale Frage, die das ganze Werk durchzieht, ist diejenige nach der erlebten Verankerung des Gedankens in der Wirklichkeit: Wie findet die menschliche Seele durch den Gedanken, der in der griechischen Epoche in ihr erwacht und durch den sie sich immer deutlicher als Ich erkennt, wieder zu einer Verbindung mit der Welt?

„Alles andere wird ihr [der Seele] von außen gegeben; den Gedanken erzeugt sie aus den Untergründen ihrer eigenen Wesenheit heraus, so dass sie bei diesem Erzeugen mit vollem Bewusstsein dabei ist. Der Trieb entsteht in ihr, in den Gedanken eine Erkenntnis zu gewinnen, durch die sie sich über ihr Verhältnis zur Welt aufklären kann." (18\30)

---

[105] *Die Rätsel der Philosophie in ihrer Geschichte als Umriss dargestellt.* GA 18. Dornach 1985.

„Der Denker fühlt sich mit seinem Gedankenleben allein. So entsteht das Nachforschen über die ‚allgemeinen Ideen'. Man fragt: Was habe ich in ihnen denn eigentlich gebildet? Wurzeln sie nur in mir, oder deuten sie auf eine Wirklichkeit?" (18\96) Weil sich die Seele aber mit dem Gedankenleben innig verbunden fühlt, hängt an der Antwort auf diese Frage auch die Möglichkeit für sie, „ihren Sinn und ihre Bedeutung im Dasein verstehen" (18\31) zu können. Die zentrale Frage der neuzeitlichen Philosophie lautet daher: „Wie gelange ich zu einem Weltbilde, in dem die Innenwelt mit ihrer wahren Wesenheit und die Natur zugleich sicher verankert sind" (8\33)?
Man könnte dies auch als die zentrale Erkenntnisfrage der Anthroposophie bezeichnen. Eine Antwort kann nach Rudolf Steiner nur durch Selbsterkenntnis gewonnen werden, die er gleich zu Beginn des Buches wiederum als ein Erwachen charakterisiert:
„Ich bin in wahrem Sinne des Wortes erst dann *ganz Mensch*, wenn ich in mir ein Verhältnis zur Welt ausbilde, das in dem ‚Erkenne dich selbst' seinen Grundcharakter hat. Die Seele kann so weit kommen, diese Empfindung wie ein *Aufwachen* aus dem Lebenstraume anzusehen, den sie vor dem Erlebnis geträumt hat, das sie mit dieser Empfindung durchmacht." (18\23)
Mit demselben Motiv hatte Rudolf Steiner in der *Mystik* sein anthroposophisches Wirken nach der Jahrhundertwende begonnen.[106] Die Hauptfrage der *Rätsel der Philosophie* ist also, wie sich der Menschengeist im Verlauf der Philosophiegeschichte zu derjenigen Frage gestellt hat, die uns bereits in den *Einleitungen* begegnet ist: Ob und inwiefern das Denken (die Intuition) nicht nur im menschlichen Bewusstsein als eine sich selbst tragende geistige Wesenheit erlebt werden kann, sondern auch (als „Idee") *in* der sinnlichen Erfahrungswelt wirksam ist;

---

[106] Die erste Auflage der *Rätsel* (als *Welt- und Lebensanschauungen im 19. Jahrhundert*) war der direkte Vorläufer der *Mystik*-Schrift.

inwiefern sie nicht nur das Prinzip ist, das „alles erklärt", sondern auch dasjenige, „aus dem alles hervorgeht" (1\163).

Es würde zu weit führen, die umfassenden Darstellungen Steiners zur Philosophiegeschichte zu referieren. Nur auf eine Stelle soll hingewiesen werden, an der er das Grundproblem des Erkennens anhand von *Johann Gottfried Herder* beschreibt:

„Was in Griechenland als Gedanke (Idee) gleich einer Wahrnehmung behandelt worden ist, wird [in der neueren Zeit] als *Selbsterlebnis der Seele* gefühlt. Und der Denker steht der Frage gegenüber: Wie muss ich in die Tiefen der Seele dringen so, dass ich erreiche den Zusammenhang der Seele mit dem Weltgrunde und *mein* Gedanke zugleich der Ausdruck der weltschöpferischen Kräfte ist? Das Aufklärungszeitalter ... glaubte noch in dem Gedanken selbst seine Rechtfertigung zu finden. Herder wächst über diesen Gesichtspunkt hinaus. Er sucht nicht den Punkt in der Seele, wo diese denkt, sondern den lebendigen Quell, wo der Gedanke aus dem der Seele einwohnenden Schöpferprinzipe hervorquillt. Damit steht Herder dem nahe, was man *das geheimnisvolle Erlebnis der Seele mit dem Gedanken* [kursiv CH] nennen kann. Eine Weltanschauung muss sich in Gedanken aussprechen. Doch gibt der Gedanke der Seele die Kraft, welche sie durch eine Weltanschauung im neueren Zeitalter sucht, nur dann, wenn sie den Gedanken in seiner seelischen Entstehung *erlebt*. Ist der Gedanke geboren, ist er zum philosophischen System geworden, dann hat er bereits seine Zauberkraft über die Seele verloren. Damit hängt zusammen, warum der Gedanke ... so oft unterschätzt wird. Das geschieht durch alle diejenigen, welche nur den Gedanken kennen, der ihnen von außen zugemutet wird, an den sie glauben, zu dem sie sich bekennen sollen. Die wirkliche Kraft des Gedankens kennt nur derjenige, der ihn bei seiner Entstehung *erlebt*." (18\133)

In der *Philosophie der Freiheit* hatte Rudolf Steiner geschrieben:

„Keine andere menschliche Seelenbetätigung wird so leicht zu verkennen sein wie das Denken. Das Wollen, das Fühlen, sie erwärmen die Menschenseele auch noch im Nacherleben ihres

Ursprungszustandes. Das Denken lässt nur allzuleicht in diesem Nacherleben kalt; es scheint das Seelenleben auszutrocknen. Doch dies ist eben nur der stark sich geltend machende Schatten seiner lichtdurchwobenen, warm in die Welterscheinungen untertauchenden Wirklichkeit. Dieses Untertauchen geschieht mit einer in der Denkbetätigung selbst dahinfließenden Kraft, welche Kraft der Liebe in geistiger Art ist." (4\143)

„Das geheimnisvolle Erlebnis der Seele mit dem Gedanken" umschreibt also wiederum die Intuition, insbesondere in ihrer selbstschöpferischen Kraft. Es geht um die Erfahrung, dass das Denken aus dem „der Seele einwohnenden Schöpferprinzipe" hervorquillt, um das „Erleben des Ursprungszustandes" des Denkens in seiner lichtbringenden, seelenwärmenden und wirklichkeitsstiftenden Art. In diesem Erlebnis fühlt die Seele ihren Zusammenhang mit dem weltschöpferischen Prinzip. Wer das „geheimnisvolle Erlebnis der Seele mit dem Gedanken" hat, von dem gilt, was Rudolf Steiner in *Goethes Weltanschauung* schrieb:

„Wenn es dem Menschen wirklich gelingt, sich zu der Idee zu erheben, und von der Idee aus die Einzelheiten der Wahrnehmung zu begreifen, so vollbringt er dasselbe, was die Natur vollbringt, indem sie ihre Geschöpfe aus dem geheimnisvollen Ganzen hervorgehen lässt. ... Sobald [der Mensch] fühlt, wie die Idee in seinem Innern lebt und tätig ist, betrachtet er sich und die Natur als *ein* Ganzes, und was als Subjektives in seinem Innern erscheint, das gilt ihm zugleich als objektiv; er weiß, dass er der Natur nicht mehr als Fremder gegenübersteht, sondern er fühlt sich verwachsen mit dem Ganzen derselben." (6\55)

* * *

Bei der Besprechung von Rudolf Steiners Wirklichkeitsbegriff (S. 171 ff.) hatten wir schon auf das Schlusskapitel der *Rätsel*: *Skizzenhaft dargestellter Ausblick auf eine Anthroposophie* hingewiesen. Dort zeigt Steiner, wie das Ich die Kluft zwischen sich und der Welt überwinden kann.

Dringt man bis zum intuitiven Erleben des Denkens, hat man „das geheimnisvolle Erlebnis der Seele mit dem Gedanken", dann kann man erkennen, wie Ich und Welt verbunden sind.

„Es wird erkannt, dass dieses selbstbewusste Ich nicht in sich isoliert und außerhalb der objektiven Welt sich erlebt, dass vielmehr sein Losgelöstsein von dieser Welt nur eine Erscheinung des Bewusstseins ist, die überwunden werden kann, überwunden dadurch, dass man einsieht, man habe als Mensch in einem gewissen Entwickelungszustande eine vorübergehende Gestalt des Ich dadurch zu eigen, dass man die Kräfte, welche die Seele mit der Welt verbinden, aus dem Bewusstsein herausdrängt. Wirkten diese Kräfte unaufhörlich in dem Bewusstsein, dann käme man nicht zum kraftvollen, in sich ruhenden Selbstbewusstsein. Man könnte sich als selbstbewusstes Ich nicht erleben." (18\601)

Wir hatten gezeigt, dass das Ich nur zum Selbstbewusstsein kommen kann, indem es sich der Welt gegenüberstellt, indem es sein Verwobensein mit und seine Beteiligung an den weltgestaltenden Kräften vergisst. Nur dadurch, dass die intuitiven, weltgestaltenden Kräfte aus dem gewöhnlichen Bewusstsein herausgedrängt werden zugunsten eines Bewusstwerdens der gewordenen Gegenständlichkeit, kann sich das Ich selbst finden. Es würde sich in dem lebendigen Weben der Selbstbestimmtheiten der Intuitionen nicht als abgesondertes Wesen erleben können. Das heißt aber auch, dass es unmöglich ist, den geistigen Zusammenhang mit der Welt im gewöhnlichen, gegenständlichen Bewusstsein zu erleben.

„Gibt man zu, dass die Dinge so stehen, so kann man die Antwort auf die Rätselfragen der Philosophie nicht in den Erlebnissen der Seele suchen, die sich dem gewöhnlichen Bewusstsein darbieten. Dieses Bewusstsein ist dazu berufen, das selbstbewusste Ich zu erkraften; es muss, zu diesem Ziele strebend, den Ausblick in den Zusammenhang des Ich mit der objektiven Welt verschleiern, kann also nicht zeigen, wie die Seele mit der wahren Welt zusammenhängt." (18\602)

Damit ergibt sich die Notwendigkeit, über das gewöhnliche Bewusstsein hinauszugelangen. Das kann aber nicht mit den Mitteln dieses Bewusstseins selbst geschehen.

„Einzelne Philosophen ... lenken die ... Betrachtung auf die Selbstbeobachtung der Seele hin. Was sie aber betrachten, das sind diejenigen Erlebnisse der Seele, welche die Grundlage bilden des selbstbewussten Ich. Dadurch dringen sie nicht bis zu jenen Quellen der Welt, in denen die Erlebnisse der Seele aus der wahren Wirklichkeit hervorsprudeln. Diese Quellen können nicht dort liegen, wo die Seele mit dem gewöhnlichen Bewusstsein zunächst sich selbst beobachtend gegenübersteht. Will die Seele zu diesen Quellen kommen, so muss sie aus diesem gewöhnlichen Bewusstsein herausdringen. Sie muss etwas in sich erleben, was ihr dieses Bewusstsein nicht geben kann. ... Solange man die Seelenerlebnisse nimmt, wie sie sich dem gewöhnlichen Bewusstsein darbieten, solange kommt man nicht in die Tiefen der Seele. Man bleibt bei dem stehen, was diese Tiefen hervortreiben. ... Mittel, tiefer in die Seele einzudringen, bieten sich dar, wenn man den Blick auf dasjenige richtet, was im gewöhnlichen Bewusstsein zwar mitarbeitet, aber in seiner Arbeit gar nicht in dieses Bewusstsein eintritt." (18\603)

Das ist aber das Denken als intuitive Tätigkeit. Schon in der *Philosophie der Freiheit* hatte Steiner gezeigt, „dass der Denkende das Denken vergisst, während er es ausübt." Wie kann nun diese Denktätigkeit in ihren Quellen, wo „die Erlebnisse der Seele aus der wahren Wirklichkeit[107] hervorsprudeln", ins Bewusstsein gehoben werden? Wir hatten diesen Weg oben schon beschrieben (s. S. 234 ff.). Doch bringt Rudolf Steiner immer wieder neue Aspekte, und so gehen wir einmal mehr auf die Sache ein:

„Wenn der Mensch denkt, so ist sein Bewusstsein auf die Gedanken gerichtet. Er will durch die Gedanken etwas vorstellen; er will im gewöhnlichen Sinne richtig denken. Man kann aber auch auf anderes seine Aufmerksamkeit richten.

---

[107] Zum Begriff der „wahren Wirklichkeit" siehe oben, S. 193 ff.

Man kann die *Tätigkeit des Denkens* [kursiv CH] als solche in das Geistesauge fassen. Man kann zum Beispiel einen Gedanken in den Mittelpunkt des Bewusstseins rücken, der sich auf nichts Äußeres bezieht, der wie ein Sinnbild gedacht ist, bei dem man ganz unberücksichtigt lässt, dass er etwas Äußeres abbildet. Man kann nun in dem Festhalten eines solchen Gedankens verharren. Man kann sich ganz einleben nur in das innere Tun der Seele, während man so verharrt. *Es kommt hierbei nicht darauf an, in Gedanken zu leben, sondern darauf, die Denktätigkeit zu erleben* [kursiv CH]. Auf diese Weise reißt sich die Seele los von dem, was sie in ihrem gewöhnlichen Denken vollführt. Sie wird dann, wenn sie solche innere Übung genügend lange fortsetzt, nach einiger Zeit erkennen, wie sie in Erlebnisse hineingeraten ist, welche sie abtrennen von demjenigen Denken und Vorstellen, das an die leiblichen Organe gebunden ist. Ein gleiches kann man vollziehen mit dem Fühlen und Wollen der Seele, ja, auch mit dem Empfinden, dem Wahrnehmen der Außendinge. Man wird auf diesem Wege nur etwas erreichen, wenn man nicht zurückschreckt davor, sich zu gestehen, dass die Selbsterkenntnis der Seele nicht einfach angetreten werden kann, indem man nach dem Innern schaut, das stets vorhanden ist, sondern vielmehr nach demjenigen, das durch innere Seelenarbeit erst aufgedeckt werden muss. Durch eine Seelenarbeit, die durch Übung zu einem solchen Verharren in der inneren Tätigkeit des Denkens, Fühlens und Wollens gelangt, dass diese Erlebnisse gewissermaßen sich geistig in sich ‚verdichten'. Sie offenbaren dann in dieser ‚Verdichtung' ihr inneres Wesen, das im gewöhnlichen Bewusstsein nicht wahrgenommen werden kann. Man entdeckt durch solche Seelenarbeit, dass für das Zustandekommen des gewöhnlichen Bewusstseins die Seelenkräfte sich so ‚verdünnen' müssen und dass sie in dieser Verdünnung unwahrnehmbar werden. Die hier gemeinte Seelenarbeit besteht in der *unbegrenzten Steigerung* von Seelenfähigkeiten, welche auch das gewöhnliche Bewusstsein kennt, die dieses aber in solcher Steigerung nicht anwendet. Es sind die Fähigkeiten der *Aufmerksamkeit* und der *liebevollen Hingabe an das von der Seele Erlebte*. Es müssen, um das Angedeutete zu erreichen, diese Fähigkeiten in einem solchen Grade gesteigert werden, dass sie wie völlig neue Seelenkräfte wirken." (18\604)

Es geht darum, die Denkkraft zu verstärken, immer mehr in dieser Kraft zu leben und dann auf die Erlebnisse zu achten, die man dabei hat. „Aufmerksamkeit" beschreibt die aktive Seite des intuitiven Denkens, „Hingabe an das von der Seele Erlebte" die in die selbstbestimmten Inhalte eintauchende, empfangende.

Es ist bedeutsam, dass Rudolf Steiner hier erwähnt, dass man solche Übungen nicht nur mit dem Denken, sondern auch mit dem Fühlen und Wollen, ja sogar mit dem „Wahrnehmen der Außendinge" durchführen kann. D.h. man kann auch einzelne Sinnesempfindungen wie ‚rot' oder ‚warm', aber auch eine Rose oder einen Kristall in der angegebenen Art meditieren. Man konzentriert sich dann nicht auf einen Gedankeninhalt oder auf ein Sinnbild, sondern erzeugt in sich so lebensvoll wie möglich eine Vorstellung von dem, was man sonst durch die Sinne empfängt. In diesem Erzeugen lebt dieselbe Gestaltungskraft, die wir hier als die wirklichkeitsgestaltende Kraft des Denkens bezeichnet haben; man kommt durch solche Meditation zur schöpferisch-geistigen Seite, zur Intuition der Sinneswahrnehmungen, wie man durch Gedankenmeditation zu Intuitionen des Denkens gelangt.[108]

---

[108] Vgl. hierzu: Christoph Hueck: *Natur, dein mütterliches Sein, ich trage es in meinem Willenswesen - ein Beitrag zur Überwindung der Subjekt-Objekt-Spaltung.* In: *Anthroposophie. Johanni 2014*, S. 105 ff.

VOM MENSCHENRÄTSEL (1916) – PRODUKTIVITÄT IM DENKEN, EMPFÄNGLICHKEIT IM WILLEN

In diesem Kapitel geht es um die genaue Darstellung der beiden Aspekte des intuitiven Erkennens: das Erzeugen durch aktives Denken und das Empfangen der selbstbestimmten Weltinhalte durch einen sich an sie hingebenden, sie nachschaffenden Willen.

Noch klarer als in den *Rätseln der Philosophie* beschreibt Rudolf Steiner den Weg zur intuitiven Erkenntnis in *Vom Menschenrätsel* (1916)[109], einer Schrift aus der Weltkriegszeit. Wir hatten schon oft auf die Beteiligung des Willens am intuitiven Erkennen hingewiesen, und gerade hierzu enthält *Vom Menschenrätsel* äußerst erhellende Bemerkungen. Bevor wir uns diesem Text näher zuwenden, möchte ich jedoch auf eine undatierte Notizbucheintragung Steiners zurückgreifen, die das Wesentliche in knapper, geradezu mantrischer Form zusammenfasst.

Steiner charakterisiert hier den Willen und das Denken zunächst so, wie sie im gewöhnlichen Bewusstsein auftreten: Wille als Tätigkeit, die einen „eigenen Inhalt" verwirklichen will; Denken als Beobachten eines „ihm fremden Inhalts".

Im gewöhnlichen Denken lässt sich der Denkende den Inhalt seiner Gedanken von außen, durch die Sinneswahrnehmung geben. Beim gewöhnlichen Willen stehen die eigenen Intentionen im Vordergrund: Man handelt, weil man etwas erreichen will.

---

[109] *Vom Menschenrätsel. Ausgesprochenes und Unausgesprochenes im Denken, Schauen und Sinnen einer Reihe deutscher und österreichischer Persönlichkeiten.* GA 20. Dornach 1984.

Activität: Wille
Passivität: Denken

Das passive Denken ist *Beobachten* d.h. Abbildung eines ihm fremden Inhaltes.
Der active Wille ist Thun d.h. Verwirklichung eines eigenen Inhaltes.
In dem Augenblicke der Erweckung von Kundali wird das passive Denken ~ aktiv und der active Wille ~ passiv
Den Augenblick der Erweckung kann man bezeichnen dadurch, dass das *Wesen* ein / actives d.h. productives Denken und einen passiven d.h. empfangenden Willen erhält.[110]

---

[110] Notizblatt Nr. 362. Zitiert nach Beiträge zur Rudolf Steiner Gesamtausgabe, Heft 51/52, Dornach 1975, S. 41.

Im „erweckten" (intuitiv schauenden) Bewusstsein wird das Denken aktiv, der Wille empfangend. Über die Aktivierung des Denkens haben wir schon oft gesprochen. Sie geschieht in der Meditation, in der die Denk- oder Vorstellungsinhalte konzentriert hervorgebracht werden. Was aber unter einem „empfangenden Willen" zu verstehen ist, findet sich in *Vom Menschenrätsel* ausgeführt.

Im Kapitel *Ausblicke* behandelt Steiner die Erweckung zum schauenden Bewusstsein; zunächst noch einmal eine prägnante Beschreibung der Aktivierung des Denkens:

„Man kann sich in innerer Erkraftung so aus dem Zustand des gewöhnlichen Bewusstseins herausheben, dass man dabei ein ähnliches Erlebnis hat, wie beim Übergange vom Träumen zum wachen Vorstellen. Wer vom Träumen zum Wachen übergeht, der erfährt, wie der Wille eindringt in den Ablauf seiner Vorstellungen, während er im Träumen willenlos dem Ablauf der Bilder hingegeben ist. Was da durch unbewusste Vorgänge geschieht, kann auf einer anderen Stufe durch die bewusste Seelenverrichtung bewirkt werden. Der Mensch kann in das gewöhnliche bewusste Denken eine stärkere Willensentfaltung einführen, als in diesem im gewöhnlichen Erleben der physischen Welt vorhanden ist. Er kann dadurch vom Denken zum *Erleben des Denkens* übergehen. Im gewöhnlichen Bewusstsein wird nicht das Denken erlebt, sondern durch das Denken dasjenige, was gedacht wird. Es gibt nun eine innere Seelenarbeit, welche es allmählich dazu bringt, nicht in dem, was gedacht wird, sondern in der Tätigkeit des Denkens selbst zu leben. Ein Gedanke, der nicht einfach hingenommen wird aus dem gewöhnlichen Verlauf des Lebens, sondern der *mit Willen* in das Bewusstsein gerückt wird, um ihn in seiner Wesenheit als Gedanke zu erleben, löst in der Seele andere Kräfte los, als ein solcher, der durch auftretende äußere Eindrücke oder durch den gewöhnlichen Verlauf des Seelenlebens hervorgerufen wird. Und wenn die Seele in sich die im gewöhnlichen Leben doch nur in geringem Maße geübte Hingabe an den Gedanken als solchen immer erneut bewirkt - sich auf den Gedanken als Gedanken konzentriert -: dann entdeckt sie in sich Kräfte, die im gewöhnlichen Leben nicht angewendet werden, sondern gleichsam schlummernd (latent) bleiben. Es sind Kräfte, die nur im *bewussten* Anwenden entdeckt werden. Sie stimmen aber die Seele zu einem ohne ihre Entdeckung nicht vorhandenen Erleben. Die Gedanken erfüllen sich mit einem ihnen eigentümlichen Leben, das der Denkende (der Meditierende) verbunden fühlt mit seinem eigenen Seelenwesen." (20\161)

Oben (S. 234 ff.) hatten wir eine solche Gedankenkonzentration anhand eines vorgestellten Dreiecks genau beschrieben. Im Vollzug bemerkt man die Denkkraft, die man dafür aufwenden muss. Bei wiederholter Übung erlebt man diese Kraft immer mehr mit seinem ganzen Inneren verbunden und fühlt, wie sie die Gedanken gleichsam von innen durchglüht, ihnen Form, Bewegung und Inhalt gibt.

Dann heißt es über den Willen:

„Es ist zu diesem Entdecken des Gedankenlebens die Aufwendung bewussten Willens notwendig. Das kann aber auch nicht ohne weiteres der Wille sein, der im gewöhnlichen Bewusstsein zutage tritt. Auch der Wille muss in anderer Art und in anderer Richtung gewissermaßen eingestellt werden, als er eingestellt ist für das Erleben in dem bloßen Sinnesdasein. Im gewöhnlichen Leben fühlt man sich selbst im Mittelpunkte dessen, was man will, oder was man wünscht. Denn auch im Wünschen ist ein gleichsam angehaltener Wille wirksam. Der Wille strömt von dem Ich aus und taucht in das Begehren, in die Leibesbewegung, in die Handlung unter. Ein Wille in dieser Richtung ist unwirksam für das Erwachen der Seele aus dem gewöhnlichen Bewusstsein. Es gibt aber auch eine Willensrichtung, die in einem gewissen Sinne dieser entgegengesetzt ist. Es ist diejenige, welche wirksam ist, wenn man, ohne unmittelbaren Hinblick auf ein äußeres Ergebnis, das eigene Ich zu lenken sucht. In den Bemühungen, die man macht, um sein Denken zu einem sinngemäßen zu gestalten, sein Fühlen zu vervollkommnen, in allen Impulsen der Selbsterziehung äußert sich diese Willensrichtung. In einer allmählichen Steigerung der in dieser Richtung vorhandenen Willenskräfte liegt, was man braucht, um aus dem gewöhnlichen Bewusstsein heraus zu erwachen." (20\162)

Rudolf Steiner spricht hier von einem Willen, der nicht dem eigenen Begehren folgt, sondern sich von dem „höheren Ich" aus leiten lässt, von dem idealischen Menschen im Menschen. Es ist ein Wille, der die Ideale, nach denen sich das Ich zu verhalten bemüht, aus einer höheren Sphäre empfängt. (Es ist durchaus ernüchternd, zu erfahren, dass der gewöhnliche Wille für das geistige Erwachen „unwirksam" ist. Hierin könnte ein Grund liegen, warum so Viele erfolglos versuchen, durch Meditation zur geistigen Erweckung zu kommen. So lange man aus dem persönlichen Wunsch zu erwachen meditiert, wird man nicht wirklich zum Ziel kommen.)

Rudolf Steiner schildert dann noch ein Beispiel, an dem besonders deutlich wird, was er mit der Umkehr der Willensrichtung meint:

„Eine besondere Hilfe leistet man sich in der Verfolgung dieses Zieles dadurch, dass man mit innigerem Gemütsanteil das Leben in der Natur betrachtet. Man sucht zum Beispiel eine Pflanze so anzuschauen, dass man nicht nur ihre Form in den Gedanken aufnimmt, sondern gewissermaßen mitfühlt das innere Leben, das sich in dem Stängel nach oben streckt, in den Blättern nach der Breite entfaltet, in der Blüte das Innere dem Äußeren öffnet und so weiter. In solchem Denken schwingt der Wille leise mit; und er ist da ein in Hingabe entwickelter Wille, der die Seele lenkt; der nicht aus ihr den Ursprung nimmt, sondern auf sie seine Wirkung richtet. Man wird naturgemäß zunächst glauben, dass er seinen Ursprung in der Seele habe. Im Erleben des Vorgangs selbst aber erkennt man, dass durch diese Umkehrung des Willens ein außerseelisches Geistiges von der Seele ergriffen wird." (20\163)

So müssen wir uns also das konkrete Erfassen dessen vorstellen, was wir bisher immer mit der Selbstbestimmung der Gedanken bzw. der Weltinhalte meinten: Indem sie durch aktive Anverwandlung in den eigenen Willen aufgenommen werden.

Auch haben wir hier wieder einen sehr klaren Hinweis darauf, was Rudolf Steiner unter dem Geistigen, das in der Welt wirksam ist, versteht. Es ist dasjenige, was die

Welterscheinungen offenbaren, wenn sie nicht durch den Kopf allein erfasst werden (wenn man „nicht nur ihre Form in den Gedanken aufnimmt"), sondern wenn man ihr Werden im eigenen Willen innerlich nachschafft und fühlend dasjenige miterlebt, was sie einem auf diese Art zeigen.

In diesem Sinne hatte Steiner bereits ganz zu Beginn der *Einleitungen* über das innere Nachschaffen des Wachstums einer Pflanze geschrieben:

„Die Größe dieses Gedankens [der Metamorphose-Idee] ... geht einem nur dann auf, wenn man versucht, sich denselben im Geiste lebendig zu machen, wenn man es unternimmt ihn nachzudenken. Man wird dann gewahr, dass er die in die *Idee* übersetzte Natur der Pflanze selbst ist, die in unserem Geiste ebenso lebt wie im Objekte." (1\12)

„Man wird dann gewahr..." / „im Erleben des Vorgangs selbst erkennt man..."; „die Natur der Pflanze selbst" / „ein außerseelisches Geistiges": Es scheint, als hätte sich durch die fast 24 Jahre zwischen den beiden Schriften eine Art überzeitlicher Telegraphenverbindung erhalten.

Damit haben wir, vielleicht am deutlichsten in Rudolf Steiners schriftlichem Werk, die beiden Aspekte des intuitiven Erkennens und ihr Zusammenwirken: die geistige Produktion im aktiven Denken und die Hingabe an die selbstbestimmten Weltinhalte durch einen sie nachschaffenden, empfangenden Willen, beschrieben.

„Wenn ein Wille nach dieser Richtung erstarkt ist und das Gedankenleben in der angedeuteten Art ergreift, so wird in der Tat aus dem Umkreise des gewöhnlichen Bewusstseins ein anderes herausgehoben, das sich zu dem gewöhnlichen verhält wie dieses zu dem Weben in den Traumbildern. Und ein solches schauendes Bewusstsein ist in der Lage, die geistige Welt erlebend zu erkennen." (20\164)

Auch in dieser Bemerkung erkennt man, wie genau Rudolf Steiner versuchte, die Erlebnisse des geistigen Schauens mit Worten zu beschreiben. – Schließlich sei noch einmal auf eine Darstellung aus *Mein Lebensgang* hingewiesen, die wir oben (S. 177) bereits ausführlicher zitiert hatten:

„Es ist ... dem menschlichen Bewusstsein das Wesenhafte der Sinneswelt nur *so lange* verborgen, als die Seele *nur* durch die Sinne wahrnimmt. Wenn zu den Sinneswahrnehmungen die Ideen hinzuerlebt werden, dann wird die Sinneswelt in ihrer objektiven Wesenhaftigkeit von dem Bewusstsein erlebt. Erkennen ist nicht ein Abbilden eines Wesenhaften, sondern ein Sich-hinein-Leben der Seele in dieses Wesenhafte. *Innerhalb* des Bewusstseins vollzieht sich das Fortschreiten von der noch unwesenhaften Sinnenwelt zu dem Wesenhaften derselben. ... In Wahrheit ist die Sinneswelt also geistige Welt; und mit dieser erkannten geistigen Welt lebt die Seele zusammen, indem sie das Bewusstsein über sie ausdehnt. Das Ziel des Erkenntnisvorganges ist das bewusste *Erleben* der geistigen Welt, vor deren Anblick sich alles in Geist auflöst." (28\263)

Wir haben jetzt gesehen, wie wir dieses „Erleben der Ideen" konkret verstehen können.

VON SEELENRÄTSELN (1917) –
DER ZUSAMMENHANG VON INTUITION, WILLE, SCHLAF UND STOFFWECHSEL

In diesem Kapitel erläutern wir den für das Verständnis der Intuition wesentlichen Zusammenhang, der zwischen den höheren Erkenntnisstufen und den verschiedenen Wachheitsgraden des Denkens, Fühlens und Wollens im gewöhnlichen Bewusstsein, sowie den drei körperlichen Funktionssystemen besteht.

In seiner berühmten Schrift *Von Seelenrätseln*[111] beschrieb Rudolf Steiner zum ersten Mal die Lehre von der Dreigliederung des Menschen in Nerven-Sinnes-System, rhythmisches System und Stoffwechsel-Gliedmaßen-System, zum Einen im Zusammenhang mit Denken, Fühlen und Wollen, zum Anderen mit den drei höheren Erkenntnisstufen. Hinter dem Vorstellen steht die Imagination, hinter dem Fühlen die Inspiration, und hinter dem Wollen die Intuition.

„Wie nach dem Leibe hin das Vorstellen auf der Nerventätigkeit ruht, so strömt es von der andern Seite her aus einem geistig Wesenhaften, das in Imaginationen sich enthüllt. Dieses geistig Wesenhafte ist, was in meinen Schriften der Äther- oder Lebensleib genannt wird. ... Das Fühlen des gewöhnlichen Bewusstseins ruht nach der Leibesseite hin auf dem rhythmischen Geschehen. Von der geistigen Seite her erfließt es aus einem Geistig-Wesenhaften [dem Astralleib, Anm. CH], das innerhalb der anthroposophischen Forschung durch Methoden gefunden wird, welche ich in meinen Schriften als diejenigen der Inspiration kennzeichne. ...

---

[111] *Von Seelenrätseln. Anthropologie und Anthroposophie. Max Dessoir über Anthroposophie. Franz Brentano (Ein Nachruf). Skizzenhafte Erweiterungen.* GA 21. Dornach 1976.

Das Wollen, das nach dem Leibe hin auf den Stoffwechselvorgängen beruht, erströmt aus dem Geiste für das schauende Bewusstsein durch dasjenige, was ich in meinen Schriften die wahrhaftigen Intuitionen nenne. Was im Leibe durch die gewissermaßen niederste Betätigung des Stoffwechsels sich offenbart, dem entspricht im Geiste ein Höchstes: dasjenige, was durch Intuitionen sich ausspricht. Daher kommt das Vorstellen, das auf der Nerventätigkeit beruht, leiblich fast vollkommen zur Darstellung; das Wollen hat in den ihm leiblich zugeordneten Stoffwechselvorgängen nur einen schwachen Abglanz. Das wirkliche Vorstellen ist das *lebendige;* das leiblich bedingte ist das abgelähmte. Der Inhalt ist derselbe. Das wirkliche Wollen, auch das in der physischen Welt sich verwirklichende, verläuft in den Regionen, die nur dem intuitiven Schauen zugänglich sind; sein leibliches Gegenstück hat mit seinem Inhalte fast gar nichts zu tun." (21\159)

Auf die Zusammenhänge zwischen Vorstellen und Imagination, Fühlen und Inspiration sowie Wollen und Intuition hatte Rudolf Steiner schon in den *Stufen der höheren Erkenntnis* hingewiesen (vgl. oben, S. 140 ff.).

In jenem Quellort des Bewusstseins, in dem „Ich", wo das Wollen entspringt, wo Denken und Tun, Wissen und Wollen in eins zusammenfallen, lebt die Intuition. Das Ich ist ein bewusstes Willenswesen, und es erkennt sich selbst durch eine *Tathandlung* (Fichte). Indem es einen Inhalt *durch* seinen Willen hervorbringt, kennt es das Hervorgebrachte ebenso von innen wie sich selbst, d.h. intuitiv. In *Wahrheit und Wissenschaft* hatte Rudolf Steiner schon geschrieben: „Was ich hervorbringe, dem *erteile* ich seine Bestimmungen; ich brauche also nach ihrer Berechtigung nicht erst zu fragen" (3\57). Und in der *Philosophie der Freiheit*: „Eben weil wir [das Denken] selbst hervorbringen, kennen wir das Charakteristische seines Verlaufs, die Art, wie sich das dabei in Betracht kommende Geschehen vollzieht" (4\44).

In der Intuition ist man existentiell mit dem intuitiv erfassten anderen Wesen verbunden. Ohne meinen

Willen tritt das Andere nicht in mein Bewusstsein ein, aber mein Wille muss sich ihm auch zur Verfügung stellen, um es zur Erscheinung zu bringen. *Nicht mein, sondern Dein Wille geschehe.* Von hier aus fällt auch ein Licht auf die Bemerkung Rudolf Steiners über Reinkarnation und Karma:

„In demjenigen geistig Wesenhaften, das der Intuition sich offenbart, ist enthalten, was sich aus vorangegangenen Erdenleben in die folgenden hinübererstreckt. Und auf dem hier in Betracht kommenden Gebiet ist es, wo die Anthroposophie sich den Fragen der wiederholten Erdenleben und der Schicksalsfrage nähert." (21\162)

Reinkarnation bedeutet die Wiederverkörperung des Wesenskerns des Menschen, der durch Intuition erfasst wird, Karma die Gestaltung des individuellen Ichs durch die äußeren Umstände, deren Zusammenhang mit diesem Ich erlebend erkannt wird, wenn man sie intuitiv, d.h. existentiell-hervorbringend betrachtet. Die Erkenntnis, dass das scheinbar das Ich von außen treffende Schicksal in Wahrheit von ihm selbst gestaltet und gewollt ist, ist strukturell dieselbe Aussage wie die oben zitierte aus *Wahrheit und Wissenschaft* („was ich hervorbringe, dem erteile ich seine Bestimmungen"), nur in umgekehrtem Sinne: Was mir meine Bestimmungen erteilt, das habe ich hervorgebracht. Der Mensch vollzieht im Denken einen umgekehrten Inkarnationsprozess.

Weiterhin beschreibt Rudolf Steiner, dass das gewöhnliche Bewusstsein in seinem Denken, in seinem Fühlen und in seinem Wollen nicht gleich, sondern in unterschiedlichen Graden wach ist.

„In der Seele [ist] ein vollbewusstes waches Erleben nur für das vom Nervensystem vermittelte Vorstellen vorhanden. Was durch den Atmungsrhythmus vermittelt wird, das lebt im gewöhnlichen Bewusstsein in jener Stärke, welche die Traumvorstellungen haben. Dazu gehört alles Gefühlsartige, auch alle Affekte, alle Leidenschaften und so weiter. Das Wollen, das auf Stoffwechselvorgänge gestützt ist, wird in keinem höheren

Grade bewusst erlebt als in jenem ganz dumpfen, der im Schlafe vorhanden ist." (21\152)

Auf den Zusammenhang der höheren Erkenntnisstufen mit den drei Seelenfähigkeiten in ihren verschiedenen Bewusstseinsgraden hatten wir oben bei der Darstellung des vierstufigen Meditationsweges schon hingewiesen (siehe S. 234 ff.). Das Wollen wird gerade an seinem Ursprung nicht bewusst erlebt, sondern verschlafen. Im gewöhnlichen Bewusstsein wird nämlich nur das wach erlebt, was ich mir gegenüberstellen kann. Ja, gerade an der Gegenüberstellung erwache ich, gerade durch sie ist das gewöhnliche Bewusstsein charakterisiert. Deshalb wird die Intuition auch im gewöhnlichen Bewusstsein nicht erlebt, denn in der Intuition gibt es keine Gegenüberstellung mehr. Ich lebe in der Sache, die Sache in mir. Das raubt dem gewöhnlichen Bewusstsein die Möglichkeit der Bewusstheit. Allerdings liegt auch dem alltäglichen Erkennen ein unbewusstes Eins-Sein mit dem Erkannten zugrunde; man lebt immerfort in der geistigen Welt, aber man bemerkt es nicht, weil das Wollen unbewusst ist. Der anthroposophische Schulungsweg besteht darin, sich selbst für die im gewöhnlichen Bewusstsein zwar anwesenden, aber nicht bewussten Intuitionen aufzuwecken. Das wird erreicht, indem man seinen Willen aktiv und konzentriert benutzt. Sobald man das tut, beginnt man, für ihn zu erwachen. Erfüllt man diesen sich selbst erweckenden Willen dann mit einem Weltinhalt, so tritt das geistige Schauen ein. In der *Mystik* hieß es dazu:

„Erwecke ich mein eigenes Selbst, nehme ich den Inhalt meines Innern wahr, dann erwecke ich auch zu einem höheren Dasein, was ich von außen in mein Wesen eingegliedert habe. Das Licht, das auf mich selbst fällt bei meiner Erweckung, fällt auch auf das, was ich von den Dingen der Welt mir angeeignet habe. Ein Licht blitzt in mir auf und beleuchtet mich, und mit mir alles, was ich von der Welt erkenne." (7\21)

Inspiration bedeutet, nicht nur in den im produktiven Willen intuitiv anwesenden Weltinhalten zu leben, sondern sie auch fühlend zu *erleben*. Inspiration ist ein fühlendes Wissen in dem man intuitiv drinnensteht. Wie die Intuition mit dem willentlichen Hervorbringen, so hat die Inspiration mit dem miterlebenden, fühlenden Empfangen der Weltinhalte zu tun. Und *Imagination* ist schließlich das verbildlichende Ausgestalten der inspirativen Erlebnisse intuitiv erfahrener Wesen in Bildern, Symbolen, sprachlichem Ausdruck, etc. In den Imaginationen setzt das Ich die in sich er-wollten und er-fühlten Inhalte gewissermaßen aus sich heraus, um sie zur Anschaulichkeit zu verdichten (vgl. hierzu die Darstellung in den *Stufen der höheren Erkenntnis*, S. 145 f.).[112]

Die Besprechung des Zusammenhangs zwischen Intuition, Wille, Stoffwechsel und Karma würde eine ausführliche anthroposophische Untersuchung erfordern, die über das hier Mögliche hinausgeht. Indem auf die eigentlich geistige Natur der physischen Stoffe und des physischen Leibes hingedeutet wird, werden die vielleicht tiefsten Fragen des Menschenwesens berührt. Dennoch blicken wir im nächsten Abschnitt in einer kurzen Skizze auf die menschliche Gestalt.

---

[112] Doch sind Imaginationen lebendig fließende Erlebnisse, in ständiger Bildung und Umbildung begriffen. Vorstellungen dagegen sind durch Spiegelung am Leib konturierte und in gewissem Sinne erstorbene Gestaltungen, eben „abgelähmte" Imaginationen. In den *Stufen* hieß es dazu: In der Imagination „fühlt [man] sich nicht mehr außerhalb, sondern *innerhalb* des Farbenbildes, und man hat das Bewusstsein, dass man an seiner Entstehung teilnimmt. Wenn dies Gefühl nicht da ist, wenn man sich also der Sache gegenüberstehend glaubt wie einem sinnlichen Farbenbild gegenüber, dann hat man es noch nicht mit einer wirklichen Imagination, sondern mit etwas Phantastischem zu tun." (12\70)

BEWUSSTSEIN, HANDELN, ERLEBEN –
EXKURS ÜBER DIE MENSCHLICHE GESTALT

In diesem Abschnitt blicken wir auf einen Zusammenhang zwischen der Durchdringung von Denken und Wollen in der Intuition und der dreigliedrigen menschlichen Gestalt.

Unsere Untersuchungen der Intuition, wie sie von Rudolf Steiner dargestellt wurde, haben uns immer wieder zu einem Zusammenhang zwischen Bewusstsein und Willenstätigkeit geführt. Unter verschiedenen Gesichtspunkten konnten wir zeigen, dass Intuition auf einem aktiven Bewusstseinsprozess beruht, der sich selbst einen Weltinhalt gibt. In seinem Buch *Von Seelenrätseln* hat Rudolf Steiner einen Zusammenhang der Seelen- und Erkenntnisfähigkeiten mit der Leiblichkeit skizziert, den er in Vorträgen vielfältig ausgestaltete. Es seien hier noch einige Hinweise auf diesen Zusammenhang besprochen.

Im gewöhnlichen Bewusstsein lebt man mit dem Vorstellen vor allem im Nerven-Sinnes-Systems (das im Kopf sein Zentrum hat), mit dem Fühlen im rhythmischen System (mit dem Zentrum in der Brust) und mit dem Wollen in den Bewegungen der Gliedmaßen (und dem ihnen zugrundeliegenden Stoffwechsel). Allerdings durchdringen sich die drei Funktionssysteme: Auch im Kopf finden rhythmische Prozesse und Stoffwechsel statt, auch die Gliedmaßen sind vom Nerven-Sinnes-System durchzogen. Rudolf Steiner schildert nun[113], dass man im Kopf (in den Gedanken und Vorstellungen) zwar

---

[113] *Allgemeine Menschenkunde als Grundlage der Pädagogik.* GA 293. Dornach, 1992. Im Folgenden sind einzelne Vorträge dieses Zyklus mit römischen Ziffern nach der GA-Nummer angegeben.

vollständig wach ist, aber in diesen Vorstellungen keine Realitäten, sondern bloße „Bilder" der Welt hat (293\II). Mit dem willentlichen Handeln der Gliedmaßen lebt man dagegen in der Realität drinnen (293\XIII), aber auf eine „schlafende" Weise (293\VI).[114] Zwischen Kopf und Gliedmaßen besteht eine Polarität, die sich in den leiblichen Formen deutlich ausdrückt und insbesondere am menschlichen Skelett sichtbar wird.

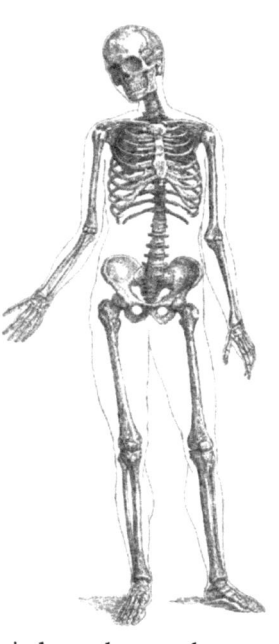

Der Kopf ist im Großen und Ganzen kugelig, die Glieder dagegen strahlig. Der Kopf besteht (bis auf den Kiefer) aus miteinander verwachsenen Knochen und ist damit unbeweglich, geradezu starr; die Glieder sind gelenkig unterbrochen und willkürlich beweglich. Der Kopf bildet eine Einheit; Arme und Hände, Beine und Füße sind in sich vielfältig gegliedert. Der Kopf schließt sich zur Peripherie hin deutlich ab, die Glieder teilen sich zur Peripherie hin immer weiter auf. Der Kopf schützt das funktional wichtige Gewebe von außen, die Glieder stützen das Gewebe von innen. Der Kopf wird embryonal aus Deckknochen gebildet, die sich aus der Haut wie von außen auf der Schädelrundung ablagern; die Glieder

---

[114] Das bedeutet nicht, dass Steiner behauptete, dass die Bewegungen der Glieder nicht wach (durch den von ihm so genannten *Bewegungssinn* [293\VIII], der eben zum Nerven-Sinnes-System gerechnet werden muss) *wahrgenommen* werden. Was aber ihre Bewegungen als Willenstätigkeit verursacht, ist tief unbewusst (293\VI).

bestehen aus Ersatzknochen, die zuerst knorpelig vorgebildet werden und dann von innen heraus verknöchern. Zwischen diesen beiden Bildungen steht der Brustkorb so in der Mitte, dass sie wie eine Durchdringung beider Bildungsprinzipien erscheint:

Kopf	*Brustkorb*	*Glieder*
kugelige Form	Ei-ähnliche Form, die von strahligen Elementen gebildet (Rippen) bzw. getragen (Wirbelsäule) wird	strahlige Formen
geschlossen	nach oben mehr geschlossen, nach unten mehr offen	offen
Einheit	einheitliches Gebilde, das aus vielen Elementen besteht	Vielheit
Ruhe	Rhythmus (Bewegung und Ruhe im Wechsel)	Bewegung
Schutzfunktion	Schutz (Brustkorb) und Stütze (Wirbelsäule)	Stützfunktion

Die menschliche Gestalt kann auch in Bezug auf ihre kosmische Umgebung angeschaut werden. Man kann den Kopf als ein mikrokosmisches Abbild des überwölbenden Himmels ansehen. In ihm „erscheint" das Licht des Bewusstseins, und wie die Sternenkonstellationen leuchten und ihre Bewegungen von ewigen Gesetzen beherrscht werden, so auch sein Denken. Die Gliedmaßen zeigen dagegen Abbilder der Erdenkräfte. Besonders in den tragenden Säulen der Beine und der Wirbelsäule wird die Wirkungsrichtung der Schwerkraft anschaulich. Die Brust schließlich und mit ihr Arme und Hände, die der Wirkung der Schwerkraft enthoben sind, vermitteln die Begegnung mit der Natur und mit anderen Menschen. – Das Himmelslicht und seine Gesetze, die Lebens- und Seelenumwelt des Menschen und die Kräfte der Erde sind in der menschlichen Gestalt anschaulich geworden.

Wir hatten oben schon auf einen Vortrag Steiners vom 19.12.1920 hingewiesen, in dem er beschrieb, wie sich Wille und Denken gegenseitig durchdringen können (S. 135 ff.). Durch die Durchdringung des Gedankenlebens mit Willen, so heißt es dort, wird Freiheit entwickelt, durch die Durchdringung des Willens mit Gedanken Liebe:

„Geradeso wie wir zur Freiheit kommen durch die Durchstrahlung des Gedankenlebens mit dem Willen, so kommen wir zur Liebe durch die Durchsetzung des Willenslebens mit Gedanken. Wir entwickeln in unserem Handeln Liebe dadurch, dass wir die Gedanken hineinstrahlen lassen in das Willensgemäße; wir entwickeln in unserem Denken Freiheit dadurch, dass wir das Willensgemäße hineinstrahlen lassen in die Gedanken." (202\205)

Bezüglich der menschlichen Gestalt können wir diese beiden Durchdringungen als zwei Strömungen anschauen, eine von unten nach oben und eine von oben nach unten. Aus dem unteren Bereich wirkt der Wille in das Bewusstsein des Kopfes hinein und aktiviert Vorstellen und Denken; und die mit dem Kopf bewusst erfassten Inhalte der Außenwelt leiten den Willen der Glieder in ihrer Tätigkeit. Wenn das Bewusstsein vom Willen durchfeuert wird und das Handeln sich von der Außenwelt bestimmen lässt, durchdringen sich die beiden Strömungen im mittleren Bereich des Menschen, und dann wird das Erleben im Herzbereich erweitert zu einem freien und empathischen Miterleben der Welt.

„Sie sehen, wie im Menschen die zwei größten Ideale zusammenwachsen, Freiheit und Liebe. Und Freiheit und Liebe sind auch dasjenige, was eben der Mensch, indem er dasteht in der Welt, in sich so verwirklichen kann, dass gewissermaßen das eine mit dem anderen sich gerade durch den Menschen für die Welt verbindet." (202\205)

Ähnliches gilt auch für die Intuition. Im Kapitel über *Vom Menschenrätsel* (S. 256 ff.) hieß es, dass das gewöhnliche Bewusstsein einen äußeren Inhalt passiv abbildet, während der gewöhnliche Wille seinen eigenen Inhalt verwirklicht. Im intuitiven Erkennen erschafft sich das Bewusstsein seine Inhalte selbst und verleiht ihnen dadurch eine lebendige, geistige Realität, während die Willenstätigkeit vom Bewusstsein durchdrungen und in umgekehrter Richtung verwendet wird, indem man sich aktiv in die Weltinhalte hineinversetzt und sich von ihnen aus leiten lässt. Das irreale, aber wache Denken wird auf diese Weise real und der real mit der Welt verwobene, aber schlafende Wille bewusst. *In der Begegnung dieser beiden Strömungen, des aktivierten Denkens und des von der Welt geführten Willens ereignet sich in einer immer wieder neu zu erringenden Weise ein wirkliches, geistiges Erleben dessen, was als Weltinhalt intuitiv erfasst wird.*

Im intuitiven Erkennen wird die Mitte des Menschen zu ihrer (in der leiblichen Gestaltung vorgezeichneten) wahren Bestimmung geführt: zur freien Begegnung mit der Welt und zum liebevollen Handeln in ihr.

Die menschliche Gestalt erscheint daher, insofern sie von einem zur Freiheit und zur Liebe strebenden Ich durchstrahlt wird, wie ein physisch gewordenes Abbild des übersinnlichen Erkennens. Das Himmelslicht des erkennenden Bewusstseins und die Willenskräfte der Erde durchdringen sich im Menschen zu gegenseitiger Befruchtung und zur wahren Erkenntnis und Verwandlung der Welt.

AUFSÄTZE (1916-1918) – INTUITION, WILLE UND VERGEISTIGTE LIEBEFÄHIGKEIT

Hier beschreiben wir ergänzende Aspekte des aktivierten Denkens und vergeistigten Willens: Ein von der Erinnerung befreites Denken führt zum übersinnlichen Selbstbewusstsein, ein in Liebe hingegebener Wille zur Wahrnehmung einer geistigen Außenwelt.

In einigen Aufsätzen führte Rudolf Steiner weitere Aspekte zu unserem Thema an.[115] Immer wieder betonte er die Doppelheit der Seelenbetätigungen, die zum übersinnlichen Schauen führen:

„Eine Art dieser Seelenverrichtungen besteht in einer kraftvollen Hingabe an den Vorgang des Denkens. Man treibt diese Hingabe an die Denkvorgänge so weit, dass man die Fähigkeit erlangt, die Aufmerksamkeit nicht mehr auf die im Denken vorhandenen Gedanken zu lenken, sondern allein auf die Tätigkeit des Denkens. Für das Bewusstsein verschwindet dann jeglicher Gedankeninhalt, und die Seele erlebt sich wissend in der Verrichtung des Denkens. Das Denken verwandelt sich so in eine feine innerliche Willenshandlung, die ganz vom Bewusstsein durchleuchtet ist. ... Das herbeigeführte Erlebnis ist ein Weben in einer inneren Willenstätigkeit, die ihre Wirklichkeit in sich selbst trägt. Es handelt sich darum, dass durch fortgesetztes inneres Erleben in dieser Richtung die Seele sich dahin bringe, mit der rein geistigen Wirklichkeit, in der sie webt, so vertraut zu werden, wie die Sinnesbeobachtung es mit der physischen Wirklichkeit ist." (35\276)

---

[115] Zunächst aus: *Die Erkenntnis vom Zustand zwischen dem Tode und einer neuen Geburt.* (1916) In: *Philosophie und Anthroposophie. Gesammelte Aufsätze 1904-1913.* GA35. Dornach 1984, S. 269-306.

Hier ist dasselbe gemeint, was wir wiederholt als die Grundlage der Selbsterkenntnis beschrieben hatten. Blicken wir noch einmal auf die verschiedenen Formulierungen zurück. In *Goethes Weltanschauung* hatte Steiner geschrieben:

„Die eigene Natur der Ideenwelt kann der Mensch nur erkennen, wenn er seine Tätigkeit anschaut. ... In der Anschauung der Idee ist Wirkendes und Bewirktes ganz in seinem Innern enthalten. Er hat den ganzen Prozess restlos in seinem Innern gegenwärtig. ... Diese Anschauung des sich selbst Hervorbringenden ist aber die Anschauung der Freiheit." (6\85)

In *Die Mystik* heißt es entsprechend, dass wir

„bei der Selbsterkenntnis innerhalb dieses Gegenstandes stehen, dass wir ... in unserem Selbst ... als Tätige, Schaffende das selbst weben, was wir in uns beobachten." (7\18)

In der *Geheimwissenschaft*:

Es „kann dieses ‚Ich‘ ... auch nicht anders als durch eine gewisse innere Tätigkeit wahrgenommen werden. ... Soll das ‚Ich‘ sich selbst wahrnehmen, so kann es nicht bloß sich *hingeben*; es muss durch innere Tätigkeit seine Wesenheit aus den eigenen Tiefen erst heraufholen, um ein Bewusstsein davon zu haben." (13\69)

Weiterhin in dem Aufsatz *Philosophie und Anthroposophie*:

Der Mensch „kommt in seinem Innern zu etwas, das, indem es in Aktualität lebt, zugleich mit dieser Aktualität seine Materie mit hervorbringt. Wenn wir das Ich im reinen Gedanken fassen, dann sind wir in einem Zentrum, wo das reine Denken zugleich essentiell sein materielles Wesen hervorbringt. ... Das Ich lebt in sich, indem es seinen reinen Begriff hervorbringt und im Begriff als Realität leben kann. ... Hier fällt der Begriff des Schöpferischen mit dem Materiellen zusammen, und man braucht nur einzusehen, dass wir in allen anderen Erkenntnisprozessen zunächst an eine Grenze stoßen, nur beim Ich nicht: dieses umfassen wir in seinem innersten Wesen, indem wir es im reinen Denken ergreifen." (35\101)

Und in *Mein Lebensgang* schrieb Steiner:

„Wenn das Ich tätig ist und diese Tätigkeit selbst anschaut, so hat man ein Geistiges in aller Unmittelbarkeit im Bewusstsein." (28\51)

Gerade in Gewahren der inneren Tätigkeit, „die ganz von Bewusstsein durchleuchtet ist", liegt die Selbsterkenntnis als geistiges Ich. In der Meditation wird dieses „Tathandlung" (Fichte) nicht nur punktuell ausgedrückt, sondern zeitlich ausgedehnt (ein Beispiel findet sich in der im Anhang beschriebenen Meditation „Ich bin").

Das Erleben eines Denkens, das nur noch in der Denktätigkeit lebt, führt die Seele zu einer Bewusstseinserfahrung, die sich für die Zeit der Meditation im reinen Prozess hält und sich nicht mehr auf erinnerbare Vorstellungen abstützten muss. Da das Erinnern vom Leib abhängig ist, ist ein Bewusstsein, das ohne Erinnerungsstütze auskommt, in diesem Sinne „leibfrei":

„Ein in der angegebenen Art entwickeltes Denken wird gewahr, dass es sich von jener Seelenkraft losgelöst hat, die im gewöhnlichen Vorstellen zur Erinnerung führt. Was in dem Denken, das innerlich erlebte Willenswirklichkeit geworden ist, erfahren wird, das ist so unmittelbar, wie es auftritt, nicht geeignet, erinnert zu werden, wie dasjenige, was als gewöhnliches Denken erlebt wird. … Begriffe, Ideen kann man gedächtnismäßig behalten; die geistige Wirklichkeit muss immer neu erlebt werden. Indem man diesen Unterschied der durch die Entwickelung der Denktätigkeit erreichten geistigen Wirklichkeit von dem Hegen bloßer Gedanken lebendig erfasst, gelangt man dazu, sich mit dieser Wirklichkeit außerhalb des physischen Leibes zu erleben." (35\277)

Erleben „innerhalb" des physischen Leibes bedeutet also, so können wir Rudolf Steiner verstehen, sich mit seinem Bewusstsein auf Erinnerungen zu stützen, welche durch den Leib vermittelt werden. Erleben „außerhalb" des physischen Leibes bedeutet, in einem reinen, aus dem geistigen Willen selbstschöpferisch hervorströmenden Bewusstsein zu leben.

Aber dieser Wille schafft zunächst nur sich selbst als bewusste Seelenkraft. Er muss sich nun mit Weltinhalten erfüllen, wie wir das oben bei der Besprechung von *Vom Menschenrätsel* beschrieben hatten. Rudolf Steiner beschreibt diese Verwandlung des Willens noch einmal genauer:

„Im gewöhnlichen Leben wird eine Willensentfaltung der eigenen Seele nicht so wahrgenommen wie ein äußerer Vorgang. ... Dass man dieses Wollen sich so gegenüber finden könne, wie man als Zuschauer eine äußere Tatsache gegenüber hat, dazu sind wieder kraftvolle, durch Willkür hervorgerufene Seelenvorgänge notwendig. Werden diese aber in der entsprechenden Art herbeigeführt, dann tritt etwas völlig anderes ein als etwa ein Anschauen des eigenen Wollens in derselben Weise, wie eine äußere Tatsache angeschaut wird. ... Man hört auf, in der nach außen gerichteten Art vorzustellen; dafür aber entbindet sich aus den Untergründen des Wollens ein wesenhaftes Vorstellen. Es bricht durch die Oberfläche der Willensbetätigung ein solches wesenhaftes Vorstellen hervor; ein Vorstellen, das mit sich lebendige geistige Wirklichkeit bringt. Zunächst tritt innerhalb dieser geistigen Wirklichkeit die eigene verborgene Geistwesenheit hervor. Man wird gewahr, wie man einen verborgenen Geist-Menschen in sich trägt. Man hat diesen nicht wie ein Gedankenbild in sich, sondern als ein wirkliches Wesen; wirklich in einem höhern Sinne, als es der äußere Leibesmensch ist. ... Er stellt sich ... durch sein Inneres dar, durch Entfaltung einer inneren Betätigung, die ähnlich ist dem Entfalten der Bewusstseinsvorgänge in der eigenen Seele. Nur ist das so entdeckte Bewusstseinswesen nicht wie die im Menschenleibe lebende Seele auf Sinnesdinge gerichtet, sondern auf geistige Vorgänge, zunächst auf die Vorgänge des eigenen bisher entwickelten Seelenlebens. Man entdeckt wahrhaftig in sich einen zweiten Menschen, der als Geistwesen ein bewusster Zuschauer des gewöhnlichen Seelen-Erlebens ist." (35\280)

Von diesem „inneren Zuschauer" sprechen viele Meditationsrichtungen. Nach Steiner wird der „innere Zuschauer" nicht aus dem Erkennen, sondern aus einem besonders geschulten Willen geboren. Welche „kraftvollen, durch Willkür hervorgerufene Seelenvorgänge" notwendig sind, um ihn zu erwecken, führt er allerdings erst in einem späteren Aufsatz aus (s.u.).

Für das Zusammenwirken des aktivierten Denkens mit dem entwickelten Willen gilt:

„Wie im verwandelten Denken eine Willenswirklichkeit entdeckt wird, so im Willen ein im Geistigen webendes wesenhaftes Bewusstsein. - Und die beiden erweisen sich nun für das weitere Seelen-Erleben als zusammengehörig. ... Durch diese Verbindung wird der Mensch erst vor die allseitig wirkliche Geistwelt gestellt. Indem diese Verbindung eintritt, hat der Mensch nicht nur das eigene Selbst sich geistig gegenüber, sondern auch Wesenheiten und Vorgänge der geistigen Welt, die außerhalb seines Selbst liegen. ... Durch die Wechselwirkung dieser Wesenheiten und Vorgänge mit dem aus der Entwickelung des Denkens entsprungenen Willenswirklichen werden sie geistig wahrgenommen." (35\282)

* * *

In einem Aufsatz von 1918[116] beschreibt Rudolf Steiner ebenfalls ein nicht mehr auf die Erinnerung gestütztes Denken, sowie einen geistdurchdrungenen Willen:

„Das Denken muss sich so erkraften, dass es in derselben Lebendigkeit wirkt, die sonst nur im Wahrnehmen vorhanden ist; und ohne sinnliches Wahrnehmen muss ein Denken sich betätigen, das sich nicht auf Erinnerungen stützt, sondern in unmittelbarer Gegenwart seinen Inhalt so erlebt, wie man ihn sonst nur aus der Wahrnehmung schöpft." (35\398)

Durch das meditativ aktivierte, wahrnehmungsähnliche Vorstellen fängt die Seele an, sich als übersinnliches Wesen zu erleben:

„Durch die Entwickelung des meditativen Lebens in der geschilderten Art erhebt sich die Menschenseele zum bewussten Erfühlen ihrer selbst als eines von der Leibesorganisation unabhängigen übersinnlichen Wesens." (35\399)

---

[116] *Frühere Geheimhaltung und jetzige Veröffentlichung übersinnlicher Erkenntnisse.* GA35, S. 391-408.

Dieses übersinnliche Selbstbewusstsein ist vergleichbar der fichteschen Tathandlung, durch die sich das Ich als Ich schafft und erkennt. Doch ist, wie wir oben sahen, das fichtesche Selbstbewusstsein durch eine aristotelische Empirie zu ergänzen. So schreibt Steiner:

„Die Art des meditativen Lebens, die bisher geschildert worden ist, ergibt das übersinnliche Selbstbewusstsein. Aber dieses müsste ohne alle übersinnliche Umgebung bleiben, wenn neben dieser Art von Meditation nicht eine andere einherginge. Zu deren Verständnis gelangt man, wenn man den selbstbeobachtenden Blick auf die Willenstätigkeit lenkt. Diese ist im gewöhnlichen Leben bewusst auf äußere Verrichtungen gerichtet. Neben dieser läuft aber eine andere Willensäußerung des Menschen, die vom Bewusstsein nur in ganz geringem Maße beachtet wird. Es ist diejenige, welche das menschliche Seelenwesen im Laufe des Lebens von einer Entwickelungsstufe zur andern trägt. Der Mensch ist nicht nur jeden Tag mit einem andern Seeleninhalt erfüllt als an dem vorangehenden; sein Seelenleben ist auch an jedem folgenden Tage aus demjenigen des vorangehenden Tages herausentwickelt. Und das treibende Element dieser Entwickelung ist der Wille, der auf diesem Felde seiner Betätigung zum weitaus größten Teile unbewusst bleibt. Dieser Wille kann aber durch entwickelte Selbstbeobachtung in seiner eigentümlichen Verfassung in das Bewusstsein hereingehoben werden. Und durch dieses Hereinheben gelangt man zur Empfindung eines Wollens, das mit Vorgängen einer sinnenfälligen Außenwelt gar nichts zu tun hat, das vielmehr ganz allein auf die von dieser Außenwelt unabhängige Innenentwickelung der Seele gerichtet ist. ... Aber das Erleben innerhalb dieses Willenselementes erweitert sich zu demjenigen einer übersinnlichen Außenwelt. Das auf die gekennzeichnete Art entwickelte übersinnliche Selbstbewusstsein erlebt sich durch das Versetztsein in dieses Willenselement in einer übersinnlichen Umgebung, die von geistigen Wesenheiten und Vorgängen erfüllt ist." (35\400)

Das ist ähnlich wie in *Vom Menschenrätsel*, wo Steiner darauf hinwies, wie durch das von einem umgekehrten Willen aktivierte Denken ein geistiges Bewusstsein aus dem Umkreis des gewöhnlichen „herausgehoben" wird.

Und wie sich das aktivierte Denken nicht mehr auf die Erinnerung stützt, so ist das verwandelte Wollen ganz zu einer vergeistigten „Liebefähigkeit", zur Hingabe an das von der Seele Erlebte, geworden:

„Sowie das übersinnliche Denken zu einem Selbstbewusstsein führt, das sich der an die menschliche Sinnesorganisation gebundenen Erinnerungsfähigkeit nicht bedient, so belebt sich das übersinnliche Wollen in solcher Art, dass es ganz durchsetzt ist von einer vergeistigten Liebefähigkeit. Und diese ist dasjenige, was des Menschen übersinnliches Selbstbewusstsein in den Stand setzt, die übersinnliche Außenwelt wahrnehmend zu erfassen. Die übersinnliche Erkenntnisfähigkeit wird bewirkt durch ein Selbstbewusstsein, das die gewöhnliche Erinnerung ausschaltet und das im intuitiven Erfassen der geistigen Außenwelt durch eine vergeistigte Liebekraft lebt." (35\401)

Man erkennt hier einmal mehr *Produktivität und Empfänglichkeit* als die Doppelströmung der intuitiven Geistanschauung.

* * *

Schließlich finden wir noch einige interessante Bemerkungen über den Willen in einem Aufsatz von 1918[117].

„Mit dem Willen ist jedem menschlichen Bewusstsein ein unmittelbar wahrnehmbarer übersinnlicher Einschlag gegeben, auch wenn sich dieses Bewusstsein durch die eigene Seelenverfassung die Einsicht in das Übersinnliche verdunkelt. ... Wer von der Entwickelung übersinnlicher Erkenntnisse spricht, behauptet in Wahrheit nichts anderes, als dass diejenigen Seelenfähigkeiten, welche schon in der Wahrnehmung der Willenserlebnisse sich betätigen, erweitert, verdichtet, erhöht werden können, so dass sie auf dieselbe Art, wie sie den Willen gewahr werden, auch zur Anschauung eines anderen übersinnlichen Weltinhaltes kommen können." (35\414)

---

[117] *Luziferisches und Ahrimanisches in ihrem Verhältnis zum Menschen.* GA35, S. 409-424.

Und von dem Zusammenwirken des Denkens und des Willens im gewöhnlichen Bewusstsein und in der übersinnlichen Wahrnehmung heißt es:

„Im sinnenfälligen Leben sind die Gedanken nur wie Schatten dessen, als das sie sich im Übersinnlichen offenbaren; und der in der Sinneswelt tätige Wille ist gegenüber seiner im Übersinnlichen erkennbaren Wesenheit wie eine lichtberaubte Strahlenkraft. ... Die [geistigen] Erlebnisse sind das Ergebnis eines völlig anderen Zusammenwirkens von Gedanke und Wille, als sie im Sinnenleben statthat. Und dieses andere Zusammenwirken entfaltet sich auf der Grundlage einer ganz anderen Beschaffenheit sowohl der Denk- wie der Willenstätigkeit, als sie im sinnlichen Leben vorhanden ist. Die Gedanken sind da von selbsttätig willensartiger Wesenheit, und der Wille ist durch seine eigene Natur gedankendurchleuchtet." (35\413)

* * *

Steiner spricht hier wiederholt über die Vergeistigung des Willens, während er zu Beginn seiner philosophischen Tätigkeit immerfort ein aktives Denken ins Zentrum der Betrachtung stellte – eine Doppelfigur, auf die wir oben im Kapitel über die zentrale Stellung der *Theosophie* und *Wie erlangt man Erkenntnisse...?* (S. 133 ff.) schon hingewiesen hatten. Die Schwerpunkte in den Darstellungen Steiners entsprechen also im Großen den beiden Aspekten der Intuition im Kleinen: Einer Aktivierung des Denkens und einer Vergeistigung (Umkehr) des Willens.

KOSMOLOGIE, RELIGION UND PHILOSOPHIE (1922) – INTUITIONSÜBUNGEN FÜR DEN WILLEN

Hier schildern wir in aller Kürze konkrete Übungen, die das Willensleben von seiner leiblichen Grundlage lösen und damit zum intuitiven Erleben führen können.

In dem Autoreferaten des so genannten *Französischen Kurses*, eines Vortragszyklus am Goetheanum in Dornach von 1922[118], skizzierte Rudolf Steiner konkrete Willensübungen zur intuitiven Erkenntnis.

„Man muss in die Wesenheiten untertauchen, die sich im inspirierten Erkenntnisinhalte bildhaft offenbaren. Man erreicht dieses, wenn man zu der bisher charakterisierten Meditation *Seelenübungen des Willens* hinzufügt. Man sucht, zum Beispiel, Vorgänge, die in der physischen Welt einen bestimmten Verlauf haben, in umgekehrter Folge, von rückwärts nach vorne vorzustellen. Dadurch reißt man durch einen Willensvorgang, den man im gewöhnlichen Bewusstsein nicht anwendet, das Seelenleben los von dem kosmischen Außeninhalte und versenkt die Seele in die Wesenheiten, die sich in der Inspiration offenbaren. Man gelangt zu der *wahren Intuition,* zu dem Zusammenleben mit Wesen einer geistigen Welt." (25\12)

„Zur Intuition führt, außer dem schon Charakterisierten, auch zum Beispiel die folgende Seelenübung. Man versucht in das Leben, das sich sonst unbewusst von Lebensalter zu Lebensalter beim Menschen entwickelt, so einzugreifen, dass man bewusst sich Gewohnheiten aneignet, die man vorher nicht gehabt hat, oder solche umwandelt, die man gehabt hat. Je größere Anstrengungen zu einer solchen Umwandlung nötig sind, desto besser ist es für die Herbeiführung einer intuitiven

---

[118] *Kosmologie, Religion und Philosophie. Zehn Auto-Referate zum Französischen Kurs im Goetheanum Dornach 6. bis 15. September 1922.* GA 25. Dornach 1979, S. 12.

Erkenntnis. Denn diese Verwandlungen bewirken eine Loslösung der Willenskräfte von dem physischen und ätherischen Organismus. Man bindet den Willen an den astralischen Organismus und an die wahre Gestalt des ‚Ich' und versenkt diese beiden dadurch *bewusst* in die Geisteswelt." (25\20)

„Soll der Willensteil der Seele verstärkt werden, wie es zur Erlangung der intuitiven Erkenntnis notwendig ist, dann muss zunächst das Begehren verstärkt werden, das im gewöhnlichen Menschenleben durch den physischen Organismus sich auslebt. Es geschieht dieses durch die charakterisierten Übungen. Wird dieses Begehren dann so, dass der physische Organismus in seinem Erdenbestande für dasselbe keine Grundlage sein kann, dann geht das Erleben des Willensteiles der Seele in die geistige Welt über; und das intuitive Anschauen tritt ein. Es wird für dieses Anschauen der geistig-ewige Teil des Seelenlebens seiner selbst bewusst. Wie das im Körper lebende Bewusstsein *diesen* in sich erlebt, so erlebt das geistige Bewusstsein den Inhalt einer geistigen Welt." (25\81)

Und wie schon oftmals zuvor beschreibt Rudolf Steiner auch hier noch einmal den Zusammenhang des wahren Ich mit der geistigen Welt:

„Man gelangt durch diese *intuitive Erkenntnis* dazu, die wahre Wesenheit des ‚Ich' zu schauen, die in Wirklichkeit in die Geisteswelt eingesenkt ist. Was im gewöhnlichen Bewusstsein von diesem Ich vorhanden ist, das ist nur ein ganz schwacher Abglanz seiner wahren Gestalt. Man erreicht durch Intuition die Möglichkeit, diesen schwachen Abglanz in Vereinigung zu fühlen mit der göttlichen Urwelt, der er durch seine wahre Gestalt angehört. Man ist dadurch auch imstande, zu durchschauen, wie der Geistmensch, das wahre ‚Ich', in der geistigen Welt seinen Bestand hat, wenn der Mensch in den Schlafzustand versenkt ist." (25\19)

ANTHROPOSOPHISCHE LEITSÄTZE (1924) – DAS „MICHAEL-CHRISTUS-ERLEBNIS" UND DIE „BILDNATUR" DES MENSCHEN

Hier zeigen wir, wie Rudolf Steiner am Ende seines Lebens die beiden Aspekte des intuitiven Erkennens als die Wirksamkeiten geistiger Wesen – Michael und Christus – in der Menschenseele charakterisiert und besprechen noch einmal einen Erkenntniszusammenhang zwischen der Intuition und dem Stoffwechsel-Gliedmaßen-System des Menschen.

Rudolf Steiner ging, wie wir oben (S. 84) schon einmal hervorgehoben haben, in seinem Werk zunächst nicht von der mystischen Selbsterkenntnis aus, obwohl in ihr das „Vorbild für alle intuitive Erkenntnis" (12\22) und der „Typus aller okkulten Erlebnisse" (35\57) gegeben ist, sondern von Goethes Naturbetrachtung und von der Erkenntnis des Denkens als des Wesens der Welt.

In seiner Schrift *Anthroposophische Leitsätze*[119], die er noch vom Krankenlager aus verfasste, erhielten die beiden Aspekte der Intuition, ihr Beruhen auf geistiger Produktivität und ihre inhaltliche Selbstbestimmtheit (man könnte auch sagen: ihre Weltinhaltlichkeit) eine Art abschließender Krönung. In den Texten *Das Michaelmysterium*, einem Teil der *Leitsätze*, beschreibt Steiner „die Macht, aus der die Gedanken der Dinge erfließen". Obwohl dort nicht explizit vom intuitiven Erkennen die Rede ist, erscheint der Zusammenhang damit doch aus unserer ganzen bisherigen Untersuchung deutlich.

---

[119] *Anthroposophische Leitsätze. Der Erkenntnisweg der Anthroposophie. Das Michael Mysterium.* GA 26. Dornach 1989.

„Sobald man in die geistige Welt mit seiner Anschauung hinaufdringt, kommt man an konkrete geistige Wesensmächte heran. In alten Lehren hat man die Macht, aus der die Gedanken der Dinge erfließen, mit dem Namen *Michael* bezeichnet. Der Name kann beibehalten werden." (26\60)

Aufgrund des bisher hier Ausgeführten sollte es nicht allzu schwer sein, sich einen ersten Begriff von dieser Macht zu bilden. Blicken wir dazu beispielsweise noch einmal auf eine Darstellung des sinnlichkeitsfreien Denkens aus der *Geheimwissenschaft*:

„Es ist etwas in mir, was einen Gedanken-Organismus ausbildet; aber ich bin doch eines mit diesem ‚Etwas'. Man erlebt so in der Hingabe an sinnlichkeitsfreies Denken, dass etwas Wesenhaftes besteht, was einfließt in unser Innenleben, wie die Eigenschaften der Sinnendinge durch unsere physischen Organe in uns einfließen, wenn wir sinnlich beobachten. ... Man braucht nur genug vorurteilslos zu sein, um sich dann, wenn das sinnlichkeitsfreie Denken in einem arbeitet, ganz entsprechend zu sagen: es kündigt sich mir ein Wesenhaftes an, welches in mir Gedanken an Gedanken bindet, welches einen Gedankenorganismus formt." (13\341)

Dabei kann es sich nur um ein Denken handeln, dass sich ganz an die selbstbestimmte Weltinhaltlichkeit hingibt. Auch aus dem Aufsatz über *Paul Asmus' Weltanschauung* (vgl. S. 166 ff.) sei noch einmal zitiert:

„Um zur Wesenheit der Dinge vorzudringen, muss sich das Denken mit einem Inhalte erfüllen, den kein äußerer Sinn geben kann, der aus dem Geiste selbst fließt. Das Denken muss produktiv, intuitiv sein. Wenn es dann nicht willkürlich in phantastischen Gebilden lebt, sondern in der hellen Klarheit des inneren Anschauens, dann lebt und webt in ihm das Weltgesetz selbst. Man könnte von einem solchen Denken ganz gut sagen: die Welt denkt sich in den Gedanken des Menschen. Notwendig ist aber dazu, dass der Mensch in sich die ewigen Gesetze erlebt, die sich das Denken selbst gibt. ... Die Theosophie verlangt von ihren Zöglingen strenge Kontrolle des Denkens, so dass sie alle Willkür, alles Irrlichtelierende vom Denken abstreifen, dass nicht mehr *sie*, dass vielmehr die Dinge *durch sie* sprechen." (34\493)

Michael, die „Macht, aus der die Gedanken der Dinge erfließen", ist dieses Wesenhafte, „welches einen Gedankenorganismus formt". – In den *Leitsätzen* heißt es dann weiter über Menschen, die sich „Michael verwandt" fühlen:

Sie erkennen, „dass sie Michael im Herzen wohnen lassen sollen; jetzt weihen sie ihm ihr gedankengetragenes geistiges Leben; jetzt lassen sie sich im freien, individuellen Gedankenleben von Michael darüber belehren, welches die rechten Wege der Seele sind." (26\61)

Das intuitiv erlebte Denken ist nicht nur eine Angelegenheit des Kopfes, sondern auch des Herzens, wird doch die Wahrheit eines Gedankens nicht nur nach logischen Kriterien bestimmt, sondern vor allem auch gefühlt.

Geradezu hymnisch schreibt Rudolf Steiner dann weiter:

Der Mensch kann „sich über sein Wesen erheben; er kann den Sinn ins Geistige lenken; da tritt ihm Michael entgegen, und der erweist sich als altverwandt mit allem Gedankenweben. Der befreit die Gedanken aus dem Bereich des Kopfes; er macht ihnen den Weg zum Herzen frei; er löst die Begeisterung aus dem Gemüte los, so dass der Mensch in seelischer Hingabe leben kann an alles, was sich im *Gedankenlicht* erfahren lässt. Das Michaelzeitalter ist angebrochen. Die Herzen beginnen, Gedanken zu haben; die Begeisterung entströmt nicht mehr bloß mystischem Dunkel, sondern gedankengetragener Seelenklarheit. Dies verstehen, heißt, Michael in sein Gemüt aufnehmen. Gedanken, die heute nach dem Erfassen des Geistigen trachten, müssen Herzen entstammen, die für Michael als den feurigen Gedankenfürsten des Weltalls schlagen." (26\62)[120]

Und schließlich heißt es über die Bedeutung der Entwicklung eines intuitiv schauenden Denkens:

„Von dieser Tatsache, dass die Ideen des Menschen nicht nur ‚denkend' bleiben, sondern im Denken ‚sehend' werden, hängt unermesslich viel ab." (26\67) –

---

[120] Für die – hier weggelassenen – historischen Bezüge sei auf den Originaltext verwiesen.

Das michaelische Denken betrifft die sich selbst bestimmende Weltinhaltlichkeit der Intuition: „Michael wird die rechte Orientierung geben, wenn es sich um die Welt handelt, die den Menschen für sein Erkennen oder für sein Handeln umgibt" (26\103). Der Produktivitätscharakter der Intuition aber hängt mit der Erfahrung des Christuswesens in der menschlichen Seele zusammen: „Zu Christus wird man im Innern den Weg finden müssen" (26\103):

„Der Christus ist seit dem Mysterium von Golgatha der Menschenseele erreichbar. Und deren Beziehung zu ihm braucht nicht eine unbestimmte, dunkel-gefühls-mystische zu bleiben; sie kann eine völlig konkrete, menschlich tief und klar zu erlebende werden. Dann aber strömt aus dem Zusammenleben mit Christus in die Menschenseele herüber, was diese wissen soll über ihre eigene übersinnliche Wesenheit. ... Es wird das Leben dadurch durchchristet werden können, dass in Christus das Wesen empfunden wird, welches der Menschenseele die Anschauung ihrer eigenen Übersinnlichkeit gibt." (26\104)

Die Anschauung der Übersinnlichkeit der Menschenseele wird durch dasjenige Selbst-Erlebnis erreicht, auf das *Fichte* mit seinem Wort von der „Tathandlung" hinwies, und von dem es in der *Geheimwissenschaft* heißt: „Das eigentliche Wesen des Ich ist von allem Äußeren unabhängig" (13\66). Die geistige, sich selbst schaffenden Produktivität, durch die sich die Menschenseele als ein übersinnliches Wesen erkennen kann, ist ein direkter Weg zur Erfahrung des inneren Christuslichts.

„So werden nebeneinanderstehen können: Michael-Erlebnis und Christus-Erlebnis. Durch Michael wird der Mensch gegenüber der äußeren Natur in der rechten Art ins Übersinnliche den Weg finden. Naturanschauung wird, ohne in sich selbst verfälscht zu werden, sich neben eine geistgemäße Anschauung von der Welt und vom Menschen, sofern er ein Weltwesen ist, hinstellen können. Durch die rechte Stellung zu Christus wird der Mensch dasjenige, was er sonst nur als traditionelle Glaubens-Offenbarung empfangen könnte, im lebendigen Verkehr der Seele mit Christus erfahren. Die innere Welt des seelischen Erlebens wird als eine geistdurchleuchtete erlebt werden können wie die äußere Welt der Natur als eine geistgetragene." (26\104)

Wir erinnern uns auch noch einmal an Rudolf Steiners Aussage gegenüber Walter Johannes Stein:

„Ich habe zwei Elemente verbunden. Von Johann Gottlieb Fichte lernte ich die Tathandlung, die von der Außenwelt zurückgezogene Ich-Aktivität. Aber von Aristoteles nahm ich die Fülle der alles umfassenden Empirie. Nur wer Fichte durch Aristoteles zu ergänzen weiß, findet die volle Wirklichkeit, und das war mein Weg."[121]

Durch die fichtesche Tathandlung wird die Seele zu Christus geführt, durch die allumfassende Empirie zu Michael. Es ist deshalb zutiefst charakteristisch für Rudolf Steiner und das Wesen der Anthroposophie, dass er schon in *Wahrheit und Wissenschaft* auf die Einseitigkeit der fichteschen Ich-Erkenntnis hinwies:

„Alle Bestimmung vom Ich aus bliebe leer und inhaltlos, wenn das Ich nicht etwas Inhaltsvolles, durch und durch Bestimmtes findet, was ihm die Bestimmung des Gegebenen möglich macht... Dieses durch und durch Inhaltsvolle ist aber die Welt des Denkens. ... Was also als Wesen der Welt vom Ich gesetzt wird, das wird nicht ohne das Ich, sondern durch dasselbe gesetzt." (3\79)

* * *

Schließlich findet sich in den *Leitsätzen* zur Intuition neben dem Hinweis, dass nur durch sie das Leben in wiederholten Verkörperungen erkannt werden kann (ein Zusammenhang, auf den wir schon im Kapitel über die *Geheimwissenschaft* hingewiesen hatten, S. 210) die Bemerkung, dass die Betrachtung des physischen Menschen das Verständnis der Intuition fördern kann. Im Zusammenhang mit der „Bildnatur des Menschen" schreibt Steiner über die höheren Erkenntnisstufen:

---

[121] Siehe Fußnote 78, S. 164.

„35. Man versteht das physische Menschenwesen nur, wenn man es als *Bild* des Geistig-Seelischen betrachtet. Für sich genommen bleibt der physische Körper des Menschen unverständlich. Aber er ist in seinen verschiedenen Gliedern in verschiedener Art Bild des Geistig-Seelischen. ...
36. Wer von diesem geistigen Gesichtspunkte aus das menschliche Haupt betrachtet, hat an dieser Betrachtung eine Hilfe zum Verständnisse geistiger Imaginationen; denn in den Formen des Hauptes sind imaginative Formen gewissermaßen bis zur physischen Dichte geronnen." (26\29)

Die Imagination ist ein bildhafter *Ausdruck* eines seelisch-geistig Wesenhaften. Insbesondere in den Formen des Gesichts drückt sich das innere Menschenwesen wie in einer geronnenen Geste aus.

„37. In derselben Art kann man an der Betrachtung des rhythmischen Teiles der Menschenorganisation eine Hilfe haben für das Verständnis von Inspirationen. Der physische Anblick der Lebensrhythmen trägt im Sinnesbilde den Charakter des Inspirierten. Im Stoffwechsel- und Gliedmaßensystem hat man, wenn man diese in voller Aktion, in der Entfaltung ihrer notwendigen oder möglichen Verrichtungen betrachtet, ein sinnlich-übersinnliches Bild des rein übersinnlichen Intuitiven." (26\29)

Inspirationen werden im Fühlen erlebt, das zwischen dem Wahrnehmenden und dem Wahrzunehmenden wie hin- und herschwingt. Und die „volle Aktion" des Stoffwechsel-Gliedmaßen-Systems ist ein Ausdruck der willenshaften Intuition; man sieht, wie der Mensch tätig ganz in seinen Leib untertaucht, so, wie er sich in der Intuition willentlich in ein anderes Wesen hineinversetzt. Rudolf Steiner betont, dass es dabei die Tätigkeiten des Stoffwechsels und der Gliedmaßen geht und das Entspringen dieser Tätigkeiten aus dem Willen:

„Will man dem Stoffwechsel- und dem Gliedmaßensystem gegenüber zum Begreifen kommen, so muss man ein Wahrnehmen entwickeln, das mit dem Wahrnehmen dessen, was die Sinne erfassen, nicht mehr zu tun hat als der Anblick von Farbentöpfen, leerer Leinwand und Maler mit dem, was später als Bild des Malers vor unsere Augen tritt. Und die Tätigkeit, in der die Seele rein geistig den Menschen aus dem Stoffwechsel und aus seinen Bewegungen heraus erlebt, ist so, wie wenn man im Anblicke vom Maler, leerer Leinwand und Farbentöpfen das später gemalte Bild erlebte. Dem Stoffwechsel- und Gliedmaßensystem gegenüber muss in der Seele die *Intuition* walten, wenn es zum Begreifen kommen soll." (26\31)

Damit ist wieder ein Hinweis auf den Produktivitätscharakter der Intuition gegeben.

GRUNDLEGENDES ZUR ERWEITERUNG DER HEILKUNST (1925) – DIE ERKENNTNIS DER MENSCHLICHEN WESENSGLIEDER DURCH IMAGINATION, INSPIRATION UND INTUITION

Zum Abschluss zitieren wir Darstellungen, die die Erkenntnis der vier Glieder der menschlichen Wesenheit durch die vier Erkenntnisstufen skizzieren und die schließlich bis zur Schau der Bewusstseinsentwicklung der Menschheit aufsteigen.

Ebenfalls vom Krankenlager aus erarbeitete Rudolf Steiner zusammen mit der Ärztin Ita Wegmann ein Buch, das – zusammen mit Steiners medizinischen Vorträgen – zur Grundlage der anthroposophischen Medizin wurde.[122]

„Die Anthroposophie bildet, bevor sie über das Geistige Aussagen macht, die Methoden aus, die sie berechtigen, solche Aussagen zu machen. Um einen Einblick in diese Methoden zu bekommen, bedenke man das Folgende: Alle Ergebnisse der gegenwärtig anerkannten Naturwissenschaft sind im Grunde aus den Eindrücken der menschlichen Sinne gewonnen. ... Auch durch das Denken, insofern dieses bei der Erforschung der physischen Welt tätig ist, kommt nichts Neues zu dem sinnenfällig Gegebenen hinzu. ... Das aber wird sogleich anders, wenn man nicht bei dem Denken stehen bleibt, zu dem es der Mensch zunächst durch Leben und Erziehung bringt. Man kann dieses Denken in sich verstärken, erkraften. Man kann einfache, leicht überschaubare Gedanken in den Mittelpunkt des Bewusstseins stellen, und dann, mit Ausschluss aller anderen Gedanken, alle Kraft der Seele auf solchen Vorstellungen halten. Wie ein Muskel erstarkt, wenn er immer wieder in der Richtung der gleichen Kraft angespannt wird, so erstarkt

---

[122] Rudolf Steiner, Ita Wegmann: *Grundlegendes zur Erweiterung der Heilkunst nach geisteswissenschaftlichen Erkenntnissen.* GA 27. Dornach 1991.

die seelische Kraft mit Bezug auf dasjenige Gebiet, das sonst im Denken waltet, wenn sie in der angegebenen Art Übungen macht. Man muss betonen, dass diesen Übungen einfache, leicht überschaubare Gedanken zugrunde liegen müssen. Denn die Seele darf, während sie solche Übungen macht, keinerlei Einflüssen eines halb oder ganz Unbewussten ausgesetzt sein. ... Im Verfolge dieses Übens kommt man zu einer Verstärkung der *Denkkraft,* von der man vorher keine Ahnung hatte. Man fühlt die waltende Denkkraft in sich wie einen neuen Inhalt seines Menschenwesens. Und zugleich mit diesem Inhalt des eigenen Menschenwesens offenbart sich ein Weltinhalt, den man vorher vielleicht geahnt, aber nicht durch Erfahrung gekannt hat. Sieht man einmal in Augenblicken der Selbstbeobachtung auf das gewöhnliche Denken hin, so findet man die Gedanken schattenhaft, blass gegenüber den Eindrücken, die die Sinne geben. Was man jetzt in der verstärkten Denkkraft wahrnimmt, ist durchaus nicht blass und schattenhaft; es ist vollinhaltlich, konkret-bildhaft; es ist von einer viel intensiveren Wirklichkeit als der Inhalt der Sinneseindrücke. Es geht dem Menschen eine neue Welt auf, indem er auf die angegebene Art die Kraft seiner Wahrnehmungsfähigkeit erweitert hat." (27\8)

Die „Verstärkung der Denkkraft" ist die Intensivierung der geistigen Produktivität, die wir als ein Kriterium des intuitiven Erkennens herausgearbeitet haben. Wie oben (S. 150 ff.) schon dargelegt, wurde dieser Aspekt von Rudolf Steiner später zur *imaginativen Erkenntnisstufe* weiter entwickelt.

„In der Anthroposophie wird die durch Übung erlangte Fähigkeit des Menschen, diese Welt zu schauen, die imaginative Erkenntnis-Kraft genannt. Imaginativ nicht aus dem Grunde, weil man es mit ‚Einbildungen' zu tun habe, sondern weil der Inhalt des Bewusstseins nicht mit Gedankenschatten, sondern mit Bildern erfüllt ist. Und wie man sich durch die Sinneswahrnehmung im unmittelbaren Erleben in einer Wirklichkeit fühlt, so auch in der Seelentätigkeit des imaginativen Erkennens. Die Welt, auf die sich diese Erkenntnis bezieht, wird von der Anthroposophie die ätherische Welt genannt. ... Innerhalb dieser Ätherwelt ist eine neben der physischen Leiblichkeit des Menschen bestehende ätherische

Leiblichkeit wahrnehmbar. Diese ätherische Leiblichkeit ist etwas, das sich ihrem Wesen nach auch in der Pflanzenwelt findet. Die Pflanzen haben ihren Ätherleib. Die physischen Gesetze gelten tatsächlich nur für die Welt des leblosen Mineralischen." (27\8)

Dann schildert Rudolf Steiner Übungen, die zur *Inspiration* führen, zum vertieften Empfangen der Weltinhalte.

„Die Übungen, die ein höheres Wahrnehmen herbeiführen, können fortgesetzt werden. Man kann, wie man eine erhöhte Kraft anwendet, sich auf Gedanken, die man in den Mittelpunkt des Bewusstseins gerückt hat, zu konzentrieren, auch darauf wieder eine solch erhöhte Kraft anwenden, die erlangten Imaginationen (Bilder einer geistig ätherischen Wirklichkeit) zu unterdrücken. Dann erlangt man den Zustand des völlig leeren Bewusstseins. Man ist bloß wach, ohne dass zunächst das Wachsein einen Inhalt hat. ... Aber dieses Wachsein ohne Inhalt bleibt nicht. Das von allen physisch- und auch ätherisch-bildhaften Eindrücken leer gewordene Bewusstsein erfüllt sich mit einem Inhalt, der ihm aus einer realen geistigen Welt zuströmt, wie den physischen Sinnen die Eindrücke aus der physischen Welt zuströmen." (27\13)

Das inspirierte Bewusstsein hängt mit der inhaltlichen Selbstbestimmtheit der Begriffe zusammen. Denn nur, wenn ich mich empfänglich gemacht habe, wenn in mir ein leerer Raum entstanden ist, kann sich eine fremde, sich selbst bestimmende Wesenheit in diesem Raum wirklich aussprechen.

„Die Anthroposophie nennt das Erkennen, das auf diese Art zustande kommt, dasjenige durch Inspiration. ... Und die Welt, in die man durch die Inspiration Eintritt gewinnt, bezeichnet sie als die astralische Welt. ... Man spricht von aus den Weltenfernen wirkenden konkreten Geist-Wesenheiten, wie man beim sinnlichen Anblick des nächtlichen Himmels von Sternen und Sternbildern spricht. Daher der Ausdruck ‚astralische Welt'. In dieser astralischen Welt trägt der Mensch das dritte Glied seiner Wesenheit: seinen astralischen Leib. ... Wie der Mensch seinen ätherischen Leib mit der Pflanzenwelt, so hat er seinen astralischen Leib mit der Tierwelt gemeinsam." (27\14)

„Die den Menschen über die Tierwelt hinaushebende, eigentlich menschliche Wesenheit wird durch eine noch höhere Erkenntnisart als die Inspiration erkannt. Die Anthroposophie spricht da von Intuition. In der Inspiration offenbart sich eine Welt geistiger Wesenheiten; in der Intuition wird das Verhältnis des erkennenden Menschen zu dieser Welt ein näheres. Man bringt das zum Vollbewusstsein in sich, was rein geistig ist, wovon man im bewussten Erleben unmittelbar erfährt, dass es mit dem Erleben durch die Körperlichkeit nichts zu tun hat. Dadurch versetzt man sich in ein Leben, das ein solches als Menschengeist unter anderen geistigen Wesenheiten ist. In der Inspiration *offenbaren* sich die geistigen Wesenheiten der Welt; durch die Intuition *lebt* man mit diesen Wesenheiten. Man gelangt dadurch zur Anerkennung des vierten Gliedes der menschlichen Wesenheit, zum eigentlichen ‚Ich'." (27\15)

Durch sinnlich-gegenständliches Erkennen werden der physische Leib und die physische Welt erkannt, durch produktiv-imaginatives der Ätherleib und das Wesentliche der Pflanzenwelt, durch empfangend-inspiriertes der Astralleib und das Wesen der Tiere, und durch intuitives das menschliche Ich und die Wesen der rein geistigen Welt.

* * *

In den *Leitsätzen* (vgl. vorheriges Kapitel) stellte Rudolf Steiner dar, dass die Gedanken in den vier Wesensgliedern unterschiedlich erlebt werden, und dass sich aus diesem Erleben eine Brücke zur Schau der Vergangenheit der Bewusstseinsentwicklung der Menschheit ergibt. Wir zitieren noch einmal ausführlich und runden damit unsere Zusammenstellung ab.

„Heute empfindet der Mensch, dass Ideen in ihm durch die Tätigkeit seiner Seele ausgebildet werden. Er hat das Gefühl: er ist der Ausbildner der Ideen, während nur die Wahrnehmungen von außen an ihn herandringen. Dieses Gefühl hatte der Mensch nicht immer. Er empfand in älteren Zeiten den Inhalt der Ideen nicht als etwas Selbstgemachtes, sondern als etwas durch Eingebung aus der übersinnlichen Welt Erhaltenes. -

Dieses Gefühl machte Stufen durch. Und die Stufen hingen davon ab, mit welchem Teil seines Wesens der Mensch das erlebte, was er heute seine Ideen nennt. Heute in dem Zeitalter der Entwickelung der Bewusstseinsseele gilt uneingeschränkt, was in den vorigen Leitsätzen steht: ‚Die Gedanken haben ihren eigentlichen Sitz im ätherischen Leib des Menschen. Aber da sind sie lebendig-wesenhafte Kräfte. Sie prägen sich dem physischen Leibe ein. Und als solche ‚eingeprägte Gedanken' haben sie die schattenhafte Art, in der sie das gewöhnliche Bewusstsein kennt.' - Man kann nun zurückgehen in Zeiten, in denen Gedanken unmittelbar im ‚Ich' erlebt wurden. Da aber waren sie nicht schattenhaft wie heute; sie waren nicht bloß *lebend*; sie waren *beseelt* und *durchgeistigt*. Das heißt aber: der Mensch *dachte nicht* Gedanken; sondern er erlebte die Wahrnehmung von konkreten geistigen Wesenheiten. - Man wird ein Bewusstsein, das so zu einer Welt von geistigen Wesenheiten aufsieht, überall in der Vorzeit der Völker finden. Was sich davon geschichtlich erhalten hat, bezeichnet man heute als mythenbildendes Bewusstsein und legt ihm keinen besonderen Wert bei für die Erfassung der wirklichen Welt. - Und doch steht der Mensch mit diesem Bewusstsein in *seiner* Welt, in der Welt seines Ursprunges darinnen, während er sich mit dem heutigen Bewusstsein aus dieser *seiner* Welt heraushebt. Der Mensch ist Geist. Und *seine* Welt ist die der Geister.- Eine nächste Stufe ist diejenige, wo das Gedankliche nicht mehr vom ‚Ich', sondern von dem astralischen Leibe erlebt wird. Da geht die unmittelbare Geistigkeit für den seelischen Anblick verloren. Das Gedankliche erscheint als ein beseeltes Lebendiges. - Auf der ersten Stufe, dem Erschauen des konkret geistig Wesenhaften, hat der Mensch gar nicht stark das Bedürfnis, das Erschaute an die Welt des Sinnlich-Wahrgenommenen heranzutragen. Die sinnlichen Welterscheinungen offenbaren sich zwar als die Taten des übersinnlich Erschauten; aber eine besondere Wissenschaft von dem auszubilden, was dem ‚geistigen Blick' unmittelbar anschaulich ist, liegt keine Nötigung vor. Außerdem ist, was als die Welt der Geistwesen erschaut wird, von solcher Fülle, dass darauf vor allem die Aufmerksamkeit ruht. - Anders wird dies bei der zweiten Bewusstseins-Etappe. Da verbergen sich die konkreten Geistwesen; ihr Abglanz, als beseeltes Leben, erscheint. Man beginnt das ‚Leben der Natur' an dieses ‚Leben der Seelen' heranzutragen. Man sucht in den Naturwesen und Naturvorgängen die wirksamen Geistwesen und deren Taten. In dem, was später als alchymistisches Suchen auftrat, ist geschichtlich der Niederschlag dieser Bewusstseins-Etappe zu sehen. Wie der Mensch, indem er auf erster Bewusstseins-Etappe Geistwesen ‚dachte', ganz in *seinem* Wesen lebte, so steht er auf dieser zweiten sich und seinem Ursprung noch nahe. - Damit ist aber auf beiden Stufen ausgeschlossen, dass der Mensch im eigentlichen Sinne zu einem inneren eigenen Antrieb für sein Handeln komme. Geistiges, das von seiner Art ist, handelt in ihm. Was *er* zu tun scheint, ist Offenbarung von Vorgängen, die sich durch Geistwesen abspielen. Was der Mensch tut, ist die sinnlich-physische Erscheinung eines dahinterstehenden wirklichen göttlich-geistigen Geschehens. - Eine dritte Epoche der Bewusstseins-Entwickelung bringt die Gedanken, aber als lebendige, im ätherischen Leib zum Bewusstsein. Als die griechische Zivilisation groß war, lebte sie in diesem Bewusstsein. Wenn der Grieche dachte, so bildete er sich nicht einen Gedanken, durch den er, als mit seinem eigenen Gebilde, die Welt ansah; sondern er fühlte in sich erregt Leben, das auch draußen in den Dingen und Vorgängen pulsierte. Da erstand zum ersten Male die Sehnsucht nach Freiheit des eigenen Handelns. Noch nicht wirkliche Freiheit; aber die Sehnsucht darnach. Der Mensch, der das Regen der Natur in sich selber sich regend empfand, konnte die Sehnsucht ausbilden, die eigene Regsamkeit loszulösen von der als fremd wahrgenommenen Regsamkeit. Aber es wurde immerhin in der äußeren Regsamkeit noch das letzte Ergebnis der wirksamen Geist-Welt empfunden, die gleicher Art mit dem Menschen ist. - Erst als die Gedanken ihre Prägung im physischen Leibe annahmen und sich das Bewusstsein nur auf diese Prägung erstreckte, trat die Möglichkeit der Freiheit ein. Das ist der Zustand, der mit dem fünfzehnten nachchristlichen Jahrhundert gegeben ist. - In der Welt-Entwickelung kommt es nicht darauf an, was für Bedeutung die Ideen der heutigen Naturanschauung zur Natur haben; denn diese Ideen haben ihre Formen nicht deshalb angenommen, um ein bestimmtes Bild der Natur zu liefern, sondern um den Menschen zu einer bestimmten Stufe seiner Entwickelung zu bringen. Als die Gedanken den physischen Körper ergriffen, war aus ihrem unmittelbaren Inhalte Geist,

Seele, Leben getilgt; und der abstrakte Schatten, der am physischen Leibe haftet, ist allein geblieben. Solche Gedanken können *nur* Physisch-Materielles zum Gegenstande ihrer Erkenntnis machen. Denn sie sind selbst nur *wirklich* an dem physisch-materiellen Leibe des Menschen. Nicht deshalb ist der Materialismus entstanden, weil nur materielle Wesen und Vorgänge in der äußeren Natur wahrzunehmen sind; sondern weil der Mensch in seiner Entwickelung eine Etappe durchzumachen hatte, die ihn zu einem Bewusstsein führte, das zunächst nur materielle Offenbarungen zu schauen fähig ist. Die einseitige Ausgestaltung dieses menschlichen Entwickelungs-Bedürfnisses ergab die Naturanschauung der neueren Zeit. - Michaels Sendung ist, in der Menschen Äther-Leiber die Kräfte zu bringen, durch die die Gedanken-Schatten wieder *Leben* gewinnen; dann werden sich den belebten Gedanken Seelen und Geister der übersinnlichen Welten neigen; es wird der befreite Mensch mit ihnen leben können, wie ehedem der Mensch mit ihnen lebte, der nur das physische Abbild *ihres* Wirkens war." (26\76)

* * *

Das ist das Ergebnis der geisteswissenschaftlichen Vertiefung des intuitiven Erkennens, das von Spinoza als *scientia intuitiva*, im deutschen Idealismus als *intellektuelle Anschauung* und von Goethe als *anschauende Urteilskraft* beschrieben worden war.

IV. ZUSAMMENFASSUNG UND AUSBLICK

Überblickt man die schriftlichen Ausführungen Rudolf Steiners zur Intuition, so fällt auf, dass er sehr viel Wert auf die Ausarbeitung einer detaillierten, methodischen Darstellung des intuitiven Erkennens legte. Ausgehend von Goethes Anschauung des Organischen stehen methodische Fragen von Anfang an im Vordergrund. In immer weiterer Vertiefung beschreibt Steiner diese neue Form des Erkennens, in der sich der Erkennende mit dem Wesen des Erkannten geistig vereinigt. Dabei ist der zentrale Gesichtspunkt, dass man das Denken nicht nur wie gewöhnlich zum Erkennen eines Objektiven nutzt, sondern die erkennende Betätigung selbst von innen *erlebt* und erlebend *anschaut*. Man sieht dann, mit was man es eigentlich zu tun hat: einer übersinnlichen Tätigkeit, die das Geistige der Dinge erfasst. Es geht also zunächst weniger um eine Erweiterung, als um eine Vertiefung des Erkennens, um eine neue Anschauungsweise, nicht so sehr um konkrete Anschauungsinhalte (die im schriftlichen Werk natürlich auch, vor allem aber in Steiners Vortragswerk dargestellt werden). Im Kern geht es Rudolf Steiner um ein geistiges *Erwachen* und um die möglichst genaue Beschreibung der Bedingungen zur (Selbst-)Erweckung eines spirituellen und zugleich vollkommen klaren Bewusstseins.[123]

---

[123] Rudolf Steiner konzipierte seine Texte so, dass sie den Leser bei intensiver Bearbeitung tatsächlich zu diesem Erwachen führen sollen:
„Ein richtig verfasstes anthroposophisches Buch soll ein Aufwecker des Geisteslebens im Leser sein, nicht eine Summe von Mitteilungen. Sein Lesen soll nicht bloß ein Lesen, es soll ein Erleben mit inneren Erschütterungen, Spannungen und Lösungen sein." (28\435)

Steiner entwickelte seine Anschauungen in Auseinandersetzung mit den Erkenntnistheoretikern des ausgehenden 19. Jahrhunderts.

„Diese stellten sich als ihre Voraussetzung eine geistlose Natur vor und hatten demgemäß die Aufgabe, zu zeigen, inwiefern der Mensch berechtigt ist, sich in seinem Geiste ein geistiges Bild der Natur zu gestalten. Ich wollte dem eine ganz andere Erkenntnistheorie gegenüberstellen. Ich wollte zeigen, dass der Mensch *denkend* nicht Bilder *über* die Natur wie ein ihr Außenstehender formt, sondern dass Erkennen *Erleben* ist, so dass der Mensch erkennend *in* dem Wesen der Dinge steht." (28\165)

Ist die Erweckung zum Erleben des Denkens vollzogen, der neue Bewusstseinszustand erreicht, so zeigt sich die Welt von ihrer geistigen Seite:

„Wie für den operierten Blindgeborenen die vorherige finstere Welt in Licht und Farben erstrahlt, so offenbaren dem seelisch und geistig Erweckten Dinge, die ihm vorher nur körperlich erschienen waren, ihre seelischen und geistigen Eigenschaften." (9\93)

Wir konnten zeigen, dass sich die Beschreibung des intuitiven Erkennens in Steiners frühen Darstellungen in vier Aspekte differenzieren lässt, die später von ihm als vier Stufen der Erkenntnis: die gegenständliche, die Imagination, die Inspiration und die Intuition, beschrieben wurden. Schon in den *Einleitungen* machte er klar, dass Intuition auf geistiger Produktion des Erkannten beruht, denn nur das selbst Hervorgebrachte kennt man von innen. Dieser Aspekt der schöpferischen, geistigen Aktivität wird später zur Imagination weiter entwickelt. Was aktiv hervorgebracht wird, bestimmt sich inhaltlich jedoch selbst, und so kommt es für das wahre, geistige Erkennen darauf an, sein Denken ganz an die sich selbst aussprechenden Inhalte hingeben zu können. „Wir müssen uns zweierlei vorstellen: einmal, wir die ideelle Welt tätig zur Erscheinung bringen, und zugleich, dass das, was wir tätig ins Dasein rufen, auf seinen eigenen

Gesetzen beruht" (2\52). Die objektiven, geistigen Wesen sollen sich auf dem Schauplatz des subjektiven Bewusstseins durch die eigene Tätigkeit des Erkennenden selbst aussprechen. Dieses Sich-im-Denken-von-den-Inhalten-leiten-lassen wird später zur Inspiration. Schließlich ist das Wesen, welches erkannt wird, von derselben geistigen Substanz wie das Ich, das Ich ist „Träger und Manifestation" des Geistigen der Welt. Und dieses Geistige wirkt in der Welt, es ist das Prinzip, „aus dem alles hervorgeht" (1\163), es umfasst die „schaffenden Urbilder", von denen die physischen Dinge „Nachbilder" sind. Die geistige Wesenserkenntnis wird zur eigentlichen, geisteswissenschaftlichen Intuition. So wird auch die Sinneswelt durchsichtig:

„In Wahrheit ist die Sinneswelt geistige Welt. Das Ziel des Erkenntnisvorganges ist das bewusste Erleben der geistigen Welt, vor deren Anblick sich alles in Geist auflöst." (28\244)

Inhaltlich eröffnen die vier Stufen des Erkennens die Einsicht in die vier Wesensglieder des Menschen und die vier Reiche der Natur. Durch gegenständliches Erkennen werden der physische Leib und die mineralische Welt erkannt; die Imagination ermöglicht eine Einsicht in die lebendigen Kräftewirkungen des ätherischen Leibes und der pflanzlichen Welt; Inspiration macht den astralischen Leib innerlich erlebbar und gibt Einblick in die seelische Welt der Tiere; und durch Intuition wird das Ich als das „von allem Äußeren unabhängige" (10\67), geistige Wesen des Menschen erkannt. Und durch das Erleben dieser vier Stufen ergibt sich auch eine Schau der Bewusstseinsentwicklung der Menschheit.

Ebenso hängen die höheren Erkenntnisstufen der Imagination, Inspiration und Intuition mit den Seelenfähigkeiten des Denkens (Vorstellens), Fühlens und Wollens zusammen, und diese wiederum mit dem Nerven-Sinnes-System, dem rhythmischen System und dem Stoffwechsel-Gliedmaßensystem.

Weil das Wollen, das in der intuitiven Erkenntnis als geistig produktive und sich zugleich an den Inhalt hingebende Tätigkeit wirkt, im gewöhnlichen Bewusstsein unbewusst verläuft, wird auch das jedem Erkennen zugrundeliegende vorbewusste Einssein mit dem Objekt von diesem Bewusstsein verschlafen.

„Der Verkehr des Menschen mit der geistigen Welt ist im Grunde etwas ganz Allgemein-Menschliches. Aber die Fähigkeit, mit rasch wirkender Bewusstseinskraft diesen Verkehr erkennend zu verfolgen, muss mühsam erworben werden." (16\89)

Nimmt man jedoch die Welterscheinungen aktiv in das eigene Erkennen auf, verfolgt man ihr Sein und Werden in einer intentional gleichsam „umgekehrten" Willenstätigkeit, so „erkennt man, dass durch diese Umkehrung des Willens ein außerseelisches Geistiges von der Seele ergriffen wird" (20\163).

Im Zusammenhang mit der geistig produktiven Willenstätigkeit bezog sich Rudolf Steiner immer wieder auf Johann Gottlieb Fichtes Einsicht in die aktive Natur der Selbsterkenntnis:

„Wenn das Ich tätig ist und diese Tätigkeit selbst anschaut, so hat man ein Geistiges in aller Unmittelbarkeit im Bewusstsein." (28\51)

Steiner zeigte aber auch schon in *Wahrheit und Wissenschaft*, dass das „Ich" nicht nur sich selbst setzen darf, sondern dass „durch das Ich" ein geistiger Weltinhalt gesetzt werden muss. Die Tathandlung Fichtes muss durch eine umfassende Empirie, wie sie von Aristoteles praktiziert wurde, ergänzt werden. Schafft man die Welterscheinungen durch den eigenen Willen nach, lässt sie gleichsam in ihm neu geboren werden, so tritt man in bewussten Kontakt mit den geistigen „Urbildern" der Dinge. Durch die fichtesche Aktivität vereinigte Rudolf Steiner die aristotelische, empirische Weltzuwendung mit der Platonischen Anschauung der geistigen Urbilderwelt.

In der Selbst-Intuition des „Ich bin" kann die erste rein geistige Erfahrung gemacht werden. Die Wahrnehmung des eigenen Ich ist Typus und Vorbild für alle intuitive Erkenntnis. Das in der Selbstintuition aufleuchtende Geistige ist von derselben Substanz wie das Geistige in den Dingen, es ist „ein Tropfen aus dem Meer des Geistigen, das die ganze Welt durchdringt" (10\69). Hier kann erlebt werden, was *Geist* ist.

Um von der Selbst-Intuition zum Geistigen in den Dingen zu kommen, muss sich das Ich durch innere Übungen öffnen; es muss selbstlos werden, um mit dem Selbst anderer Wesenheiten verschmelzen zu können. In der vollsten Ausprägung heißt das, einen inneren Stirb-und-werde-Prozess durchzumachen, eine tiefgreifende Umwandlung, in der man dem eigenen, egoistischen Schattenwesen bewusst begegnet und es durch Verwandlung immer mehr überwinden muss.

Aus diesen Anschauungen ergibt sich die erkenntnisphilosophische Einsicht, dass das Ich als geistiges Wesen in Wirklichkeit gar nicht in seinem Leib lebt, sondern in den Gesetzmäßigkeiten der Welt, und sich nur durch Spiegelung am Leib im alltäglichen Bewusstsein erfasst. Weil es in Wahrheit in den Dingen lebt, ist die Intuition auch im alltäglichen Erkennen unbewusst immer schon anwesend. Im „Ich-bin" wird sie bewusst und kann dann bis zur vollbewussten Vereinigung mit anderen geistigen Wesen gesteigert werden. Die Erweckung zum intuitiven Bewusstsein führt den Menschen in die „wahre Wirklichkeit", in der die Ideen zugleich moralischen Charakter haben. Moralische Intuitionen, die als ethische Ideen schon im alltäglichen Bewusstsein aufleuchten können, zeigen daher einen Abglanz der Verbindung des Menschen mit der geistigen Welt.

Schließlich gibt Rudolf Steiner sehr genaue meditative Übungen an, durch die differenziertere, übersinnliche

Wahrnehmungsfähigkeiten entwickelt werden können. Die Übungen führen zur Bildung „höherer Organe", vorzugsweise im astralischen und ätherischen Leib, also in der Seelen- und Lebensorganisation. Dabei handelt es sich um „tätige Organe", die

„ihre Gegenstände und Tatsachen gewissermaßen in vollem Bewusstsein ergreifen. Dadurch ergibt sich das Gefühl, dass geistig-seelisches Erkennen ein Vereinigen mit den entsprechenden Tatsachen ist, ein ‚in ihnen leben'." (13\344)

Zum Abschluss seines schriftlichen Werkes schilderte Rudolf Steiner die beiden Aspekte des intuitiven Erkennens, Produktivität und Empfänglichkeit, in der Tiefendimension ihrer geistigen Wesenhaftigkeit als „die Macht, aus der die Gedanken der Dinge erfließen" (*Michael*) (26\60) und „das Wesen, welches der Menschenseele die Anschauung ihrer eigenen Übersinnlichkeit gibt" (*Christus*) (26\104).

* * *

Unsere Untersuchung zeigt, dass es keinen wirklichen Bruch zwischen Rudolf Steiners erkenntnisphilosophischen und anthroposophischen Schriften gibt. Vielmehr kann man eine sukzessive Entfaltung des Themas verfolgen, die wie organisch immer wieder neue Metamorphosen hervortreibt. Auch Steiner selbst hatte geschrieben,

„dass ein völlig organisches Fortschreiten gedacht werden muss von den erkenntnistheoretischen Grundanschauungen meiner Schrift *Wahrheit und Wissenschaft* und meiner *Philosophie der Freiheit* zu dem Inhalte der ‚Geisteswissenschaft' oder ‚Anthroposophie', wie ich sie weiter ausgebaut habe." (35\319)[124]

---

[124] *Die Geisteswissenschaft als Anthroposophie und die zeitgenössische Erkenntnistheorie.* In: *Philosophie und Anthroposophie. Gesammelte Aufsätze 1904-1913.* GA35. Dornach 1984.

Der auffällige inhaltliche Sprung an der Jahrhundertwende hängt mit einer esoterischen Vertiefung zusammen: Das Stirb-und-werde-Motiv wird zur expliziten Grundlage der Darstellungen. Diese Selbst-Verwandlung geht nicht wie in der östlichen Spiritualität mit einer Auflösung des Ich einher, sondern mit der *wahren* Erkenntnis des Ich, „denn erst das Finden des Ich lässt das Ich entrinnen den Fesseln der Sucht nach dem Ich" (20\85).

„Dem Menschen leuchtet in seinem Ich das höchste Licht …, das allgemeine Weltlicht. Es gibt daher keine wichtigere Erkenntnis als die Selbsterkenntnis; und es gibt zugleich keine, die so vollkommen über sich selbst hinausführt. Wenn das ‚Ich' sich recht erkennt, so ist es schon kein ‚Ich' mehr" (7\71).

* * *

Rudolf Steiner hat mit der Intuition, konkreter mit den drei Stufen des übersinnlichen Erkennens in umfassender Weise und wissenschaftlicher Gründlichkeit eine Erkenntnisform beschrieben, die weit über die gegenständlich-abstrakte Auffassung der Welt hinausweist. Obwohl das materialistische Paradigma nach wie vor das öffentliche Bewusstsein beherrscht, ist die Sehnsucht nach Überwindung der Subjekt-Objekt-Spaltung, nach Einblick und Eintritt in die „wahre Wirklichkeit" heute weit verbreitet. Der Durchbruch durch die Mauer des Abstrakten, das konkrete Erleben des Anderen im eigenen Ich, des Ich im Anderen wird heute in sozialen, ökologischen, spirituellen, pädagogischen, therapeutischen und gesellschaftspolitischen Kontexten immer mehr gesucht. Rudolf Steiners Erkenntniswissenschaft ist Vorbote, Darstellung und wissenschaftliche Grundlegung dieses neuen Bewusstseins. Möge es deshalb nicht mehr lange dauern, bis Steiners tiefgreifende und weitreichende Beiträge zu diesem Evolutionsschritt des Bewusstseins allgemeinere Würdigung erfahren!

Anhang – „Ich bin" als Meditationsinhalt

Aus den *Anweisungen für eine esoterische Schulung* (1904-1914)[125] stammt folgende Angabe zur meditativen Versenkung in die Kraft der Ich-Intuition, des „Ich bin", die auch ein Schlaglicht auf die Evolution des Menschen wirft:

„Wer eine esoterische Entwickelung anstrebt, dem muss vor allem klar sein, dass in gewissen äußerst einfachen Sätzen eine Kraft verborgen ist, die dadurch wirksam wird, dass er diese Sätze in seiner Seele leben lässt. Er erfasst nicht das Richtige, wenn er solche Sätze nur mit dem Verstande begreifen will. Da sagen sie ihm zunächst sehr wenig. Er muss eine gewisse Zeit sein ganzes Inneres erfüllt sein lassen mit einem solchen Satze, sich ihm mit allen seinen Seelenkräften hingeben. - Ein solcher Satz ist: ‚Ich bin'. - In diesem Satze liegt in der Tat das ganze Geheimnis des gegenwärtigen Menschendaseins. Es kann nämlich innerlich einen solchen Satz nur ein Wesen denken, fühlen und wollen, das eine solche äußere Gestalt hat wie der gegenwärtige Erdenmensch. Es muss bei einem solchen Wesen die Gestalt sich so gebildet haben, dass alle im Leibe wirksamen Kräfte auf die Form hinzielen, die nach vorne zu der gewölbten Stirne wird. Diese nach vorn gewölbte Stirne und das ‚Ich bin' gehören zusammen. Es gab in früheren Entwicklungszeiten der menschlichen Gestalt eine Stufe, auf der sich diese Gestalt noch nicht zu einer solchen Stirne nach vorne gedrängt hatte. Damals konnte das ‚Ich bin' noch nicht innerlich gedacht, gewollt und gefühlt werden. Nun wäre es aber durchaus unrichtig, wenn man glauben wollte, dass die geschilderte Gestalt des Leibes das ‚Ich bin' hervorbringe. Dieses ‚Ich bin' war schon vorher vorhanden. Es konnte sich nur noch nicht in einer entsprechenden Gestalt ausdrücken. So wie es sich jetzt in der Körpergestalt des Menschen ausspricht, so drückte es sich vorher in einer Seelenwelt aus. Und es ist eben diese Kraft des ‚Ich bin', welche sich in einem Zeitraum

---

[125] *Anweisungen für eine esoterische Schulung.* GA 245. Dornach 1987.

der fernen Vergangenheit mit jenem Menschenkörper vereinigte, der noch nicht die heutige Stirnbildung hatte, und diese Kraft des ‚Ich bin' hat die vorige Gestalt zur gegenwärtigen Stirne aufgetrieben. - Daher kommt es, dass der Mensch durch eine gewisse Versenkung in das ‚Ich bin' die Kraft in sich spüren kann, welche ihn in seiner gegenwärtigen Form selbst gebildet hat. Und diese Kraft ist eine höhere Kraft als die Kräfte, die heute in seinem gewöhnlichen Leben in ihm sind. Denn es ist die seelische Schöpferkraft, die aus dem Seelischen das Leibliche heraus formt. - Daher muss der esoterisch Strebende sich für eine kurze Weile ganz in das ‚Ich bin' hineinleben, das heißt, er muss dieses ‚Ich bin' denken, dabei zu gleicher Zeit aber auch so etwas in sich erleben, wie: ‚Ich freue mich, dass ich als selbständiges Wesen mitwirken kann an der Welt'. Und auch so etwas muss der Mensch erleben, wie: ‚Ich will mein Dasein, ich will mich hineinsetzen in den ganzen Zusammenhang der Welt'. Wenn der Mensch alles dieses in einen einzigen inneren Bewusstseinsakt zusammendrängt und dabei gleichzeitig seine ganze Bewusstseinskraft auf die Gegend der Stirne und der darunterliegenden inneren Gehirnglieder verlegt, so versetzt er sich tatsächlich in eine höhere Welt, aus der heraus seine Stirnbildung bewirkt worden ist. Er muss nur nicht glauben, dass er nun gleich von heute auf morgen diese höheren Welten erobern kann. Er muss vielmehr die Geduld haben, diese Versenkung durch lange Zeiten hindurch täglich immer wieder vorzunehmen. Hat er diese Geduld, dann wird er nach einiger Zeit bemerken, wie ihm ein Gedanke aufgeht, der nun kein bloßer gedachter Gedanke mehr ist, sondern ein von Kraft durchzogener, lebendiger Gedanke. Er wird sich etwa sagen können: So, wie dieser mein Gedanke, so muss innerlich lebendig sein die Kraft, welche in dem Pflanzenkeime ist und ihn zu den Gliedern des Pflanzenkörpers auftreibt. - Und bald wird sich ihm dieser Gedanke so zeigen, wie wenn er Licht ausströmte. In diesem innerlichen Lichtausströmen fühlt sich der Mensch froh und daseinsfreudig. Ein Gefühl durchdringt ihn, das man nur mit ‚freudiger Liebe am schöpferischen Dasein' bezeichnen kann. Und dem Willen teilt sich eine Kraft mit, wie wenn ihn der genannte Gedanke mit Wärme durchstrahlt, die ihn energisch macht. Das alles kann der Mensch saugen aus der geschilderten richtigen Versenkung in das ‚Ich bin'. Der

Mensch wird nach und nach erkennen, dass intellektuelle, seelische und moralische Kraft höchster Art auf diese Weise in ihm geboren wird, und dass er sich dadurch in ein immer mehr bewusstes Verhältnis bringt zu einer höheren Welt." (245\41)[126]

---

[126] Über die ergänzenden Meditationsinhalte „Es [das Weltendenken] denkt", „Sie [die Weltseele] fühlt" und „Er [der Weltgeist] will" und ihren Zusammenhang mit der Evolution des Menschen lese man an der genannten Stelle nach.

LITERATUR

Schriften und Vorträge Rudolf Steiners aus der Gesamtausgabe (GA)

GA 1: *Einleitungen zu Goethes naturwissenschaftlichen Schriften.* Dornach 1987

GA 2: *Grundlinien einer Erkenntnistheorie der Goetheschen Weltanschauung.* Dornach 1979

GA 3: *Wahrheit und Wissenschaft. Vorspiel einer ‚Philosophie der Freiheit'.* Dornach 1980

GA 4: *Die Philosophie der Freiheit. Grundzüge einer modernen Weltanschauung. Seelische Beobachtungsresultate nach naturwissenschaftlicher Methode.* Dornach 1978

GA 6: *Goethes Weltanschauung.* Dornach 1990

GA 7: *Die Mystik im Aufgange des neuzeitlichen Geisteslebens und ihr Verhältnis zur modernen Weltanschauung.* Dornach 1960

GA 8: *Das Christentum als mystische Tatsache und die Mysterien des Altertums.* Dornach 1989

GA 9: *Theosophie. Einführung in übersinnliche Welterkenntnis und Menschenbestimmung.* Dornach 1978

GA 10: *Wie erlangt man Erkenntnisse der höheren Welten?* Dornach 1992

GA 12: *Die Stufen der höheren Erkenntnis.* Dornach 1979

GA 13: *Die Geheimwissenschaft im Umriss.* Dornach 1989

GA 16: *Ein Weg zur Selbsterkenntnis des Menschen in achte Meditationen.* Dornach 1982

GA 17: *Die Schwelle der geistigen Welt. Aphoristische Ausführungen.* Dornach 1987

GA 18: *Die Rätsel der Philosophie in ihrer Geschichte als Umriss dargestellt.* Dornach 1985

GA 20: *Vom Menschenrätsel. Ausgesprochenes und Unausgesprochenes im Denken, Schauen und Sinnen einer Reihe deutscher und österreichischer Persönlichkeiten.* Dornach 1984

GA 21: *Von Seelenrätseln. Anthropologie und Anthroposophie. Max Dessoir über Anthroposophie. Franz Brentano (Ein Nachruf). Skizzenhafte Erweiterungen.* Dornach 1976

GA 25: *Kosmologie, Religion und Philosophie. Zehn Auto-Referate zum Französischen Kurs im Goetheanum Dornach 6. bis 15. September 1922.* Dornach 1979

GA 26: *Anthroposophische Leitsätze. Der Erkenntnisweg der Anthroposophie. Das Michael Mysterium.* Dornach 1989

GA 27: mit Ita Wegmann: *Grundlegendes zur Erweiterung der Heilkunst nach geisteswissenschaftlichen Erkenntnissen.* Dornach, 1991

GA 28: *Mein Lebensgang.* Dornach 1982

GA 30: *Methodische Grundlagen der Anthroposophie 1884-1901; gesammelte Aufsätze zur Philosophie, Naturwissenschaft, Ästhetik und Seelenkunde.* Dornach 1989

GA 34: *Lucifer - Gnosis. Grundlegende Aufsätze zur Anthroposophie 1903-1908.* Dornach 1987

GA 35: *Philosophie und Anthroposophie. Gesammelte Aufsätze 1904-1923.* Dornach 1984

GA 36: *Der Goetheanumgedanke inmitten der Kulturkrisis der Gegenwart.* Dornach 1961

GA 38: *Briefe Bd. I, 1881-1890.* Dornach 1985

GA 40: *Wahrspruchworte.* Dornach 1998

GA 63: *Geisteswissenschaft als Lebensgut.* Dornach 1959

GA 97: *Das christliche Mysterium.* Dornach 1998

GA 103: *Das Johannes-Evangelium.* Dornach 1975

GA 135: *Wiederverkörperung und Karma.* Dornach 1989

GA 194: *Die Sendung Michaels.* Dornach 1994

GA 202: *Die Brücke zwischen der Weltgeistigkeit und dem Physischen des Menschen.* Dornach 1993

GA 232: *Mysteriengestaltungen.* Dornach 1958

GA 236: *Esoterische Betrachtungen karmischer Zusammenhänge. Zweiter Band.* Dornach 1977

GA 245: *Anweisungen für eine esoterische Schulung.* Dornach 1987

GA 262: *Briefwechsel und Dokumente.* Dornach 1967

GA 293: *Allgemeine Menschenkunde als Grundlage der Pädagogik.* Dornach 1992

GA 317: *Heilpädagogischer Kurs.* Dornach 1995

Beiträge zur GA, andere Texte Rudolf Steiners und Schriften anderer Autoren

Beiträge zur Rudolf Steiner Gesamtausgabe, Heft 51/52, Dornach 1975
Nachrichten der Rudolf Steiner-Nachlassverwaltung mit Veröffentlichungen aus dem Archiv, Nr. 13, Dornach 1965
Steiner, Rudolf (Hrsg.): *Goethe, Johann Wolfgang: Naturwissenschaftliche Schriften. Band 4/I: Materialien zur Geschichte der Farbenlehre.* Dornach 1982

Bock, Emil: *Das Neue Testament.* Stuttgart 1985
Clement, Christian (Hrsg.): *Rudolf Steiner Schriften – kritische Ausgabe.* Bd. II: *Wahrheit und Wissenschaft, Die Philosophie der Freiheit.* Stuttgart 2016.
de Boer, Edward (Hrsg.): Rudolf Steiner: *Imagination – Bildekraft des Denkens.* Basel 2015
de Boer, Edward (Hrsg.): Rudolf Steiner: *Intuition – Brennpunkt des Denkens.* Basel 2014
Fichte, Immanuel Herrmann (Hrsg.): *Fichte, Johann Gottlieb: Werke.* Band 1. Berlin 1973
Fichte, Immanuel Herrmann (Hrsg.): *Fichte, Johann Gottlieb: System der Sittenlehre.* In: *J.G. Fichtes nachgelassene Werke.* Bonn 1835
Förster, Eckart: *Die 25 Jahre der Philosophie. Eine systematische Rekonstruktion.* Frankfurt a.M. 2011
Herwig, Wolfgang (Hrsg.): *Goethes Gespräche* (Biedermannsche Ausgabe), Band 5. München 1987
Hueck, Christoph: *Evolution im Doppelstrom der Zeit - die Erweiterung der naturwissenschaftlichen Entwicklungslehre durch die Selbstanschauung des Erkennens.* Dornach 2012
Hueck, Christoph: *Natur, dein mütterliches Sein, ich trage es in meinem Willenswesen - ein Beitrag zur Überwindung der Subjekt-Objekt-Spaltung.* In: Anthroposophie, Johanni 2014, S. 105f.
Hueck, Christoph, Lorenzo Ravagli: *Freiheit und Liebe. Rudolf Steiners Biographie im Doppelstrom der Zeit.* In: Das Goetheanum, Nr. 34/35, S. 8-13, 2012

Kirchner-Bockholt, Margarete: *Die Menschheitsaufgabe Rudolf Steiners und Ita Wegmann.* Dornach 1981

Lindenberg, Christoph: *Rudolf Steiner, eine Biographie.* Stuttgart 1997

Meyer, Thomas: *Rudolf Steiners ‚eigenste Mission'. Ursprung und Aktualität der geisteswissenschaftlichen Karmaforschung.* Basel 2009

Meyer, Thomas (Hrsg.): *Stein, Walter Johannes, Rudolf Steiner – Dokumentation eines wegweisenden Zusammenwirkens.* Dornach 1985

Morgenstern, Christian: *Werke und Briefe. Stuttgarter Ausgabe.* Stuttgart 1987

Noddings, Nel und Shore, Paul J.: *Awakening the inner eye. Intuition in education.* Troy, N.Y. 1998.

Rapp, Dietrich: *Tatort Erkenntnisgrenze. Die Kritik Rudolf Steiners an Immanuel Kant.* Heidelberg 2013

Rozumek, Martin: *Hypothesenfreie Chemie: ‚Hypothesenfreie Chemie' im Sinne der Geisteswissenschaft, der Atomismusstreit 1922/23 und Rudolf Steiners Stellung zum Atomismus.* Dornach 2012

Schad, Wolfgang (Hrsg.): *Goetheanistische Naturwissenschaft.* Bd. II: *Botanik.* Stuttgart 1982.

Schieren, Jost (Hrsg.): *Rationalität und Intuition in philosophischer und pädagogischer Perspektive.* Frankfurt a.M. 2008

Schmidt, Hans: *Das Vortragswerk Rudolf Steiners.* Dornach 1978

Suchantke, Andreas: *Metamorphose, Kunstgriff der Evolution.* Stuttgart 2002

Traub, Hartmut: *Philosophie und Anthroposophie. Die philosophische Weltanschauung Rudolf Steiners. Grundlegung und Kritik.* Stuttgart 2011

Witzenmann, Herbert: *Intuition und Beobachtung. Das Erfassen des Geistes im Erleben des Denkens.* Band 1. Stuttgart 1977

Ziegler, Renatus: *Intuition und Ich-Erfahrung. Erkenntnis und Freiheit zwischen Gegenwart und Ewigkeit.* Stuttgart 2006

Dr. Christoph Hueck (* 1961), Studium der Biologie und Chemie, Promotion in molekularer Genetik. Mehr als 30 Jahre Beschäftigung mit der Anthroposophie. Waldorflehrer, Dozent für Waldorfpädagogik, Anthroposophie und anthroposophische Meditation. Mitbegründer der Akanthos-Akademie für anthroposophische Forschung und Entwicklung in Stuttgart. Publikationen zu den  Grundlagen der Anthroposophie und anthroposophischen Meditation, zum anthroposophischen Verständnis der Naturwissenschaft, sowie zur gesundheitlichen Wirkung der Waldorfpädagogik.

Adressen:

hueck@akanthos-akademie.de

www.akanthos-akademie.de

www.anthroposophie-als-geisteswissenschaft.de

www.akanthos-akademie.academia.edu/ChristophHueck

Evolution wird heute meist materialistisch als Zufall oder kreationistisch als Schöpfung gedeutet. Dieses Buch zeigt, dass eine dritte Sichtweise möglich ist: Evolution kann aus sich selbst verständlich werden, wenn man sie phänomenologisch im Sinne Goethes nachvollzieht und sich darüber klar wird, was man dabei tut. Es wird dann deutlich, dass dem evolutionären Denken ein willenshafter Prozess zugrunde liegt, der im Erleben des  eigenen Leibes gründet. Die treibenden Kräfte der Evolution, die diesen Leib hervorgebracht haben, können auf diese Weise anschaulich werden. Das neue Erfahrungsfeld ermöglicht Einblicke in die geistigen Aspekte der Evolution, von den Gründen der Höherentwicklung über die Gestaltfrage bis hin zur Bedeutung der Genetik und Molekularbiologie. Eine bewusstseinsphänomenologisch begründete Auffassung der Zeit ermöglicht auch eine neue Perspektive auf die Frage nach der Zielgerichtetheit der Evolution. Biologische Entwicklung vollzieht sich in einem zeitlichen Doppelstrom, in dem Fortpflanzung und Wachstum aus der Vergangenheit fließen, während sich differenzierende Gestaltungen aus der Zukunft verwirklichen. Die gesamte Stammesgeschichte der Tiere erscheint so als ein Organismus höherer Ordnung, dessen geistiges Prinzip und physisches Ziel der Mensch ist.

Christoph J. Hueck
Evolution im Doppelstrom der Zeit - die Erweiterung der naturwissenschaftlichen Entwicklungslehre durch die Selbstanschauung des Erkennens.
Verlag am Goetheanum, Dornach 2012. 256 S., € 24.